2022
TAX WATCH

2022 부동산세 완전정복

초판 1쇄 발행 | 2021년 11월 29일
초판 2쇄 발행 | 2021년 12월 29일

지은이 | 택스워치
펴낸이 | 이원범
기획·편집 | 김은숙, 정경선
마케팅 | 안오영
표지디자인 | 강선욱
본문디자인 | 김수미

펴낸곳 | 어바웃어북
출판등록 | 2010년 12월 24일 제313-2010-377호
주소 | 서울시 강서구 마곡중앙로 161-8 C동 1002호 (마곡동, 두산더랜드파크)
전화 | (편집팀) 070-4232-6071   (영업팀) 070-4233-6070
팩스 | 02-335-6078

ISBN | 979-11-87150-98-5   03320

2022

슬기로운 부동산 세테크의 모든 것

택스워치 지음

부동산세
완전정복

어바웃어북

머리말

부동산 투자의
성패를 결정하는 '절세'

요즘 부동산으로 돈을 벌었다는 사람들이 참 많습니다. 어렵게 장만한 집의 가격이 두 배 넘게 올랐다는 이야기부터 임대사업을 통해 재산을 불린 자산가들의 투자 성공담까지 심심치 않게 들립니다. 삼삼오오 모이면 부동산 이야기가 나오지만, 사실 부동산은 매우 조심스러운 주제입니다. 부동산 보유 현황과 시세차익을 자세하게 공유하다 보면 모임 내에 위화감이나 갈등이 생길 수 있기 때문이죠.

그렇다고 남몰래 혼자서 부동산 정보를 수집하는 일은 쉽지 않습니다. 부동산과 관련한 세금 문제가 워낙 자주 바뀌고 적용 사례도 제각각이어서, 인터넷 카페나 블로그에 떠돌아다니는 정보를 신뢰할 수 없기 때문입니다. 게다가 정부가 강력한 부동산 대책을 내놓을 때마다 「세법」이 바뀌어, 부동산 세금은 날이 갈수록 까다롭고 복잡해지고 있습니다.

지금 부동산을 보유하고 있거나 앞으로 살 계획이 있다면 반드시 '세금'을 알아야 합니다. 세무 전문가의 도움을 받는 것이 최선이지만, 부동산 세금을 정확하게 이해하고 절세 솔루션을 제공할 수 있는 전문가는 많지 않습니다.

『2022 부동산세 완전정복』은 우리나라에서 손꼽히는 부동산 세금 전문가들과 함께 만들었습니다. 새롭게 바뀐「세법」을 알기 쉽게 해설하고, 그에 맞는 대처 방법을 담았습니다. 다양한 상황에서 실제로 얼마의 세금을 내야 하는지 계산했고, 전문가들이 영업 비밀로 꽁꽁 감춰왔던 절세 꿀팁도 빠짐없이 수록했습니다. 부동산세를 잘 모르는 초보자도 쉽고 재미있게 이해할 수 있도록 다양한 도표와 그래픽, 친근한 느낌의 삽화를 추가했습니다. 세금 때문에 울고 웃었던 사례들을 한 편의 드라마처럼 즐길 수도 있습니다.

프롤로그에서는 아파트를 살 때부터 팔 때까지 세금을 얼마나 내야 하는지 계산해봤습니다. 취득세·보유세·종합부동산세·양도소득세·증여세까지 부동산 취득·보유·거래·증여 단계에서 내야 할 세금을 파악할 수 있습니다.

1장에서는 부동산을 사기 전에 알아두면 좋은 세금 문제를 다뤘습니다. 주택수에 따라 달라지는 취득세율을 점검하고, 아파트 분양권이나 재건축, 오피스텔 구입 등 다양한 상황에서 발생하는 취득세 관련 질문에 대한 답을 찾았습니다. 2021년부터 의무화된 자금조달계획서 작성법과 분양권을 부부 공동명의로 바꿀 때 절세할 수 있는 요령도 알아봤습니다. 2023년에는 취득세 관련 규정들이 어떻게 바뀔지 예측해봤습니다.

2장에서는 부동산을 보유하고 있을 때 알아야 할 세금을 살펴봤습니다. 매년 조금씩 바뀌는 종합부동산세 규정을 분석하고, 2022년에 내야 할 보유세도 직접 계산했습니다. 세입자를 둔 집주인에게 필요한 절세 노하우와 공동명의 1주택자의 절세법도 확인할 수 있습니다. 더불어 정부의 과세 레이더망 안으로 들어온 주택임대사업자의 절세 포인트도 짚어봤습니다.

3장부터는 본격적인 절세 대항연이 펼쳐집니다. 취득과 보유 단계의 세금은 정해진 과세 요건과 세율에 따라 납부하면 그만입니다. 하지만 부동산을 팔 때는 세금 문제가 훨씬 복잡해집니다. 양도세를 줄이려면 고도의 절세 전략이 필요합니다.

3장에서는 2021년부터 확 바뀐 양도세 조항들을 살펴보고, 양도 시기와 지역, 보유 주택수, 양도 순서 등에 따라 크게 달라지는 세액을 계산했습니다. 양도세 부담을 줄여주던 장기보유특별공제가 실제 거주 기간에 따라 다르게 계산된다는 사실도 짚고 넘어갈 부분입니다. 가족에게 부동산을 양도할 경우 주의할 점과 절세 포인트를 짚어봤습니다. 재산세와 종부세 과세기준일을 이용한 절세법을 미리 알아두면, 집을 사거나 팔고 나서 보유세를 내지 않는 신세계를 경험할 수 있습니다. 단 하루 차이로 명암이 엇갈리는 보유세 과세기준일을 꼼꼼하게 따져봤습니다.

실제로 아파트를 팔 때 양도세를 얼마나 내야 하는지도 계산해봤습니다. 서울 25개구 인기 아파트의 양도세 예상액을 알아보았습니다. 총 250개 아파트의 실거래가를 5년 전과 비교해보고 양도세까지 계산한 자료는 이 책의 백미라고 할 수 있습니다.

4장에서는 재산을 상속하거나 증여할 때 내야 하는 세금을 살펴봤습니다. 부동산 가격이 급등하면서 상속세를 내야 하는 사람도 늘고 있습니다. 상속세 과세 대상을 알아보고, 상속하기 전에 미리 알아두어야 할 절세 방법도 소개했습니다. 감정평가를 통한 절세 플랜을 비롯해 자녀에게 꼬마빌딩을 물려주고 증여세를 확 낮출 수 있는 묘수, 증여받은 아파트를 팔 때 양도세를 줄이는 방법, 전세보증금을 끼고 증여하는 방법 등 부동산 증여 시 세금을 줄일 수 있는 기술을 소개했습니다. 가족끼리 차용증을 쓰거나 증여세를 미리 신고해서 국세청의 자금출처조사에 확실하게 대비하는 내용도 담았습니다. 자산가들만 공유했던 사전증여를 비롯해 세금 한 푼 안 내고 증여하는 10년 주기 무상증여 플랜도 세밀하게 분석했습니다.

5장에는 부동산세를 둘러싼 실제 상황을 재미있게 풀어낸 이야기를 담았습니다. 100% 실화를 바탕으로 한 흥미진진한 이야기를 읽다 보면 절세 팁을 배울 수 있습니다.

권말 특집은 코로나19로 어려움을 겪고 있을 자영업자를 위해 특별기획했습니다. 사업을 시작했을 때부터 단계별로 처리해야 할 세금 문제를 점검해보고, 주의사항과 절세 방법을 꼼꼼히 정리했습니다. 언택트 시대의 핵심 사업으로 떠오른 전자상거래와 배달앱을 통한 거래에서 활용 가능한 합법적인 절세법도 살펴봤습니다.

'세금'을 주제로 독자 여러분과 다섯 번째 만남입니다. 시간이 지날수록 세금에 대한 독자들의 관심이 점점 높아지고, 특히 부동산 세금에 대한 갈증이 더 커지는 것을 체감합니다. 세금을 속 시원하게 알고 싶은 분들께 친절한 길잡이가 되겠다는 초심을 되새기면서 혼신을 다해 『2022 부동산세 완전정복』을 준비했습니다. 부동산 투자의 완성은 절세입니다. 부동산세 상승으로 놀란 여러분의 가슴을 절세 묘수로 진정시켜드리겠습니다.

스마트한 집주인이 되는 부동산세 첫걸음

영끌로 집 사는 '부린이'를 위한
취득세 절세 플랜

BUY

보유세 폭탄에 휘청이는
주택 보유자를 위한
보유세 절세 플랜

HOLD

3장

투자수익률을 최대로 끌어올리는
양도세 절세 플랜

SELL

4장

매매와 증여의 기로에 선
부모 세대를 위한
상속·증여 절세 플랜

INHERIT

5장

파란만장한 절세 드라마,
절세극장

Tax-saving Cinema

고군분투하는 사장님들을 위한
자영업자 절세 플랜

Small
Business
Owner

프롤로그

스마트한 집주인이 되는
부동산세 첫걸음

'부린이'를 위한
부동산세 A to Z

수년간 서울 집값은 신고가를 갱신했다. 어느새 서울 아파트 평균 매매가격이 10억원을 넘어섰다. 서울에서 사고 싶은 아파트도, 거주하는 아파트도, 팔고 싶은 아파트도 10억원대인 경우가 많다는 뜻이다. 그렇다면 10억원짜리 집을 사고 보유하고 팔려면, 얼마의 세금을 내야 할까? 실거래가 10억원의 아파트를 예로 들어 취득·보유·양도·증여 시 납부해야 할 세금을 계산해봤다.

살 때 — 취득세

부동산이나 자동차 같은 자산을 취득하면 취득세를 내야 한다. 그럼 실거래가 10억원에 해당하는 아파트를 구매하면 취득세가 얼마나 나올까?

취득세는 실거래가에 취득세율을 곱해 매긴다. 취득세율은 내가 산 부동산이 조정대상지역과 비조정대상지역 중 어디에 있는지와 내가 주택 몇 채를 보유하고 있는지에 따라 다르다.

2021년 1월 10억원에 거래된 서울 금천 롯데캐슬골드파크3차 (59.9㎡)를 기준 사례로 들어 취득세를 계산해봤다. 롯데캐슬골드파크3차는 조정대상지역에 있다. 따라서 조정대상지역 내 9억원 초과 주택의 취득세율에 해당하는 3%의 세율을 적용받는다. 10억원짜리 주택을 취득하면 매매가의 3%인 3000만원을 취득세로 납부해야 한다. 여기에 지방교육세 0.3%를 더하면 총 3300만원의 세금을 내게 된다. 일시적 2주택자인 경우에도 세액은 같다.

다주택자는 1주택자보다 훌쩍 오른 세율을 경험한다. 조정대상지역 내 2주택자는 8%, 3주택자는 12%의 취득세율을 적용받는다. 이에 따라 2주택자는 지방교육세를 포함해 총 8400만원(조정대상지역 다주택자에게는 중과세율을 적용해 0.4%의 지방교육세 부과)의 취득세를, 3주택자는 총 1억2400만원의 취득세를 내야 한다.

같은 실거래가 10억원 주택을 취득하더라도 비조정대상지역의 다주택자들은 취득세 부담이 덜하다. 조정대상지역보다 집 한 채씩의 세율적 여유가 있다고 보면 된다. 비조정대상지역의 실거래가 10억원 아파트를 구매한 2주택자의 경우 3%의 취득세율을, 3주택자라면 8%의 세율을 적용받게 된다. 비조정대상지역 2주택자는 3300만원(지방교육세 0.3% 포함), 3주택자는 8400만원(지방교육세 0.4% 포함)을 내면 된다. 4주택자나 법인은 주택수와 관계없이 12%의 세율을 적용받는다. 법인은 한 채만 취득해도 취득세율이 12%다.

주택이 여러 채라서 취득세가 걱정이야.

2021년 실거래가 10억원 아파트 취득세 예상액

(단위 : 원)

구분	조정대상지역			비조정대상지역		
	취득세율	지방교육세율	세액	취득세율	지방교육세율	세액
1주택	3%	0.3%	3300만	3%	0.3%	3300만
2주택	*8%	0.4%	8400만	3%	0.3%	3300만
3주택	12%	0.4%	1억 2400만	8%	0.4%	8400만
법인, 4주택 이상	12%	0.4%	1억 2400만	12%	0.4%	1억 2400만

* 일시적 2주택자 제외

주택 구입 시 취득세율

주택수	조정대상지역	비조정대상지역	고급주택
1주택	1%(6억원 이하) 1~3%(6억원 초과~9억원 이하) 3%(9억원 초과)		+8%
2주택	8%	1%(6억원 이하) 1~3%(6억원 초과~9억원 이하) 3%(9억원 초과)	+8%
3주택	12%	8%	
법인, 4주택 이상	12%	12%	

주택 증여 시 취득세율

증여가액 (시가표준액)	조정대상지역	비조정대상지역	고급주택
3억원 미만	3.5%	3.5%	+8%
3억원 이상	12%*	3.5%	

*1세대 1주택자가 소유 주택을 배우자 · 직계존비속에게 증여하는 경우는 3.5%

보유할 때 — 보유세

재산세 | 집주인이 되면 재산세를 내야 한다. 지방자치단체에서는 매년 6월 1일 기준으로 집을 소유한 사람에게 재산세 고지서를 발송한다. 고지서는 7월과 9월에 나오며, 집주인은 재산세액을 절반씩 나눠서 내면 된다. 재산세는 매년 국토교통부가 발표하는 공시가격을 기준으로 계산한다. 실거래가 10억원인 아파트라

고 해도 실제 공시가격에 따라 재산세액이 다르게 결정된다.

2021년 1월, 10억원에 거래된 롯데캐슬골드파크3차($59.9m^2$)의 2020년 공시가격은 4억6200만원이었다. 이 아파트의 2020년 공시가격에 공정시장가액비율 60%를 적용한 과세표준 2억7720만원에서 재산세율 0.1~0.25%를 구간별로 계산하면, 재산세는 51만3000원이다. 여기에 도시지역분(재산세 과세표준의 0.14%)과 지방교육세(재산세액의 20%)까지 포함하면 실제로 부담하는 재산세는 100만3680원으로 계산됐다.

실거래가에 비해 공시가격이 낮으면, 재산세 부담은 더욱 줄어든다. 2021년 1월, 10억5000만원에 거래된 서울 도봉 창동리버타운 주공19단지($84.9m^2$)는 2020년 공시가격이 3억9700만원에 불과했다. 이 아파트의 재산세는 41만5000원이며, 도시지역분과 지방교육세까지 포함한 총 보유세는 83만2080원이었다.

다만, 주택 한 채만 보유한 집주인은 2022년부터 3년간 한시적으로 재산세 감면을 받는다. 정부가 「지방세법」 개정을 통해 2021년 6월 기준 공시가격 9억원 이하 1주택 보유 집주인의 재산세율을 구간별로 0.05%포인트씩 낮췄기 때문이다.

공시가격 변동이 없다고 가정했을 때, 롯데캐슬골드파크3차를 보유한 1주택자는 2021년 보유세로 83만7360원을 냈고, 창동리버타운주공19단지 보유자는 2021년 보유세로 68만9160원을 냈을 것이다.

2021년에 공시가격이 올랐기 때문에 재산세 감면 효과가 없었을 가능성

10억원 아파트 보유세 예상액

(단위 : 원)

구분	실거래가	공시가격	재산세	총 보유세
롯데캐슬골드파크 3차(59.9㎡)	10억	4억6200만	51만3000	100만3680
창동리버타운주공 19단지(84.9㎡)	10억5000만	3억9700만	41만5000	83만2080

※ 실거래가는 2021년 1월 기준, 공시가격은 2020년 발표 기준
※ 총 보유세=재산세+도시지역분+지방교육세(2020년 기준)

도 있다. 2021년 롯데캐슬골드파크3차의 공시가격이 2019년 대비 25% 상승했다면, 1주택자는 2021년 보유세가 2020년보다 18만원 가량 늘어난 118만4400원으로 계산된다.

창동리버타운주공19단지의 2020년 공시가격이 전년 대비 17% 상승했다는 사실을 감안하면, 이 아파트 1주택자는 2021년 보유세로 2020년보다 1만원 정도 증가한 84만2870만원을 납부했을 것으로 추정한다.

종합부동산세 | 재산세는 집을 가지고 있는 모두가 내야 하지만 종합부동산세(종부세)는 그렇지 않다. 종부세는 매년 6월 1일을 기준으로 공시가격 6억원 이상의 주택을 보유한 경우에만 낸다. 하지만 세대원 중 한 사람이 단독명의로 집을 가지고 있고, 세대당 주택 하나를 가지고 있는 1세대 1주택의 경우에는 추가로 5억원까지 공제해주기 때문에 공시가격 11억원까지는 종부세를 내지 않아도 된다. 주택을 딱 하나만 가지고 있는 사람들에게 나라가 제공하는 특혜인 셈이다.

 1세대 1주택인 종부세 납세자에게는 추가적인 세제 지원도 있다. 주택을 오래 보유한 사람에게 주는 혜택인 장기보유공제와 나이가 많은 사람에게 주는 혜택인 고령자공제가 있다.

 장기보유공제는 종부세 과세 대상인 1세대 1주택자가 5년 이상 보유하면 20%, 10년 이상 보유하면 40%를 세액공제하며, 15년 이상 보유한 경우 세액의 50%를 공제하는 혜택이다.

 또 1세대 1주택인 종부세 납세자가 60세 이상인 경우 20%, 65세 이상 30%, 70세 이상 40%를 고령자 세액공제로 빼준다. 다만, 장기보유공제와 고령자공제를 합해서 세액공제가 80%를 넘을 수는 없도록 공제 상한이 있다는 사실을 알아두자.

1주택자는 공시가격 11억원
다주택자는 공시가격 합계액이 6억원 넘으면
종부세 과세

2021년 종부세율

과세표준	일반	조정대상지역 2 · 3주택
3억원 이하	0.6%	1.2%
6억원 이하	0.8%	1.6%
12억원 이하	1.2%	2.2%
50억원 이하	1.6%	3.6%
94억원 이하	2.2%	5.0%
94억원 초과	3.0%	6.0%

1주택자 연령·보유 기간별 공제율

구분	2021년 공제율	
연령	60~64세	20%
	65~69세	30%
	70세 이상	40%
보유 기간	5~9년	20%
	10~14년	40%
	15년 이상	50%
중복 적용 한도	80%	

팔 때 — 양도소득세

지금 당장 집을 팔아야 한다면 반드시 따져봐야 할 세금이 있다. 바로 양도소득세(양도세)다. 양도세는 부동산을 산 가격과 판 가격의 차이인 '양도소득'에 대해 매기는 세금이다. 양도세는 주택수와 보유 기간 등에 따라 각각 다른 세율과 공제율이 적용되며, 매년 「세법」 규정이 바뀌고 있어 집주인들에겐 상당히 골치 아픈 세금이다.

만약 서울에서 10억원짜리 아파트를 팔면 양도세를 얼마나 내야 할까? 우선, 샀을 때의 집 가격부터 알아본 다음 보유 기간과 현재 보유한 주택수 등을 확인해야 한다.

2021년 1월 10억5000만원에 거래된 창동리버타운주공19단지(84.9㎡)를 예로 들

양도세가 올라도 너무 올랐네.

23

어보자. 3년 전 이 아파트의 매매가격은 4억
9800만원이었다. 5년 전에는 3억2000만원에
거래됐으며 이는 10년 전 매매가격과 비슷하다.

3년 전에 이 아파트를 샀다가 10억5000만
원에 팔면 양도차익은 5억5200만원이 되며, 1세대 1주택자인 경우
양도세로 1197만원을 내게 된다. 9억원이 넘은 부분에만 양도세를
계산하기 때문에 과세 대상의 양도차익이 7885만원에 불과하고, 양
도세율도 24% 수준으로 양호한 편이다.

서울에 집이 한 채 더 있는 2주택자라면, 양도세는 2억5034만원
으로 확 늘어난다. 조정대상지역 다주택자 중과세율 적용으로 인해
양도세율이 52%까지 올랐다. 3주택자의 양도세는 3억529만원으로
치솟게 된다. 중과세율이 최고 수준인 62%로 올라가기 때문이다.

서울 소재 10억원 아파트 3년 보유 시 양도세
1주택자는 1197만원
3주택자는 3억529만원

만약 이 아파트를 5년 전에 3억2000만원에 사서 거주하다가 판
다고 가정하면, 1주택자의 양도세는 920만원으로 계산된다. 양도차
익이 7억3000만원에 달하지만, 장기보유특별공제 40%를 적용하면
실제 양도세 부담액은 1.2% 수준에 불과하다. 10년간 보유하고 거
주한 1주택자라면, 장기보유특별공제 80%를 적용해 실제 납부할 양
도세는 167만원으로 크게 떨어진다. 반면, 2주택자의 양도세는 3억

4290만원, 3주택자의 양도세는 4억1565만원으로 실제 양도차익의 절반 수준에 달하는 세금을 납부하는 것으로 계산됐다.

10억원 아파트 양도소득세 예상액

(단위 : 원)

취득연도 (보유 기간)	양도소득세			
	양도차익	1주택자	2주택자	3주택자
2018년(3년)	5억5200만	1197만	2억5034만	3억529만
2016년(5년)	7억3000만	920만	3억4290만	4억1565만
2011년(10년)		167만		

※ 서울 도봉 창동리버타운주공19단지(84.9㎡) 2021년 실거래가 기준

물려줄 때 — 증여세

보유세 부담이 커지면서 자녀에게 주택을 증여하는 사람들이 늘고 있다. 한국부동산원 아파트 거래현황에 따르면 2020년 전국 아파트 증여건수는 9만1866건으로 2019년 대비 43% 증가했다. 특히 2020년 서울의 아파트 증여건수는 2만3675건으로 전년(1만2514건)과 대비하면 갑절 수준이다.

주택 증여세 부담도 무시할 수 없다. 증여세는 주택을 받는 사람이 내며, 증여받는 주택의 가격에 따라 납부액이 결정된다. 그런데 주택의 경우, 현금이나 상장주식처럼 가치가 명확하지 않다는 점이 문제로 작용한다. 게다가 물려받

는 것이지 대가를 주고 거래한 것이 아니어서 증여 당시 주택의 정해진 가치를 판단하기 어렵다.

　주택을 증여받을 경우, 우선 유사매매사례를 증여가액으로 보고 세금을 계산해야 한다. 증여일 전후 3개월 이내에 이웃한 아파트의 매매사례가 있다면 그 매매가액이 증여가액이 될 수 있다.

　2020년 1월 10억원에 거래된 서울 금천 롯데캐슬골드파크3차(59.9㎡)를 예로 들어보자. 30대 회사원 A씨가 아버지로부터 해당 단지 내 같은 면적의 아파트를 2020년 3월 중 증여받았다면, 이 아파트의 증여가액은 유사매매사례(2020년 1월 거래)와 같은 10억원이 될 수 있다. 물론 증여일 전후 3개월 이내에 또 다른 특별한 매매사례가

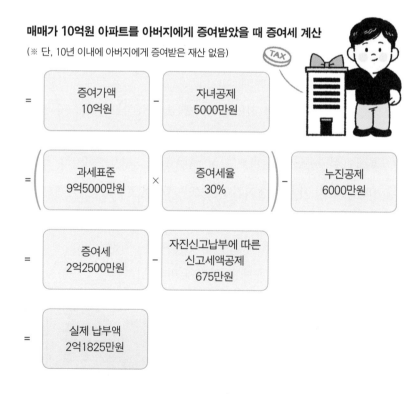

매매가 10억원 아파트를 아버지에게 증여받았을 때 증여세 계산

(※ 단, 10년 이내에 아버지에게 증여받은 재산 없음)

= 증여가액 10억원 − 자녀공제 5000만원

= (과세표준 9억5000만원 × 증여세율 30%) − 누진공제 6000만원

= 증여세 2억2500만원 − 자진신고납부에 따른 신고세액공제 675만원

= 실제 납부액 2억1825만원

없다는 가정이 붙는다.

증여세는 증여일 전 동일인에게서 10년 이내에 증여받은 재산을 합산해 계산한다. A씨가 금천 롯데캐슬골드파크3차를 증여받는 날로부터 10년 내에 아버지에게 증여받은 재산이 없다고 가정하면, 증여공제를 한 후 세율을 곱해 증여세를 계산하면 된다.

성인 자녀인 A씨는 증여가액 10억원에서 자녀공제로 5000만원을 뺀 9억5000만원이 증여세 과세표준이 된다. 여기에 5억원 초과 10억원 이하 증여세율 30%를 곱한 후 누진공제(세율 구간별) 6000만원을 빼면 2억2500만원의 증여세가 산출된다. 아울러 증여세 자진신고납부에 따른 3%의 신고세액공제 675만원을 더 빼면 2억1825만원이 실제 납부할 증여세로 계산된다.

하지만 주택의 증여세는 A씨 사례처럼 단순한 경우가 드물다. 거래가 잦지 않거나 대단지 아파트가 아니어서 유사매매사례가액을 찾기 어려운 경우에는 감정평가를 받거나 기준시가 등을 증여가액으로 신고해야 한다. 그런데 납세자가 신고하는 금액이 국세청에서 그대로 인정된다는 보장이 없다. 또 물려받은 주택을 담보로 대출이 껴있다면 부담부증여(192쪽)가 돼 채무를 제외하고 증여가액을 산출해야 한다.

10년 내 증여받은 재산 없을 때
증여세는 증여일 전후 3개월 매매가를 기준으로 부과

부동산세의 기준이 되는 주택가격들

주택에 대한 세금은 주택의 가격을 기준으로 부과된다. 취득세는 주택을 취득한 가격, 보유세는 보유 중인 주택의 가격, 양도소득세는 주택을 팔 때의 가격과 살 때의 가격 차이를 기준으로 세금을 계산한다. 또 상속이나 증여를 받은 주택은 상속 및 증여 당시의 주택가격을 기준으로 상속세와 증여세가 계산된다.

그런데 부동산세를 매기는 가격 기준이 조금씩 다르다. 어떤 세금을 계산할 때에는 실거래가를 기준으로, 또 다른 세금은 기준시가 또는 공시가격을 기준으로 계산된다. 각각의 주택가격은 어떤 의미이며, 어떤 부동산세 책정에 쓰이는지 알아보자.

주택은 1채인데, 실거래가, 공시가격, 기준시가… 왜 가격은 여러 개지?

**부동산 거래 시
발생하는 세금의 기준
'실거래가'**

'실거래가'는 이름 그대로 실제로 거래된 가격이다. 주택 거래에서 계약서를 쓰고 집을 판 사람과 산 사람이 실제 주고받은 금액이 실거래가다. 보통 '집값'이라고 부르는 가격이 실거래가에 해당한다.

실거래가는 주택을 거래한 가격이기 때문에, 부동산 거래에 부과되는 세금을 매기는 기준이 된다. 우선 주택을 살 때 내는 취득세는 실거래가에 취득세율을 곱해서 산출한다. 주택을 팔 때 내는 양도소득세는 취득할 때의 실거래가와 양도할 때의 실거래가 차이, 즉 양도차익에 세금을 매긴다.

실거래가는 2006년부터 반드시 정부에 신고하도록 규정되어 있다. 부동산을 거래한 후 당사자나 중개업자가 계약 체결일로부터 30일 이내에 신고해야 한다. 신고를 하고 실거래가 신고필증을 받아야만 소유권 등기 이전을 할 수 있다. 주택 실거래가는 국토교통부 실거래가 공개시스템에서 확인할 수 있다.

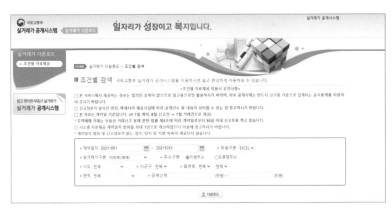

국토교통부 실거래가 공개시스템 검색 화면

보유세 산정에 사용되는 '공시가격' 주택을 사거나 팔지 않고 단순히 보유만 하고 있을 때에도 주택가격을 따져야 하는 경우가 있다. 재산세나 종합부동산세 등 보유세를 계산할 때다.

재산이 많을수록 많은 세금을 내도록 하니까 보유재산의 가격이 필요한 것인데, 주택을 사고팔지 않았으니 어떤 기준으로 집값을 매겨야 할지 어렵다. 따라서 이런 경우에는 정부에서 주택의 가격을 정해서 공개한 것을 활용한다. 이때 정부가 조사해서 공개하는 주택가격을 '공시가격'이라고 한다.

공시가격은 보유세뿐만 아니라 건강보험료 등을 산정할 때에도 사용된다. 국민의 세부담을 늘리는 항목이기 때문에 보통 실거래가보다 낮게 결정된다.

보유세를 계산할 때에도 세부담을 더 낮추기 위해 공시가격에 공정시장가액비율이라는 것을 곱한 뒤에 세율을 적용한다. 재산세의 경우 공시가격의 60%(공정시장가액비율)에만 세금이 부과된다. 종전에는 종합부동산세에도 공정시장가액비율이 적용됐지만, 2022년부터는 종합부동산세 산정 시 반영하는 공정시장가액비율이 100%로 인상되어 의미가 없어졌다.

공시가격은 국토교통부 홈페이지에서 열람할 수 있다. 아파트 등은 공동주택 공시가격, 단독주택이나 다세대주택·빌라 등은 단독주택 공시가격으로 구분해 공개한다.

재산세의 경우
공시가격의 60%에만 세금 부과

**국세청이 정한
오피스텔 및 상업용 건물의 가격
'기준시가'**

오피스텔이나 빌딩 등 상업용 건물처럼 공시가격이 없는 경우도 있다. 이런 건물에도 보유세를 부과해야 하기 때문에, 국세청은 별도로 '기준시가'라는 가격을 정해서 발표한다. 상속이나 증여를 통해 주택을 받았거나 매매했지만 제대로 신고하지 않은 경우에도 이 기준시가가 과세기준이 될 수 있다.

국세청은 매년 9월 1일을 기준으로 기준시가를 계산한 다음 12월 말에 발표한다. 홈택스에서 대상 건물 주소를 입력하면 기준시가를 조회할 수 있다.

홈택스 내 기준시가 검색 화면

부동산세를 줄줄이 끌어올리는 조정대상지역

정부는 부동산 과열이 예상되는 지역을 조정대상지역으로 묶어 부동산 거래 단계별로 각종 규제를 적용하고 있다. 최근 3개월간 집값 상승률이 물가상승률의 1.3배를 초과한 지역이나 2개월 이상 평균 청약 경쟁률이 5대 1을 초과한 지역이 조정대상지역으로 지정된다. 조정대상지역은 부동산 시장 상황에 따라 수시로 지정되거나 지정 해제되기 때문에, 주택을 취득·보유·매매할 때는 항상 각별히 주의해야 한다.

**조정대상지역
주택을 양도하고
비과세받는 법**

조정대상지역 내에 집이 있는 사람들은 대출 규제, 세금 중과 등의 불이익을 받게 된다. LTV(은행에서 주택을 담보로 받을 수 있는 대출 가능 한도)와 DTI(금융부채 상환능력을 소득으로 따져 대출 한도를 정하는 비율) 적용 비율이 제한되고, 분양권 전매(구입한 부동산을 단기적 이익을 얻기 위해 되파는 것)와 1순위 청약자격 규제를 받는다. 또한 주택의 취득·보유·양도 과정에서 발생하는 세금 부담도 커진다.

조정대상지역에 있는 주택은 1세대 1주택 양도소득세 비과세 혜택을 받는 게 까다롭다. 1세대 1주택인 경우에는 양도가액 9억원 이하에 대한 양도세를 100% 감면받게 된다. 9억원 초과분의 경우에도 낮은 세율과 높은 공제율을 적용해 세금 부담을 덜 수 있다. 이때, 1세대 1주택으로 인정받기 위해서 해당 주택을 2년 이상 보유만 하면 된다.

그런데 조정대상지역에 있는 주택이라면 2년 이상 보유할 뿐만 아니라 2년 이상 거주까지 해야만 비과세 혜택을 받을 수 있다. 2017년 8월 3일 이후 조정대상지역에서 취득한 주택은 모두 '2년 보유+2년 거주' 요건을 갖춰야 비과세 대상이 된다.

단, 2년 거주 요건은 '취득일 기준'으로 적용된다. 비조정대상지역일 때 취득했다가 취득 이후 신규로 조정대상지역에 포함된 경우라면 2년 보유 요건만 갖춰도 1세대 1주택 양도세 비과세를 받을 수 있다.

반대로 취득할 때에는 조정대상지역에 속한 집이었지만 양도하기 전에 조정대상지역에서 해제된 경우는 어떨까? 이 경우, 취득일에 주택이 조정대상지역에 있었기 때문에 2년 거주 요건까지 갖춰야만 비과세가 적용된다.

조정대상지역 내 일시적 2주택 인정 기간은 '1년'

이사 등의 이유로 일시적으로 2주택이 된 경우에도 1세대 1주택으로 보고 양도소득세 비과세 혜택을 준다.

이때 '일시적'으로 인정되는 기간은 2년인데, 조정대상지역에서 벌어지는 일이라면 이 기간이 1년으로 줄어든다. 조정대상지역에서 조정대상지역으로 이사하는 경우, 이사 후 1년 이내에 종전에 살던 집을 팔아야만 일시적인 2주택으로 인정된다는 뜻이다.

그런데 비조정대상지역에서 조정대상지역으로 이사를 가거나 조정대상지역에서 비조정대상지역으로 이사한다면, 2년 내에만 종전 주택을 양도하면 된다.

다주택자를 압박하는 양도소득세 중과

다주택자가 보유한 주택이 조정대상지역에 있다면, 이 주택을 팔 때는 양도소득세가 무겁게 매겨진다. 2주택이라면 기본세율에 20%를 더해 중과하고, 3주택 이상이라면 30%를 더해 중과한다. 또한 장기보유특별공

34

제도 받을 수 없다.

　다주택자의 양도소득세 중과 여부는 '양도일 현재'를 기준으로 판단한다. 조정대상지역으로 지정되기 전에 취득했더라도 양도 시점에 조정대상지역으로 지정돼 있다면 양도소득세가 중과된다. 다만 조정대상지역 공고 이전에 매매계약을 체결하고 계약금을 지급받은 경우에는 양도소득세가 중과되지 않는다.

보유세와 취득세 세부담 가중 ｜ 다주택자가 조정대상지역에 주택을 갖고 있다면, 보유세인 종합부동산세 부담도 크게 늘어난다.

　조정대상지역 2주택자는 3주택자와 동일하게 기본세율에 0.6~3%포인트 높은 세율로 종부세를 내야 하고, 세부담상한도 비조정대상지역에 있는 2주택 세율(150%)의 갑절인 300%(비조정대상지역 3주택에 적용되는 세율과 동일)가 적용된다.

　'세부담상한'은 재산세와 종합부동산세를 합한 보유세 합계액이 전년도보다 일정 비율 이상 급격하게 오르지 못하도록 상한을 두는 제도다. 산술적으로 조정대상지역에 2주택 또는 3주택 이상의 주택을 보유하고 있다면, 전년과 대비하여 세부담이 갑절까지 올라갈 수도 있다.

　조정대상지역의 주택을 살 때도 무거운 취득세가 딸려온다. 1세

대 1주택인 경우 조정대상지역 여부에 따른 취득세 변화가 없다. 하지만 2주택이 조정대상지역에 있을 경우 기본세율 (1~3%)보다 높은 8%로 취득세를 내야만 주택을 구입할 수 있다. 또한 조정대상지역에서 새로 주택을 취득해 3주택자가 된다면 집값의 무려 12%를 취득세로 납부해야 한다.

조정대상지역 지정 현황(2021년 11월)

시도	지역	시도	지역	시도	지역
서울	25개구 전역	경기	안성시*	인천	부평구
경기	고양시		안양시		서구
	과천시		양주시*		연수구
	광명시		오산시		중구*
	광주시*		용인시*	부산	강서구
	구리시		의왕시		금정구
	군포시		의정부시		남구
	김포시*		파주시*		동구
	남양주시*		평택시		동래구
	동두천시*		하남시		부산진구
	부천시		화성시		북구
	성남시	인천	계양구		사상구
	수원시		남동구		사하구
	시흥시		동구		서구
	안산시		미추홀구		수영구

시도	지역	시도	지역	시도	지역
부산	연제구	대전	서구	충남	논산시
	영도구		유성구		천안시 동남구*
	해운대구		중구		천안시 서북구*
대구	수성구	광주	광산구	경북	경산시*
	남구		남구		포항시 남구*
	달서구		동구	경남	창원시 성산구
	달성군*		북구	전북	전주시 덕진구
	동구		서구		전주시 완산구
	북구	울산	중구	전남	광양시*
	서구		남구		순천시*
	중구	세종	세종특별자치시*		여수시*
대전	대덕구	충북	청주시*		
	동구	충남	공주시		

■ 2020년 12월 18일 지정
■ 2021년 8월 30일 지정

* **경기 광주시** : 초월읍, 곤지암읍, 도척면, 퇴촌면, 남종면, 남한산성면 제외
* **경기 김포시** : 통진읍, 대곶면, 월곶면, 하성면 제외
* **경기 남양주시** : 화도읍, 수동면, 조안면 제외
* **경기 동두천시** : 광암동, 걸산동, 안흥동, 상봉암동, 하봉암동, 탑동동 제외
* **경기 안성시** : 일죽면, 죽산면, 삼죽면, 미양면, 대덕면, 양성면, 고삼면, 보개면, 서운면, 금광면 제외
* **경기 양주시** : 백석읍, 남면, 광적면, 은현면 제외
* **경기 용인시** : 처인구 포곡읍, 모현읍, 백암면, 양지면, 원산면 가재월리·사암리·미평리·좌항리·맹리·두창리 제외
* **경기 파주시** : 문산읍, 파주읍, 법원읍, 조리읍, 월롱면, 탄현면, 광탄면, 파평면, 적성면, 군내면, 장단면, 진동면, 진서면 제외
* **인천 중구** : 을왕동, 남북동, 덕교동, 무의동 제외
* **대구 달성군** : 가창면, 구지면, 하빈면, 논공읍, 옥포읍, 유가읍, 현풍읍 제외
* **세종특별자치시** : 행정중심복합도시 건설 예정 지역
* **충북 청주시** : 낭성면, 미원면, 가덕면, 남일면, 문의면, 남이면, 현도면, 강내면, 옥산면, 내수읍, 북이면 제외
* **충남 천안시** : (동남구) 목천읍, 풍세면, 광덕면, 북면, 성남면, 수신면, 병천면, 동면 제외 (서북구) 성환읍, 성거읍, 직산읍, 입장면 제외
* **경북 경산시** : 하양읍, 진량읍, 압량읍, 와촌면, 자인면, 용성면, 남산면, 남천면 제외
* **경북 포항시** : (남구) 구룡포읍, 연일읍, 오천읍, 대송면, 동해면, 장기면, 호미곶면 제외
* **전남 광양시** : 봉강면, 옥룡면, 옥곡면, 진상면, 진월면, 다압면 제외
* **전남 순천시** : 승주읍, 황전면, 월등면, 주암면, 송광면, 외서면, 낙안면, 별량면, 상사면 제외
* **전남 여수시** : 돌산읍, 율촌면, 화양면, 남면, 화정면, 삼산면 제외

37

1장

영끌로 집 사는
'부린이'를 위한
취득세 절세 플랜

부동산세 계산의 시작, 우리 가구의 주택수 알기

2020년 8월 12일 「지방세법」 개정으로 다주택자가 주택을 취득할 경우 취득세 부담이 크게 늘어났다. 그만큼 주택수 계산도 중요해졌다. 2019년 「세법」 개정 시 「지방세법」에 제13조의3을 신설하여 주택수를 계산하는 방법을 명확히 밝혔다. 이동건 교수(한밭대 회계학과)와 함께 무엇이 주택수로 책정되는지, 1세대는 어떻게 구성되는지 살펴봤다.

아파트 분양권과 조합원입주권도 주택수에 포함 | 2020년 8월 12일 이전에는 취득세가 주택수와는 관련이 없었다. 취득하는 주택의 가격이 6억원 이하면 1%, 6억원에서 9억원 사이면 1~3%, 9억원을 초과하면 3%를 적용했다. 그러나 2020년 8월 12일 이후 조정대상지역에서 두 번째 주택 취득 시에는 8%, 세 번째 이상 주택 취득 시에는 12%의 취득세율이 적용된다. 「지방세법」 제13조의2가 '다주택 취득 시에는 표준세율(4%)에 중과기준세율(2%)의 2배인 4% 또는 4배인 8%를 합산하여 중과'하도록 개정됐기 때문이다.

「월간 KB주택가격동향」에 따르면, 2021년 1월의 서울시 아파트 평균 매매가격은 약 10억6000만원이었다. 조정대상지역에서 기존의 2주택자가 주택 한 채를 더 취득할 경우 12%의 취득세율이 적용되므로, 시가 10억원의 아파트를 매입할 경우 취득세 부담만 1억원이 훌쩍 넘어간다는 말이다. 어마어마한 취득세를 감당하지 않으려면, 무엇이 주택수에 포함되는지 잘 알아야 한다.

Q 아파트 분양권이 주택수에 합산되는가?

아파트 분양권은 종전에는 주택수에 포함되지 않았다. 하지만 2020년 8월 12일 이후 계약한 분양권은 소유자의 주택수에 포함된다. 즉, 아직 주택의 실체는 없더라도 주택이 완공되면 취득이 예정되어 있으므로, 분양권은 취득세 중과 주택수에 포함되는 것이다. 다만, 오피스텔 분양권은 바로 주택수에 포함하지 않고, 실제로 오피스텔 취득 시 주택으로 사용하는 경우에 한해 주택수에 합산한다.

Q 재개발 또는 재건축으로 인해 소유 주택이 철거되었는데, 조합원입주권이 주택수에 합산되는가?

「도시 및 주거환경정비법」에 따른 재건축사업 또는 재개발사업, 「빈집 및 소규모주택 정비에 관한 특례법」에 따른 소규모 재건축사업을 시행하는 정비사업조합의 조합원으로서 취득한 조합원입주권(그 조합원으로부터 취득한 것을 포함)은 해당 주거용 건축물이 멸실되어 없더라도 주택수에 합산한다.

> **Q** 현재 주택으로 사용 중인 오피스텔을 구입한 경우, 바로 구매자의 주택수에 합산하는가?

오피스텔은 주택 재산세가 부과되는 경우에 오피스텔 소유자의 주택수에 합산된다. 그러므로 종전 소유자로부터 오피스텔을 취득하고 주택 재산세가 부과되기까지는 새로운 소유자의 주택수에 합산되지 않는다.

> 주택 취득자와 세대별 주민등록표에 함께 기재되면 1세대
>
> **Q** 부부 공동명의로 아파트를 등기할 때 주택수는 어떻게 산정되는가?

다주택자에 대한 취득세 중과는 개인이 아닌 '세대' 기준이다. 법률상 부부는 동일 세대로 보기 때문에 공동명의더라도 주택수는 1주택으로 본다. 여기서 배우자란 사실혼은 제외하며, 법률상 이혼을 했으나 생계를 같이하는 등 사실상 이혼으로 보기 어려운 관계까지 포함한다.

그런데 동일 세대가 아닌 자가 공동명의로 등기되어 있는 경우에는 각각 주택수로 계산된다. 예를 들어, 직장 때문에 주민등록을 옮기고 따로 살고 있는 딸이 부모님과 함께 공동명의로 주택을 소유하고 있다면 이 주택은 딸의 주택수에도 포함된다.

부부 공동명의

> **Q** 서울의 1주택자 부모님과 생계를 같이하는 아들(35세, 대기업 근무)이 주택을 신규 매입할 경우 주택수는 어떻게 계산될까?

취득세 중과는 세대를 기준으로 한다. 그러므로 아들이 세대 분리를 하지 않고 부모님과 생계를 같이하고 있다면 동일 세대 2주택으로 보아 취득세율 8%를 적용한다.

「지방세법」상 1세대란 주택을 취득하는 사람과 세대별 주민등록표에 함께 기재되어 있는 가족을 포함하기 때문이다. 이 경우에는 아들이 주택을 취득하기 전에 주민등록을 이전하는 것이 좋다.

다만, 취득일 현재 미혼인 30세 미만의 자녀는 주택을 취득하는 사람과 같은 세대별 주민등록표에 기재되어 있지 않더라도 1세대에 속한 것으로 본다. 이 경우에도 자녀의 소득이 기준중위소득(2021년 기준 약 183만원)의 40% 이상인 경우에는 별도 세대로 본다.

> **Q** 조정대상지역의 1주택자가 자녀 교육 때문에 다른 조정대상지역의 아파트를 구입하면, 무조건 2주택으로 보아 8%의 취득세율을 적용하는가?

취득세 부과 시에도 양도소득세와 마찬가지로 일시적 1세대 2주택에 대해서는 1주택으로 본다. 다만, 조정대상지역 내 일시적 2주택은 신규 주택 취득 후 1년 내에 종전 주택을 양도해야 한다. 그 밖에도 상속받은 주택은 5년간 주택수 산정에 포함하지 않거나, 시가표준액 1억원 이하의 주택은 제외하는 등 취득세 계산 목적의 주택수 계산은 무척 복잡하다.

자금조달계획서 작성은
처음입니다

내 집 마련과 동시에 준비해야 하는 몇 가지 절차가 있다. 그중 하나가 바로 자금조달계획서 제출이다. 자금조달계획서란 내 자금의 출처를 밝히며 정당한 방식으로 부동산을 취득했는지를 증명하는 서류로, 2017년 8월 2일 주택 시장 안정화 대책이 발표되면서 처음 등장했다.

**투기과열지구 또는
조정대상지역에 집 사면
꼭 자금조달계획서 제출**

투기과열지구와 조정대상지역에 집을 사게 되면 거래가격과는 무관하게 국토교통부에 실거래가를 신고하고 무조건 자금조달계획서를 통해 자금출처를 소명해야 한다.

비규제지역의 경우 6억원 이상의 주택을 사면 자금조달계획서를 제출해야 한다. 법인은 지역이나 금액에 상관없이 무조건 제출해야 한다. 토지의 경우 한국토지주택공사(LH) 사태 재발 방지 목적으로 일정 규모 이상 취득 시 제출을 의무화할 예정이다.

자금조달계획서 제출 대상

구분	제출 대상
투기과열지구 · 조정대상지역	거래가격과 관계없이 모든 주택 거래
비규제지역 (투기과열지구 · 조정대상지역 외)	거래가격 6억원 이상 주택 거래
법인(매수) 주택 거래	지역 · 거래가격과 관계없이 모든 주택 거래

자금조달계획서를 제출할 때는 자금에 대한 증빙 서류를 함께 첨부해야 한다. 자금 종류에 따라 저축액이면 잔고증명서나 예금잔액증명서, 부동산 처분 대금이면 매매계약서, 대출금이 있다면 부채증명서, 전세를 끼고 샀다면 임대차계약서를 준비하면 된다.

서류 제출은 계약 체결일로부터 30일 이내에 해야 한다. 공인중개사를 통해 계약을 진행했다면 거래 후 25일 이내에 관련 서류를 공인중개사에게 줘야 기간 안에 제출할 수 있다. 직거래한 경우라면 관련 기관에 제출하면 되고, 서울인 경우 각 구청에 내면 된다.

본인뿐만 아니라 가족 모두 조사 대상 자금조달계획서 제출을 단순한 의무 절차로 가볍게 생각하고 작성했다간 부족한 자료에 대해 세무당국에 추가로 소명해야 하는 경우가 생긴다. 소명 과정에서 자금출처가 부족하거나 증여로 의심되는 경우에는 탈세로 간주돼 국세청으로부터 자금출처조사를 받게 된다.

요즘은 소득이 없는 20대 혹은 30대가 직업이나 연령대에 어울리지 않게 고가주택을 취득한 경우, 정상적인 자금 조달로는 어려운 거래로 편법 증여가 의심되는 경우, 제출한 서류와 실제 자금의 원천이 일치하지 않는 경우에 조사를 통해 증여세를 추징한다.

> 자금출처 자료가 부족하면 추가 소명 필요
> 자금출처 부족·증여 의심 땐 탈세로 간주돼
> 국세청 조사 실시

자금출처조사가 들어가게 되면 본인뿐 아니라 가족 모두로 조사 대상이 확대될 가능성이 있다. 일례로 자녀가 아버지에게 증여받았다고 신고했는데 과세당국에서는 아버지의 소득 신고 금액이 자녀에게 증여할 만큼 충분하지 않았다고 판단해 아버지의 소득에 대해 조사를 진행하기도 했다.

자금조달계획서 하나로 본인뿐 아니라 가족의 5년간 소득·재산 취득 내용을 국세청에서 다 살펴보고 관련된 조사를 할 수도 있다. 필요하다면 전문가와 함께 자금출처를 꼼꼼하게 검토해 서류를 제출하는 것이 좋다. 자금출처로 정당하게 인정받을 수 있는 것은 신고된 자금이다. 세금 신고를 마친 소득, 신고된 상속 재산 및 수증재산, 신고된 양도차익이나 담보대출 등이 해당된다.

자금조달계획서나 증빙 서류를 제출하지 않을 경우에는 과태료 500만원이

부과된다. 또한 자금조달계획서나 증빙 서류를 제출하지 않을 시에는 실거래 신고필증이 발급되지 않아 소유권이전등기도 불가능하니 유의해야 한다.

자금조달 증빙용 제출 서류

	항목별	제출 서류
본인 자금	금융기관 예금액	잔고증명서, 예금잔액증명서 등
	주식 및 채권 매각 금액	주식거래내역서, 잔고증명서 등
	상속 및 증여	상속 및 증여세 신고서, 납세증명서 등
	현금 등 기타	근로소득원천징수영수증, 소득금액증명원 등 소득 증빙 서류
	부동산 처분 대금	부동산매매계약서, 부동산임대차계약서 등
타인 자금	금융기관 대출액	금융거래확인서, 부채증명서, 금융기관 대출신청서 등
	임대보증금 등	부동산임대차계약서
	회사지원금, 사채 등 차입금	금전 차용을 증빙할 수 있는 서류 등

47

분양권, 부부 공동명의로 바꾸면 이득일까?

'청무피사(청약은 무슨 프리미엄 주고 사)'라는 말이 유행할 정도로 분양권 거래가 활발하다. 하지만 분양권 거래를 바라보는 정부의 시선은 곱지 않다. 시세차익이 발생하는 분양권 거래가 집값 상승 요인 중 하나라고 보아 분양권 전매를 제한하고, 양도세율을 중과하는 등 제동을 걸고 있다. 이 상황에서 현재 보유 중인 분양권을 양도하려면, 어떻게 해야 할까? 분양권 관련 세금이 얼마나 강화됐고 어떻게 대처해야 좋을지 이지혜 세무사(세무법인 다솔 본점)와 함께 정리해봤다.

취득세율은 분양권 취득 시 주택수 기준으로 산정

2021년 5월 31일 이전까지는 지역에 따라 분양권 양도세율에 차이가 있었다. 비조정대상지역 분양권의 경우 1년 미만 보유하면 50%, 2년 미만 보유하면 40%, 2년 이상 보유하면 기본세율을 적용받았다. 조정대상지역 분양권의 경우 보유 기간에 관계없이 50%의 분양권 중과세율이 적용됐다.

하지만 2021년 6월 1일 이후 양도하는 주택분양권은 지역에 관계없이 1년 미만 보유하면 70%, 1년 이상 보유하면 60%의 분양권 중과세율이 적용된다. 2021년 6월부터는 주택분양권을 양도하면서 기본세율을 적용받을 수 없게 됐다는 얘기다. 양도차익의 60~70%는 무조건 양도세로 납부해야 한다고 생각하고 분양권을 처분해야 한다.

예를 들어 양도차익이 2억원인 분양권의 경우, 2021년 5월 31일에 처분했다면 조건에 따라 5700만원~1억원의 양도소득세가 발생하지만, 6월 1일에 처분했다면 1억2000만원~1억4000만원의 양도소득세를 부담해야 한다. 하루 사이에 세부담이 갑절 수준까지 커진 셈이다.

그렇다면, 분양권은 언제부터 주택수에 포함될까? 분양권의 주택수 산입 시기는 「취득세법」과 「양도세법」에서 다르게 규정하고 있다. 취득세의 경우, 2020년 8월 12일 이후 취득한 분양권부터 주택수에 포함된다. 다만, 분양권은 분양권을 취득한 시점이 아닌 주택으로 완공된 시점에 취득세를 납부하게 되는데, 그 취득세율이 '신축주택 취득 시점'이 아닌 '분양권 취득 시점'에 결정된다는 사실에 유의해야 한다. 즉, 2020년 8월 12일 이후 취득한 분양권부터는 취득세 납부 시점과 취득세율 결정 시점이 달라진다는 이야기다.

취득세와는 다르게 양도세는 2021년 1월 1일 이후 취득한 분양권부터 주택수에 포함된다. 주택 비과세 특례 규정이 아닌 분양권 비과세 특례 규정이 적용되고, 중과세 대상은 아니지만 중과대상 주택수 계산에는 포함된다. 기존에는 1주택과 1분양권을 가지고 있다가 주택을 양도하는 경우 비과세 혜택을 받을 수 있었지만, 이젠 일시적 2주택 등 법에서 별도로 규정한 경우가 아니면 비과세를 받기 어렵다.

분양권이 일시적 2주택으로 인정받는 기준은 무엇일까? 2021년 1월 1일 이후 취득한 분양권은 조합원입주권과 마찬가지로 주택수에 포함된다. 그래서 분양권의 일시적 2주택 특례 규정은 입주권 관련 특례 규정과 동일하다. 일시적 2주택 요건을 충족한 경우에는 기존 주택에 대해 비과세가 가능하다.

먼저 종전주택을 취득하고 1년 이상 지나 분양권을 취득한 후, 분양권 취득일로부터 3년 이내 종전주택을 양도하는 경우에는 종전주택에 대해 비과세를 적용받을 수 있다. 공사가 길어져 3년 이내에 처분하지 못할 때는 신축주택이 완공된 후 2년 이내 세대 전원이 이사해 1년 이상 계속 거주하고, 신축주택이 완공되기 전 또는 완공된 후 2년 이내에 종전주택을 양도하면 비과세 혜택을 받을 수 있다.

비과세 규정 충족 또는 공동명의 활용으로 분양권 양도세 ↓

분양권을 양도할 때 세금을 줄일 수 있는 첫 번째 묘수는 비과세 규정을 충족시키는 것이다. 무주택자이고 분양권에 당첨됐다면, 준공 후 2년 이상 보유하다가 비과세 규정을 적용받고 처분하는 방법을 추천한다. 유동 자금이 필요하다거나 프리미엄이 많이 붙어 60~70%의 세금을 감수하고 처분할 수도 있지만, 무주택자가 양도세를 절세할 수 있는 가장 좋은 방법은 비과세 규정을 적용받는 것이다.

예를 들어 5억원에 구입한 분양권이 프리미엄이 붙어 7억원이 된 경우, 분양권으로 처분할 땐 양도세로 1억2000만원을 납부해야 한다. 하지만 준공 후 비과세 요건을 충족하면 양도세는 0원이다. 준공 시 부담할 취득세와 이후 부담할 보유세를 고려하더라도 준공된 후 처분하는 게 절세 측면에서 훨씬 유리하다.

다주택자라면 분양권으로 처분하는 경우와 주택으로 준공 후 처분하는 경우의 세금을 비교하는 게 중요하다. 2021년 6월 1일부터는 분양권 중과세율뿐만 아니라 다주택자에 대한 중과세율도 인상돼 최대 75%의 세율을 적용받을 수 있으니 꼭 비교해서 결정해야 한다.

두 번째 묘수는 시의적절하게 공동명의로 변경하는 것이다. 물론 모든 상황에서 부부 공동명의가 유리하다고 할 수는 없다. 양도세의 경우 대부분 공동명의가 유리하고, 분양권 상태에서 명의 변경 시엔 취득세가 발생하지 않는다는 장점도 있다. 그렇기 때문에 분양권 상태일 때 공동명의로 변경하는 게 유리하다고 생각할 수 있다. 하지만 관련 세율이 강화된 지금 시점에 분양권을 공동명의로 변경하면 2020년 8월 12일 이후 새롭게 취득한 분양권이 되기 때문에 오히려 과한 세금을 부담하게 될 수 있다.

2주택을 소유하던 A씨가 2020년 1월 1일 조정대상지역 분양권을 취득하고 시세차익이 클 것으로 예상해 2021년 1월 1일 분양권을 부부 공동명의로 변경했다고 가정해보자. 분양권의 취득세는 주택으로 완공된 시점(주택 취득 시점)에 납부하기 때문에 공동명의로 변경할 당시에 납부할 취득세는 없다.

이후 A씨가 2021년, 2022년 순차적으로 보유하던 2주택을 양도하고 2023년 12월 31일 분양권이 완공되어 취득세를 납부하는 시점이 됐을 때 납부할 취득세는 매우 많을 것이다. A씨는 취득세를 납부하는 시점에 1주택자였기 때문에 일반 취득세를 납부할 것이다. 그러나 A씨의 아내는 2020년 8월 12일 이후 분양권 지분을 취득했기 때문에 취득세율이 분양권 취득 시점에 결정되었다. 납부 시점에 A씨의 아내가 1주택자이더라도 분양권 지분을 취득한 시점인 2021년 1월 1일에는 3주택자이기 때문에 12%의 중과세율을 적용받아 취득세를 납부하게 된다.

단독명의에서 공동명의로 바꾸게 되면 증여세·양도세·보유세 증감분·취득세, 그리고 나이가 있다면 상속세까지도 영향을 미칠 수 있으니 잘 비교하고 결정하는 것이 좋다.

**부동산세를 쥐락펴락하는
입주권과 분양권** | 다주택자에 대한 과세가 강화되면서 주택의 취득·보유·양도 과정에서 세금 부담이 크게 늘어났다. 이렇게 중과세가 적용되는 주택에는 일반주택뿐 아니라 입주권과 분양권도 포함된다.

입주권과 분양권은 부동산을 취득할 권리에 해당되므로 그 자체로 주택은 아니지만 과세 목적상 주택으로 간주해 유주택자와 동일한 규제를 적용하는 것이다. 이때 해당 물건 자체가 중과세 대상이 될 수도 있고, 그렇지 않더라도 주택수에 포함돼 다른 주택의 중과세 여부에 영향을 미치기도 한다.

먼저, 조합원입주권은 취득세·보유세·양도세 중과대상이 아니다. 취득세 기준에서 입주권이 주택수에 반영되는 시점은 입주권을 '취득하는 시점'이다. 입주권은 분양권과 달리 매매 취득이 아닌 신축에 해당되므로 주택이 준공되더라도 중과세가 아닌 일반 세율이 적용된다. 또한 입주권은 종부세 과세 대상도 아니다. 주택수에 반영되지 않으며 그 자체로 중과세를 적용하지도 않는다. 양도세의 경우에도 다주택자 양도세 중과세 대상에 해당되지 않는다.

대신, 재산세는 부과한다. 입주권의 경우 주택이 멸실되지 않았다면 주택이나 토지에 대한 재산세가, 멸실됐다면 토지에 대한 재산세가 과세된다. 매년 6월 1일을 기준으로 주택 멸실 여부에 따라 재산세를 납부하면 된다.

두 번째로, 분양권은 취득할 때와 양도할 때에 중과세율이 적용된다. 분양권은 준공 후 아파트에 입주할 수 있는 권리를 말한다. 따라서 준공이 완료되면 주택수에 포함해 취득세 중과세 대상이 된다. 주택 멸실 여부에 따라 재산세를 부과하는 입주권과는 달리 분양권은 재산세 과세 대상이 아니다. 재산세 적용 시엔 주택수에 포함하지 않고 그 자체로 중과세를 적용하지도 않는다. 다만, 양도할 때는 분양권 중과세율이 적용된다. 2021년부터 양도세 적용 시 분양권은 '취득하는 시점'부터 주택수에 반영한다.

2021년 1월 1일 이후 취득한 분양권은 다주택자 양도세 중과세와는 별도로 분양권 양도세율을 중과한다. 1년 미만 보유하다가 팔면 70%, 그 외의 경우 60%의 높은 세율을 적용받게 된다.

입주권 · 분양권 주택수 반영 시점과 중과세 기준

구분		입주권	분양권
취득세	주택수 반영 시점	취득 시	취득 시 (2020년 8월 12일 이후 취득분부터)
	중과세 적용	적용 안 함	적용 안 함
보유세	주택수 반영 시점	반영 안 됨	반영 안 됨
	중과세 적용	적용 안 함	적용 안 함
양도세	주택수 반영 시점	취득 시	취득 시 (2021년 1월 1일 이후 취득분부터)
	중과세 적용	적용 안 함	적용 안 함 (분양권 별도 중과세율 적용)

오피스텔을 사도
취득세율 오르나요?

오피스텔은 업무용과 주거용으로 모두 사용할 수 있다. 다만 「세법」
에 따라 같은 오피스텔이라도 실제 사용 용도에 의거해 세금은 다르
게 부과된다. 실질 과세가 원칙이기 때문이다. 그러나 과세당국이 일
일이 실제 용도를 확인하는 것은 현실적으로 어렵다. 이러한 이유로
세금은 재산세 과세대장상의 용도에 따라 구분해 부과
한다. 용도, 구입 시기에 따라
달라지는 주거용 오피스텔
의 복잡한 세제에 대해 정
리해봤다.

BUY

**주거용 오피스텔 보유자가
주택을 추가로 취득하면
취득세율 ↑**

일반적으로 1주택자가 오피스텔을 추가로 구입하면 취득세를 중과하지 않는다. 기존에 아파트나 빌라, 다세대주택 등 주택을 가지고 있으면서 오피스텔을 사면 취득세는 기존 보유 주택수에 상관없이 무조건 4.6%로 같다. 여러 채를 구입해도 역시 세율은 동일하다. 구입 당시에는 아직 오피스텔의 용도가 주거용인지 업무용인지 확정되지 않았다고 간주하기 때문이다.

하지만 주택분 재산세를 내는 주거용 오피스텔을 보유한 상태에서 아파트나 빌라 등 주택을 취득할 때는 상황이 다르다. 주택을 한 채 보유했다고 간주해 취득세를 중과한다. 수도권 등 조정대상지역에 오피스텔을 한 채 보유한 상태에서 아파트 등 주택을 샀다면 8%의 취득세를 내야 한다. 세 번째 이상부턴 12%까지 중과한다. 취득 순서에 따라 취득세 부과가 결정된다는 이야기다. 이때 2020년 8월 11일까지 취득한 주거용 오피스텔과 시가표준액 1억원 이하인 재산세 과세 대상 오피스텔은 주택수에서 제외한다.

> 주거용 오피스텔
> 2020년부터 주택에 포함해
> 취득세 부과

오피스텔 용도에 따라 바뀌는 종부세 · 양도세 부과 여부

주거용 오피스텔이 주택수에 산입되면 종합부동산세에는 어떤 영향을 미칠까?

매년 6월 1일 지자체에서는 보유한 부동산에 대해 재산세를 과세한다. 그리고 이 재산세를 낸 부동산 중 일정 금액을 넘는 부동산에 대해 종부세를 부과한다.

부과 여부는 재산세의 유형에 따라 갈리는데, 오피스텔은 공부상 근린생활시설로 구분돼 상가분 재산세를 부과한다. 주거용으로 오피스텔을 사용하고 있더라도 재산세는 공부상의 목적에 따라 세금이 부과되므로 주택분 재산세를 내지 않는 오피스텔은 종부세 대상에서 제외된다.

하지만 오피스텔을 임대주택으로 등록했거나 세금을 줄이기 위해 주택분 재산세 부과를 신청했다면 살펴봐야 한다. 이 경우에는 지자체에서 주택분 재산세를 부과하므로 재산세 과세 대상이 될 수 있다. 세금을 덜 내기 위해 용도를 변경했지만 주택으로 간주돼 예상치 못한 세금 폭탄을 맞게 되는 것이다.

양도세를 부과할 때는 주택의 실질 용도를 중심으로 세금을 부과한다. 오피스텔은 공부상으로는 업무용 시설이지만 주거용으로 임대하는 경우가 많다.

오피스텔을 임대주택으로 등록하면 주택분 재산세 과세

그래서 오피스텔을 팔거나 보유한 상태에서 다른 주택을 팔면 주택 수에 반영돼 양도세에 큰 영향을 미칠 수 있다.

주거용 오피스텔을 가지고 있다가 팔 땐 세율을 주택과 동일하게 적용한다. 주거용 오피스텔도 1주택으로 간주해 중과하고 1세대 1주택이면 9억원 이하까지 양도세 비과세 혜택도 받는다. 조정대상지역에서는 2년 실거주 요건도 적용받을 수 있다.

따라서 주거용 오피스텔을 갖고 있으면서 보유하고 있는 아파트를 팔아야 하는 사람이라면 주거용 오피스텔을 상업용이나 업무용으로 전환하는 방법을 사용할 수 있다. 이렇게 용도를 전환하면 양도세 중과를 피할 수 있다. 오피스텔에 거주하는 세입자를 내보내고 나서 사무실이나 접객 시설 등으로 용도를 변경하는 것이다.

이렇게 주거용 오피스텔이 상업용이나 업무용으로 전환되면 주택이 아닌 것으로 간주된다. 또한 보유세 중과 여부를 판단하는 주택수 기준에서도 빠져 절세에 활용할 수 있다.

예비 집주인이 알아야 할
2023년 취득세 개편안

2021년 8월, 행정안전부에서 「지방세입 관계 법률」 개정안을 내놨다. 많은 안건 중에서 유독 눈에 띄는 건 '실질가치 반영 강화를 위한 취득세 과표 개선'이다. 이장원 세무사(장원세무사 대표)와 함께 정리한 개정안의 핵심 포인트를 살펴보자.

**2023년부터는
사실상의 취득가격으로
과세표준 설정**

2021년 8월 개정안의 핵심은 유상(매매) · 원시취득(신축, 재개발, 재건축 등)과 무상취득(상속, 증여 등)의 취득세 과세표준 변경이다. 대국민 홍보 기간, 신고 · 납부 시기 변경 및 시가 자료 구축 등을 고려하여 2023년부터 시행할 예정이라고 한다.

2023년이 되면 유상취득과 원시취득 시 사실상의 취득가격 입증이 중요해진다. 현행 유상 · 원시 취득세 과세표준은 취득 당시의 가액을 원칙으로 하면서 개인이 취득하는 경우 신고가액이 시가표준액보다만 높으면 적법한 신고로 인정되어, 납세자가 과세표준을 임의 결정해 신고할 수 있다. 취득가액의 임의 하향이 가능하다는 것이다. 이는 과거에 지방세 관련 과세 자료가 수기관리되는 등 실거래가 확인의 어려움이 있어 허용된 제도다.

그런데, 현재는 부동산 실거래신고 제도 운영, 지방세 정보화 시스템의 고도화 및 금융거래정보 활용 등을 통해 실제 거래가액이 확인된다. 따라서 이 부분의 과세표준 제도를 개선해야 한다는 주장이 제기되어 왔다. 이에 따라 2023년부터는 유상취득과 원시취득 시 원칙은 '사실상의 취득가격'으로 하고 예외적으로 시가표준액을 둔 취득세 과세표준이 적용된다.

유상취득의 경우, 현재도 실지거래가액을 쉽게 확인할 수 있으므로 사실상의 취득가격을 기준으로 취득세 신고를 하고 있어서 개정안이 미치는 영향은 미미할 것이다. 그러나 건물을 신축하는 원시취득의 경우 사실상의 취득가격 제도에 큰 영향을 받게 될 것이다.

간혹 신축을 하면서 설계, 허가, 시공과 감리 등 모든 절차를 개별적으로 진행하다가 각 단계에서 지출한 비용이 뒤섞이거나 확인이 불가능해질 때가 있다. 이처럼 실제 건설비용으로 얼마를 지출하였는지 입증하기가 곤란한 경우, 취득세를 줄이기 위해 시가표준액보다는 살짝 높으나 실제 신축비용보다는 임의 하향된 수치로 취득세 과세표준을 신고한 사례가 적지 않았다.

하지만, 「지방세법」 개정안이 시행되는 2023년부터는 사실상의 취득가격으로 과세표준이 설정되므로 본인이 건설한 비용을 전부 입증하기 위해 입증 서류를 꼼꼼히 챙겨야 할 것이다. 혹자는 사실상의 취득가격을 낮춰 적으면 취득세를 줄일 수 있지 않겠냐는 생각을 할 수 있다. 그러나 이 생각은 오히려 본인에게 독이 되어 돌아올 것이다.

취득세 담당자가 관련 서류를 확인하여 누락된 신축건물의 건설 단계마다의 취득가액 관련 증빙 및 가액을 요청해, 취득세 누락을 파악하려 할 것이기 때문이다. 또한 신축건물을 평생 팔지 않고 보유할 것이라면 괜찮지만 결국 어느 시점에 양도를 한다면 낮게 적은 취득세는 발목을 잡을 것이다. 이 취득세 과세표준이 추후 본인이 해당 건물을 양도할 때, 양도소득세 취득가액 정보가 되기 때문이다. 원시취득 시 산정되었던 '사실상의 취득가격'은 취득세 내역에 기록돼 있어서 속일 수도 없다.

만약, 양도 시점에 닥쳐서 원시취득 시 낮게 신고했던 취득세 가액이 사실은 더 높았다고 주장하려 한다면 그 주장에 대한 힘을 얻기 위해서 모든 걸 본인이 직접 소명해야 한다. 또한 과소신고한 원시취득세와 가산세가 전부 추징될 것이다.

결국 언젠가는 문제가 발생할 수 있기 때문에 눈앞의 취득세가 부담이더라도 사실상의 취득가격을 최대한 입증해야 한다. 추후 양도 시 양도소득세를 줄일 것까지 계획해야 한다. 그러므로 2023년부터 시행되는 유상취득 및 원시취득의 취득세 과세표준 개정은 납세자의 자발적인 실제 취득가액 입증을 유도하는 방향으로 바뀐다고 볼 수 있다.

똑같은 아파트라도 2023년에 증여하면 취득세 증가

상속·증여 시 취득세도 증가하므로, 증여 계획이 있다면 2022년 내에 실현하는 것이 좋다.

현재 상속·증여 취득세 과세표준은 시가표준액인 공시지가(주택의 경우 공동주택 공시가격 또는 개별주택 공시가격)로 하고 있다. 그러나 2023년부터는 취득세 과세표준을 기존 시가표준액에서 취득일로부터 6개월 이내 감정가액, 공매가액 및 유사매매사례가액 중 가장 최근 거래가액인 '시가인정액'으로 바꾸어 적용할 예정이다. 여기서

'취득일로부터 6개월 이내 감정가액, 공매가액 및 유사매매사례가액 중 가장 최근 거래가액'은「상속세 및 증여세법」의 시가 평가 내용을 차용했다고 볼 수 있다.

그렇다면 2023년에는 상속 및 증여로 발생한 취득세가 얼마나 증가할까? 서울 송파구 소재 아파트를 예시로 취득세 증가폭을 알아 보자. 이 아파트의 2021년 1월 1일 기준 공동주택 공시가격은 19억 6800만원이며, 같은 단지 같은 면적의 아파트가 2021년 7월 28억 6500만원에 거래된 적이 있다.

다주택자가 아닌 부모가 해당 주택을 2021년 안에 자녀에게 순 수증여한다면, 증여 시 취득세는 공동주택 공시가격에 3.5% 세율이 적용돼 6888만원이 된다. 다주택자인 부모가 같은 기간 자녀에게 순

수증여한다면 어떻게 될까? 조정대상지역에 있는 주택으로서 중과세율인 12%의 취득세율이 적용되어 자녀의 취득세는 2억3616만원으로 뛴다.

그런데, 만약 다주택자인 부모가 이 주택을 2021년이나 2022년까지도 증여하지 않고, 2023년에서야 순수증여한다면 어떻게 될까? 지금 상황에서는 2023년 증여 시점의 '시가인정액'을 알 수는

없다. 하지만 2021년 7월에 거래된 이 아파트 단지 내에 똑같은 전용면적의 실거래가 데이터를 활용해 계산해보더라도 취득세는 3억 4380만원(중과세율 12%)으로 크게 늘어난다. 2021년에 증여한 경우보다 취득세가 1억700만원 이상 많고, 다주택자가 아닌 부모가 2021년 안에 증여한 경우보다 5배가량 증가한다.

주변에서 유사매매사례가액을 찾기 힘든 토지를 상속받는 경우는 어떨까? 일반적인 '시가'가 존재하지 않으므로 2023년 이후에도 토지의 상속은 예외인 시가표준액으로 적용될 수 있다. 그러나 상속 시점에 3기 신도시 등 공익수용 사업에 따른 수용보상가액이 나왔다면 이야기는 달라진다.

경기도 하남시 광암동에 위치한 면적 2000㎡의 필지 사례를 보자. 이 필지를 상속받을 때, 시가표준액 6억원에 상속취득세 2.8%의 세율을 적용하면 1680만원이 취득세로 산정된다.

그러나 최근 공익수용 사업으로 인해 해당 필지의 실제 보상가액은 32억원으로 산정됐다. 이렇게 수용가액이 산정된 상태에서 상속이 일어난다면 취득세로 32억원의 2.8%인 8960만원을 납부해야 하는 상황이 펼쳐진다. 개정된 「세법」이 적용되는 2023년부터는 상속취득세도 적지 않은 금액이 발생할 수 있다는 것이다.

점점 세정 업무는 투명하고 틈이 없어지고 있다. 이 점을 유념하여 2023년 이전에 취득세를 절세할 수 있는지 여부를 꼼꼼히 체크해봐야 한다.

펜트하우스가
고급주택 이름표를
뗄 수 있었던 이유

펜트하우스는 최고급 시설을 갖춘 초호화 주택이다. 강남이나 용산
등 한강뷰를 기반으로 하며 서울 요지에 있는 펜트하우스의 경우, 매
매가만 수십억원에서 수백억원에 이른다. 하지만 누가 봐도 최고급
주택인 펜트하우스도 세금 앞에서는 고급주택이라는 이름표를 슬쩍
떼어놓는다. 고급주택에는 무거운 취득세를 부과하기 때문이다. 펜
트하우스는 어떻게 취득세 중과를 피했을까?

**고급주택의
면적 및 금액 기준** | 현행 「지방세법」은 일정 면적과 금액 기준을 모두 초과하는 경우, '고급주택'으로 구분해 높은 취득세를 내도록 하고 있다. 일반적인 주택의 표준 취득세율은 1주택자의 경우 1~3%, 2주택은 1~8%, 3주택은 8~12%로 구분돼 있는데, 고급주택은 여기에 8%포인트를 더해서 적용된다. 고급주택 취득세율은 9~20%로 껑충 뛰는 것이다.

예를 들어, 다주택자가 서울 강남의 주택을 100억원에 취득하는 경우 취득세만 20억원을 내야 한다. 여기에 취득세에 부가되는 농어촌특별세와 지방교육세를 포함하면 주택 취득 시에 부담해야 할 세금은 더 불어난다.

하지만 고급주택 취득세율 중과는 면적과 금액 기준을 모두 초과해야만 적용된다. 적게도 수십억원에 거래되는 펜트하우스는 시가표준, 즉 공시가격이 9억원 초과라는 금액기준은 쉽게 채운다. 그러나 면적기준은 좀 다르다.

아파트나 주상복합 등 공동주택이 고급주택 취득세 중과를 적용받기 위해서는 연면적(공용면적 제외)이 $245m^2$가 넘어야 하고 복층인 경우에는 $274m^2$가 넘어야 한다. 그런데 주요 펜트하우스의 실제 면적들을 확인해보면 대부분 이 기준보다 살짝 작다는 것을 알 수 있다. 중과세율을 피할 수 있도록 설계되었다는 것이다.

주요 펜트하우스는
고급주택 면적기준보다 한 뼘씩 작게 설계되어
취득세율 8%포인트 중과 비적용

**고급주택 면적기준에
살짝 모자란
펜트하우스**

가수 지드래곤이 산다는 용산 나인원한남은 분양가만 90억원에 이르지만 전용면적은 244.34㎡로 고급주택 면적기준에 0.66㎡가 부족하다. 그래서 취득세 중과 없이 매입이 가능하다.

실거래가 190억원에 이르는 서초 아크로리버파크는 2020년 공시가격이 58억원으로 고가주택 금액기준에는 6배에 달한다. 하지만 면적은 234.97㎡로 면적기준에 미치지 않아 고급주택 취득세 중과를 피했다.

복층 공동주택의 경우 고급주택 면적기준이 274㎡ 초과로 좀 더 여유 있다. 하지만 대부분 복층형 펜트하우스 역시 이보다도 살짝 작게 설계됐다.

나인원한남의 복층형 펜트하우스는 전용면적이 273.94㎡로 손바닥 하나 정도인 0.06㎡ 차이로 고급주택이 아니다. 강남 에테르노 청담의 복층형 펜트하우스(273.96㎡)는 이보다도 작은 0.04㎡차이로 고급주택 중과세를 면했다.

이 정도는 있어야 펜트하우스에 살 수 있지.

성동 아크로서울포레스트 복층형 펜트하우스 역시 전용면적 273.92㎡로 아슬아슬한 일반주택이며, 해운대 엘시티 펜트하우스의 경우 244.61㎡로 0.39㎡가 부족해 취득세 중과 없이 거래된다.

물론 이런 세금 정도는 무시하는 수준의 펜트하우스도 존재한다. 강남 더펜트하우스청담은 모든 세대가 복층 270.60㎡이고 최고층 2세대는 전용면적 407.71㎡를 자랑한다. 더펜트하우스청담 최고층 펜트하우스는 2021년 공시가격(공동주택)도 163억2000만원으로 전국에서 가장 높았다.

고급주택 취득세 중과 면적기준과 주요 펜트하우스 면적 (단위 : ㎡)

단복층 구분		단층	복층
취득세 중과기준(전용면적)		245	274
주요 펜트하우스	에테르노청담	244.85	273.96
	나인원한남	244.34	273.94
	갤러리아포레	244.57	271.83
	아크로서울포레스트	–	273.92
	한강대우트럼프월드3차	–	266.46
	엘시티	244.61	–
	아크로리버파크	234.97	–

2장

보유세 폭탄에 휘청이는
주택 보유자를 위한
보유세 절세 플랜

12월이면 찾아오는
무서운 손님,
종합부동산세

종합부동산세는 재산세 과세 대상인 부동산을 일정 금액기준 이상으로 갖고 있는 사람이 부담하는 보유세다. 각 개별 부동산에 대해 부과되는 재산세와 달리 종부세는 각 사람이(인별) 전국에 보유하고 있는 부동산의 가치를 모두 합산해서 과세한다. 한 사람이 집 여러 채나 값비싼 부동산을 다량 보유하고 있다면 종부세를 낼 확률이 높아지는 것이다. 종부세는 어떤 기준으로 부과되는지, 어떤 세액공제를 받을 수 있는지 알아보자.

공시가격 합계 6억원 이상 주택을 보유할 때 내는 세금 부동산의 가치를 따지는 기준은 매년 발표되는 '공시가격'이다. 주택(주택부속토지 포함) 따로, 토지 따로 구분해서 합산하고, 토지는 다시 나대지와 잡종지 등 '종합합산토지'와 상가나 사무실 부속토지 등 '별도합산토지'로 구분해 합산해서 과세한다. 주택, 상가, 나대지를 모두 보유하고 있는 경우 이 모두를 합산하는 게 아니라 각각에 대해 세금을 계산한다는 것이다.

한 사람이 보유한 주택의 공시가격 합이 6억원을 넘으면 종부세 과세 대상이 된다. 단, 1세대 1주택자라면 공시가격이 11억원이 넘는 경우에만 과세한다. 그밖에 종합합산토지는 공시가격의 합이 5억원이 넘는 경우, 별도합산토지는 80억원이 넘는 경우부터 종부세가 과세된다.

> 나대지·잡종지는 5억원, 상가는 80억원 초과 시
> 종합부동산세 과세

종합부동산세 과세 대상

부동산 유형		과세 대상(공시가격 합계)
주택	(주택부속토지 포함)	*6억원 초과 (1세대 1주택은 11억원 초과)
토지	종합합산토지 (나대지·잡종지 등)	5억원 초과
	별도합산토지 (상가·사무실 부속토지 등)	80억원 초과

* 2021년부터 법인은 주택분 기본공제 배제

종부세 납부 기간은 매년 12월 1일부터 15일까지다. 과세 대상자는 재산세와 마찬가지로 그해 6월 1일 기준으로 부동산을 소유하고 있는 사람이다. 5월 31일에 집을 팔았거나 6월 2일에 집을 샀다면, 그해의 종부세는 피할 수 있다.

특히 주택의 종부세는 주택을 많이 보유할수록 무거운 세율로 세금을 부담하게 설계돼 있어서 6월 1일의 주택 보유 현황이 아주 중요하다. 일반주택을 2채 이하로 보유한 사람에게는 0.6~3.0%의 세율이 적용된다. 하지만 조정대상지역에 2주택 또는 3주택 이상을 보유하고 있는 경우에는 그 갑절인 1.2~6.0%의 높은 세율이 적용된다.

종부세율을 구분 짓는 주택수는 인별로 합산한다. 6월 1일에 부부가 각각 1채씩 소유하고 있다면 각자 1주택으로 세율을 적용한다. 2주택을 모두 부부 공동명의로 갖고 있다면 각자 2채를 보유한 것으로 판단해 세율을 적용한다.

주택 종합부동산세율

과세표준	세율	
	2주택 이하 (조정대상지역 2주택 제외)	조정대상지역 2·3주택 이상
3억원 이하	0.6%	1.2%
6억원 이하	0.8%	1.6%
12억원 이하	1.2%	2.2%
50억원 이하	1.6%	3.6%
94억원 이하	2.2%	5.0%
94억원 초과	3.0%	6.0%

1주택자·고령자· 장기보유자에게 주어지는 세제 혜택 | 1세대 1주택인 경우, 보유 주택 공시가격 합계가 6억원이 아닌 11억원을 초과해야 종부세가 부과된다. 또한 주택 보유자가 고령이거나 해당 주택을 장기간 보유하고 있는 경우, 고령자공제와 장기보유공제를 추가로 받을 수 있다.

주택 보유자가 만 60세 이상의 고령인 경우, 연령에 따라 계산된 세액의 20~40%를 계산된 종부세액에서 공제한다. 해당 주택을 5년 이상 보유한 경우 보유 기간에 따라 20~50%의 장기보유세액공제도 받게 된다. 두 가지 공제는 중복하여 받을 수 있지만, 공제율 합계 상한은 80%로 규제된다.

1세대 1주택자의 종부세액공제(산출세액×공제율)

장기보유공제		고령자공제	
보유 기간	공제율	연령	공제율
5년 이상	20%	60세 이상	20%
10년 이상	40%	65세 이상	30%
15년 이상	50%	70세 이상	40%

※ 장기보유공제+고령자공제는 80%를 초과할 수 없음

만약 부부가 공동명의로 1주택을 보유하고 있다면, 부부 각각 인별 합산과세하는 방법과 부부 중 1인을 납세 의무자로 하는 1주택 과세 특례 중 하나를 선택해서 종부세를 부담할 수 있다. 부부에게 과세 방식 선택권을 부여하는 것이다. 부부 각각 인별로 6억원이 넘는 부분(합계 12억원 초과분)에 대해서만 종부세를 부담할 수도 있고,

1세대 1주택자로서 11억원이 넘는 부분에 대해 종부세를 내면서 고령자공제와 장기보유공제까지 챙길 수 있다. 국세청 홈택스(www.hometax.go.kr) 간이세액계산 프로그램을 활용하면 둘 중 어느 쪽의 세부담이 적은지 알 수 있다.

고지서 도착 전에 끝나는 종부세 계산법 │ 12월이 되면 국세청에서 종합부동산세를 계산하여 고지서를 보내준다. 하지만 납부자가 미리 세금 납부액을 계산해두면 조금 더 계획적으로 경제생활을 할 수 있다.

종부세를 계산하기 위해서는 우선 보유 주택의 공시가격 합계를 알아야 한다. 주택 공시가격은 매년 1월 1일 기준으로 정해지고, 국토교통부 홈페이지에서 확인이 가능하다. 종부세는 개인(인별)이 전국에 보유한 주택의 공시가격 합계액을 기준으로 하기 때문에, 보유 주택의 모든 주소를 입력해서 공시가격을 확인한 다음 합해야 한다.

보유 주택의 공시가격 합계가 확인됐다면, 여기에서 과세기준이 되는 금액을 공제하는 과정을 거친다. 1세대 1주택자는 11억원을 빼면 되고, 그 밖의 경우에는 6억원을 빼면 된다. 만약 공제액을 빼고 남은 것이 없다면 종부세 과세 대상이 아니다.

세부담 경감 차원에서 공제 후 남은 공시가격 합계액에 '공정시장가액비율'이라는 것을 곱해준다. 공정시장가액비율이 2020년 90%, 2021년 95%에서 2022년에는 100%로 오르기 때문에 2022년부터는 종부세에 공정시장가액비율을 반영하는 것이 의미가 없어진다.

그렇기에 남아 있는 공시가격 합계액이 세금을 매기는 기준, 즉 과세표준이 된다. 과세표준에 세율을 곱하면 종부세액이 산출된다.

세율은 일반주택 2채 이하라면 과표 구간별로 0.6~3.0%, 조정대상
지역 2주택이나 3주택 이상이라면 1.2~6.0% 세율을 적용한다. 누진
세율이기 때문에 각 과표 구간별로 세율을 곱해야 한다.

　예컨대 일반주택을 2채 이하로 보유하고 과세표준이 5억원이라
면 3억원에는 3억원 이하 세율인 0.6%를, 나머지 2억원에는 6억원
이하 세율인 0.8%를 곱하면 된다는 이야기다.

　종부세액은 과세표준에 세율을 곱해서 나온 값이다. 여기서 동일
한 부동산에 대해 이미 납부한 재산세만큼을 빼준다.

　예를 들어, 1세대 1주택자가 보유한 주택의 공시가격이 12억원이

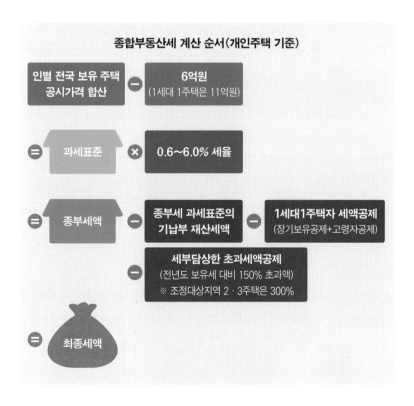

라면 11억원 초과분에 대해 종부세를 낸다. 이미 7월과 9월에 12억원에 대해 재산세를 납부했으니, 12월에 종부세를 낼 때는 중복되는 보유세인 1억원 부분만큼의 재산세는 공제해주는 것이다.

만약 공시가격이 1년 만에 급등해서 세부담도 크게 증가했다면 세부담상한 초과액을 추가로 빼준다. 계산된 세액이 전년도 재산세와 종부세 합계액의 150%를 초과한다면, 그 초과액도 빼준다. 조정대상지역에 2주택이나 3주택 이상을 보유한 경우에는 300%를 초과한 금액을 빼준다. 1세대 1주택자라면 여기에 보유 기간과 연령에 따라 장기보유세액공제와 고령자세액공제를 최대 80%까지 추가로 받을 수 있다.

이렇게 세액공제까지 모두 반영하면 종부세 최종 납부액이 나온다. 여기에 농어촌특별세(종합부동산세의 20%)가 추가로 부과된다는 것도 기억해둬야 한다. 종부세액이 1000만원이라면 농특세 200만원을 포함해 1200만원을 최종적으로 납부해야 한다는 이야기다.

종부세 고지서에서 꼭 확인할 것들

종부세 고지서에 오류가 있어서 이의신청했다는 납세자가 많다. 세금 계산은 대부분 전산화됐지만, 「세법」이 복잡한 데다 세율과 과세기준 등이 자주 바뀌면서 기초입력값이 현실을 제대로 반영하지 못하는 경우가 발생하기 때문이다.

종부세 기초 자료인 재산세 과세 자료는 전국 지방자치단체와 행정안전부가 수집해서 국세청에 제공하고 있다. 재산세 과세 자료에 오류가 생기면 종부세에도 오류가 난다. 따라서 종부세 고지서를 받은 후에는 세액 계산을 위한 항목별로 실제 현황이 제대로 반영됐는지를 꼭 따져봐야 한다.

2021년부터 1세대 1주택자는 종부세 과세기준금액 9억원이 아닌 11억원을 적용받는다. 동시에 만 65세 이상이 받는 고령자세액공제와 5년 이상 보유에 따른 장기보유세액공제를 합해 최대 80%까지 공제받을 수 있다. 다주택자 과세기준인 6억원에 비해 5억원이나 많은 과세기준금액이 적용되고, 추가로 세액공제까지 받을 수 있어 1세대 1주택자에겐 파격적인 혜택이 주어진다고 볼 수 있다. 그만큼 1세대 1주택 적용 여부는 중요하다.

그런데 종부세는 재산세처럼 각 보유 주택별로 세금을 매기지 않고 합산하면서도 세대별이 아닌 개인별로 합산한다는 특징이 있다. 배우자 등 가족이라도 각각 자기 명의로 된 주택에 대한 종부세만 각각 부담하면 되는 것이다. 과세기준일(6월 1일) 현재 혼인이나 부모와의 동거봉양 합가 등으로 인해 부득이하게 2주택이 된 경우에도 혼인일부터 5년 동안, 동거봉양 합가일로부터 10년간은 2주택이라도 1세대 1주택으로 보는 규정이 있다.

따라서 이 규정들이 적용되는 납세자는 본인이 1세대 1주택 적용 대상은 아닌지, 해당 세액공제는 제대로 적용됐는지를 반드시 확인해야 한다.

종부세 규정에는 특정 주택은 합산하지 않는 합산배제 대상이 정해져 있다. 요건을 갖춘 임대주택이나 사원용 주택, 가정어린이집 등은 여러 채를 보유하더라도 합산하지 않는 규정이 있다. 합산배제주택을 제외하면 1세대 1주택에 해당하거나 세부담이 크게 줄어들 수 있으니 합산배제주택이 합산되지는 않았는지 체크해야 한다.

특히 2018년 이후 주택임대사업자의 임대주택에 대한 합산배제 요건이 수차례 개정됐다. 임대등록 시기에 따라 합산배제 요건 적용 여부가 달라지므로 이 부분에 오류가 생길 가능성이 높다.

합산배제주택은 합산배제 신청 기간(9월 16~30일)에 최초 한 번만 배제 신청을 하면, 이후에는 매년 자동으로 적용된다. 하지만 변동사항 등이 발생한 경우에는 그동안 합산배제되던 주택이 갑자기 합산되기도 한다.

실수로 본인이 합산배제 신청을 누락할 수도 있고, 과세관청에서 오류가 발생할 수도 있다. 종부세는 조정대상지역에 2주택 또는 3주택 이상을 보유한 경우 높은 세율(1.2~6%)과 높은 세부담상한(300%)을 적용받기 때문에, 합산배제를 통한 주택수 확인은 아주 중요하다. 종부세 고지서를 보면, 과세 대상 물건 리스트가 있다. 여기서 임대주택 등 합산배제주택이 제대로 합산배제가 적용됐는지를 체크해볼 수 있다.

종부세는 인별 합산 과세 방식이어서 1세대 1주택이라도 부부가 공동명의로 주택을 보유한 경우 각각 1주택을 보유해 1세대 2주택을 보유한 것과 같은 종부세가 부과된다. 하나의 주택에 대해 부부가 각각 과세기준금액 6억원까지 공제를 받고 세금을 내기 때문에 공동명의가 종부세 절세 방법으로 떠오르기도 했다. 그러나 1세대 1주택자에게만 주어지는 고령자·장기보유 세액공제를 받지 못한다는 불리함도 공존한다.

우리 집 보유세는 얼마일까?

2021년, 집주인들의 재산세가 대부분 올랐다. 재산세 계산의 기초가 되는 주택 공시가격이 전국적으로 2020년보다 크게 올랐기 때문이다. 2022년에도 공시가격은 오를 것으로 예상된다. 재산세는 1년 치 세금을 절반으로 잘라서 각각 7월과 9월에 부과된다. 재산세 고지서를 받기 전에 얼마나 납부할지 스스로 계산할 수 있다면, 지출 계획을 세우는 데 도움이 된다.

**재산세
직접 계산하기** | 주택 재산세는 주택 공시가격의 일부에 세율을 곱해서 산출한다. 따라서 가장 처음 해야 할 일은 공시가격 확인이다. 공시가격은 국토교통부 부동산 공시가격 알리미(www.realtyprice.kr) 홈페이지에 접속해서 집 주소만 입력하면 곧장 확인할 수 있다.

공시가격 전체가 재산세 계산에 이용되는 것은 아니다. 공시가격의 60%만으로 재산세를 계산한다. 공정시장가액비율이라고 부르는데, 공시가격 그대로 재산세를 매기면 세금 부담이 너무 커지기 때문에 정한 비율이다. 법에서 60%의 ±20%포인트 범위 내에서 정하도록 돼있지만 현재까지는 계속 60%다. 예컨대 공시가격이 5억원인 주택이면 그 60%인 3억원이 재산세 계산의 출발이 된다.

공시가격의 60%를 구했다면, 여기에 맞는 재산세율을 곱해준다. 공시가격의 60%를 재산세 과세표준이라고도 부른다. 재산세율은 이 과세표준 크기에 따라 차등 적용한다. 재산세는 누진세율을 적용하기 때문에 구간별로 정해진 다른 세율을 적용한 후 각각의 세액을 합산하면 나온다. ▲과세표준 6000만원 이하 0.1% ▲1억5000만원 이하 0.15% ▲3억원 이하 0.25% ▲3억원 초과 0.4%의 세율을 적용한다.

구간마다 다른 세율을 적용하기 복잡하다면 가장 높은 세율 구간만 계산한 후 이전 구간까지의 누진세액을 더하는 방법도 있다.

예를 들어 과세표준 3억원

인 주택은 1억5000만원 초과인 1억5000만원에 0.25% 세율을 곱한 후 이전 구간까지의 누진세액 19만5000원을 더하면 된다. 이 주택의 재산세는 57만원이다.

2021년부터 '1세대 1주택자'에게만 특별히 낮은 세율을 적용하는 예외를 두고 있다. 최근 공시가격 급등에 따른 재산세 부담 경감 대책인데, 2021년부터 3년간만 한시 적용한다.

이에 따라 1세대 1주택자의 2022년 재산세율은 과세표준별로 표준세율보다 각각 0.05%포인트 낮은 특례세율으로 적용된다. ▲과세표준 6000만원 이하 0.05% ▲1억5000만원 이하 0.1% ▲3억원 이하 0.2%가 적용된다. ▲5억4000만원 이하 구간에 0.35%를 적용한다. ▲과세표준 5억4000만원 초과인 주택은 다주택자와 같이 세율이 0.4%다. 공시가격 기준으로 9억원 이하인 주택 보유자에게만 낮은 세율이 적용되는 것이다.

2022년 주택 재산세율

주택 공시가격	과세표준 (공시가격의 60%)	다주택	*1세대 1주택
1억원 이하	6000만원 이하	0.1%	0.05%
1억원 초과 2억5000만원 이하	6000만원 초과 1억5000만원 이하	0.15%	0.1%
2억5000만원 초과 5억원 이하	1억5000만원 초과 3억원 이하	0.25%	0.2%
5억원 초과 9억원 이하	3억원 초과 5억4000만원 이하	0.4%	0.35%
9억원 초과	5억4000만원 초과		0.4%

* 1세대 1주택 특례세율은 2021~2023년 한시 적용

앞서 언급한 공시가격 5억원, 과세표준 3억원인 주택을 가진 사람이 1세대 1주택자라면 0.05% 낮은 세율을 적용받아 2022년 재산세액은 57만원이 아닌 42만원이 된다.

과세표준에 세율을 곱하면 재산세 계산은 끝나지만, 실제 재산세 고지서에는 이보다 갑절가량 많은 금액이 찍힌다. 재산세 도시지역분과 재산세에 부가되는 지방교육세라는 세금도 더해지기 때문이다. 도시지역분은 도시계획세라고도 부르는데 재산세 과세표준의 0.14%만큼 부과된다. 예로 들었던 공시가격 5억원, 과세표준 3억원인 주택은 3억원의 0.14%인 42만원이 재산세 도시지역분이다. 지방교육세는 도시지역분을 포함하기 전인 순수 재산세액의 20%가 부과된다. 예시 주택의 재산세가 42만원(1주택자 기준)이니 지방교육세는 8만4000원이 된다.

계산된 재산세와 도시지역분·지방교육세 등을 합하면 그해 우리집 재산세 납부 총액이 된다. 공시가격 5억원의 예시주택에 대한 재산세 총액은 재산세 42만원(1주택자 기준)과 도시지역분 42만원, 지

공시가격 5억원 아파트의 재산세 계산(1세대 1주택자)

(단위 : 원)

① 5억×60%=**과세표준 3억**

② (6000만×0.05%) + (9000만×0.1%) + (1억5000만×0.2%) =**재산세 42만**

③ 과세표준 3억×0.14%=**도시지역분 42만**

④ 재산세 42만×20%=**지방교육세 8만4000**

⑤ 재산세+도시지역분+지방교육세=**92만4000**

⑥ 92만4000÷2=7·9월 고지액 각 **46만2000**

방교육세 8만4000원을 모두 합산한 92만4000원이다. 하지만 재산세 고지서에는 이 금액의 절반이 고지된다. 7·9월에 나누어 납부하기 때문이다.

재산세는 납부 기한을 넘기면 월 3%의 가산금이 붙는다. 계산해본 금액이 생각보다 크다면 미리 세금 낼 돈을 준비해두는 것이 좋다. 참고로 재산세와 같은 지방세는 카드수수료 부담 없이 신용카드로 납부가 가능하며, 카드사별로 일부 무이자 할부 납부도 허용하고 있다.

그밖에 지역 및 건축물 상황에 따라 지자체 소방행정비용을 충당하기 위한 지역자원시설세(구 공동시설세)가 추가되는 경우도 있다. 지역자원시설세는 보통 수도권 아파트의 경우 재산세액의 8~12% 수준이다.

**공시가격에 불만 있다면
5월 28일까지 이의신청** | 주택을 매매하지 않고 단순히 보유하고 있는 동안에는 정해진 주택가격을 표현하기가 어렵다. 하지만 이런 경우에도 공식적인 주택가격이 필요하다. 주택 보유에 대한 세금을 매기거나 건강보험료 산정처럼 국가가 국민의 재산 현황을 파악해야 할 때가 있기 때문이다.

정부에서는 해마다 주택가격을 조사하고 판단해서 결정한다. 부동산원이 검토하고 감정평가사 등 외부 전문가가 조사에 참여한다. 이때 결정된 가격을 주택 '공시가격'이라고 한다.

공시가격은 국토교통부 홈페이지에서 열람할 수 있다. 아파트 등 공동주택의 공시가격은 매년 1월 1일

을 기준으로 한 초안이 3월 15일에 공개된다. 초안에 대해서 소유자와 지방자치단체 등의 의견을 수렴한 후, 전국 공동주택 공시가격을 확정한다. 매년 4월 말에 공개되는데, 2021년은 4월 28일에 전국 1420만5000호에 대한 공동주택 공시가격이 발표됐다.

공시가격은 당장 6월 1일 기준 주택 보유자에게 부과되는 재산세와 종합부동산세의 과세 자료가 되기 때문에, 집주인들에게는 상당히 민감한 사안이다. 따라서 공시가격이 확정 발표된 이후라도 일정 기간 이의신청을 통해 정정할 수 있는 기회를 준다.

공시가격에 불만이 있는 경우 5월 28일까지 이의신청서를 작성해 제출하면 된다. 국토교통부, 시·군·구청, 부동산원에 직접 방문하거나 우편·팩스·부동산 공시가격 알리미 홈페이지를 통해 제출할 수 있다.

이의신청이 접수된 후에는 정부가 재조사를 통해 공시가격 조정 여부를 판단한다. 조정이 필요하다고 판단된 경우에는 6월 25일에 조정된 공시가격을 발표한다.

공시가격 이의신청은 우편·팩스 등으로 가능합니다.

2021년 공동주택 공시가격은 전국적으로 2020년 대비 19% 이상 올랐다. 세종시의 경우 70%까지 상승하기도 했다. 공시가격 조정으로 해당 주택 소유주의 세금과 건강보험료 인상이 예상된다.

그러나 이의신청을 한다고 해서 모두 반영되진 않는다. 2021년 3월에 발표된 공시가격 초안의 경우 4만9601건(전체 공시 대상의 0.35%)의 이의신청이 접수됐지만, 이 중 5% 수준인 2485건만 의견이 반영돼 공시가격이 조정됐다.

그럼에도 주목해야 할 것은 이의신청이 반영되는 경우다. 이의신청이 반영되면 같은 단지 등 연관된 세대의 공시가격도 함께 조정된다. 2021년에 발표한 공시가격 초안에 대한 이의신청 후에도 연관세대 4만7178호의 공시가격이 함께 조정됐다.

공시가격 이의신청이 반영된 경우
이웃집 공시가격도 함께 조정

예를 들어 특정 아파트 소유주가 주변에 초고층 주상복합단지가 신축돼 조망권과 일조권이 침해되기 때문에 공시가격이 더 낮아야 한다고 이의신청을 한 경우를 살펴보자. 이 의견이 받아들여질 경우 해당 아파트 단지 전체에 대한 공시가격 재조사가 이뤄져 다른 이웃집까지 '연관 세대 정정'을 통해 공시가격이 내려갈 수 있다.

실제로 같은 단지 내에서 공시가격 이의신청이 집중되면, '다수민원'으로 분류되어 집단민원에 준해 심층검토하는 규정이 있다. 전체 세대의 5%를 초과하는 세대가 이의신청을 제출하면 해당 단지 전체의 공시가격을 재조사하는 방식이다.

2021년 3월에 발표된 공시가격 초안에 대해서 다수 또는 집단(전체 세대의 10% 초과)으로 이의신청 의견을 제출한 경우가 436단지에 이르는 것으로 나타났다.

서울에서 가장 많이 거래된 아파트 톱 100의 보유세

집주인이라면 매해 7·9월에 날아오는 재산세 고지서를 피할 수 없다. 비싼 집에 살고 있는 집주인은 12월에 종합부동산세 고지서도 받게 된다. 이렇게 집을 갖고 있는 사람에게 부과하는 재산세·종합부동산세 등의 세금을 '보유세'라고 부르기도 한다. 박정수 세무사(세무법인 다솔)와 함께 서울 인기 아파트 100개의 2020~2021년 보유세를 각각 계산해봤다.

**1년 새 71% 인상된
도곡렉슬 보유세** | 서울 25개구에서 2020년 거래량이 가장 많았던 아파트를 조사한 후, 이 아파트들의 거래량·매매가격·재산세·부동산세를 하나하나 따져보았다.

먼저 강남구부터 살펴보겠다. 강남구에서 2020년 거래건수 163건을 기록했던 자곡동 엘에이치강남아이파크(84㎡)는 최고 17억 4000만원에 거래된 적이 있다. 2021년 공시가격은 12억500만원(중간층 기준)으로, 실거래가 대비 69%를 나타냈다.

이 아파트의 집주인은 2021년에 재산세로 191만원, 도시지역분과 지방교육세를 합치면 총 330만원을 냈을 것이다. 이곳에 사는 사람들은 종합부동산세 과세 대상이다. 1세대 1주택자가 5년 동안 보유한 경우 받는 세액공제 20%를 적용하더라도 종합부동산세 32만원과 농어촌특별세 6만원을 합쳐 총 38만원을 납부했다는 계산이 나온다. 재산세와 종합부동산세를 합치면 2021년 보유세로만 368만원을 내는 셈이다. 2020년 공시가격 8억7600만원을 기준으로 했을 때, 재산세만 250만원을 냈던 점을 감안하면 1년 사이 보유세가 47% 인상된 것을 알 수 있다.

2020년 실거래가 43억원을 기록했던 도곡동 도곡렉슬(176㎡)은 2021년 공시가격이 34억4400만원이었다. 보유세는 총 3352만원으로, 2020년의 1959만원보다 71% 늘어난 것으로 알려졌다.

대치동 은마아파트(84㎡)는 2021년 공시가격이 17억200만원으로 2020년보다 1억6900만원 올랐다. 보유세는 2020년 689만원에서 2021년 807만원으로 17% 올랐다.

2020년 도곡동 타워팰리스(244㎡)의 실거래가는 53억5000만원이었다. 2021년 공시가격 41억7000만원 기준으로 이곳의 보유세를 계산하면 4535만원이 나오며, 이는 전년보다 16% 상승한 금액이다. 보유세 상승률은 상대적으로 낮아 보이지만, 실제 금액으로 보면 1년 사이 611만원의 세금을 더 낸 것을 알 수 있다. 이 금액은 공시가격 15억원인 아파트의 1년 보유세와 맞먹는 수준이다.

은마아파트 보유세가 1년 동안 118만원이나 올랐네!

2021년 서울 아파트 보유세 톱 10

(단위 : 만원)

용산구 한남동 한남더힐(243㎡)	7917
서초구 반포동 아크로리버파크(178㎡)	5255
강남구 도곡동 타워팰리스1차(244㎡)	4535
강남구 도곡동 도곡렉슬(176㎡)	3352
서초구 반포동 반포자이(244㎡)	3307
용산구 용산동5가 용산파크타워(180㎡)	1475
송파구 문정동 올림픽훼밀리타운(192㎡)	1099
영등포구 여의도동 시범(156㎡)	1006
송파구 신천동 파크리오(144㎡)	934
광진구 자양동 더샵스타시티(177㎡)	830

※ 1세대 1주택자 5년 보유 기준
계산 : 박정수 세무사(세무법인 다솔)

2020년 서울 아파트 거래건수 톱 10

강북구 미아동 SK북한산시티	396
도봉구 방학동 신동아1단지	304
송파구 신천동 파크리오	277
노원구 중계동 중계그린1단지	268
금천구 시흥동 관악산벽산타운5단지	231
성북구 정릉동 정릉풍림아이원	223
관악구 신림동 관악산휴먼시아2단지	189
강동구 고덕동 고덕래미안힐스테이트	187
강북구 미아동 벽산라이브파크	187
노원구 상계동 상계주공9단지	187

(단위 : 건)

※ 자료 : 국토교통부 실거래가 공개시스템

**2020년 거래량 1위
SK북한산시티
보유세 103만원**

이번에는 강동구로 가보겠다. 강동구에서 거래건수가 가장 많았던 고덕동 고덕래미안힐스테이트(97㎡)의 2021년 공시가격은 11억7700만원으로, 집주인들은 종합부동산세를 내야 한다. 2021년 보유세는 381만원으로 2020년 보유세(286만원)보다 33% 올랐다.

강북구에는 최고 인기 아파트인 미아동 SK북한산시티가 있다. 2020년 거래건수 396건으로, 서울 전체 아파트 가운데 거래건수 1위를 기록했다. 전용면적 114㎡의 2021년 공시가격은 6억원이고,

2021년 보유세는 103만원으로 2020년보다 22만원 올랐다. 같은 동네에 있는 벽산라이브파크와 삼각산아이원의 보유세는 각각 92만원과 105만원으로 계산됐다.

강서구에서는 화곡동 강서힐스테이트(152㎡)의 공시가격이 10억 9300만원을 기록했다. 종합부동산세를 포함한 총 보유세는 331만원으로 2020년보다 62만원 더 나왔다.

광진구의 더샵스타시티(177㎡)의 2021년 공시가격은 17억 2800만원으로, 보유세는 830만원으로 계산됐다. 관악구는 관악산휴먼시아2단지(114㎡)의 2021년 보유세가 정확히 100만원으로 나왔고, 구로구 개봉현대(114㎡)의 보유세는 120만원, 금천구 관악산벽산타운5단지(114㎡)의 보유세는 79만원으로 산정됐다.

노원구에서는 중계그린1단지(59㎡)가 보유세 64만원을 기록했다. 도봉구 신동아1단지(126㎡)의 보유세는 86만원, 중랑구 신내6대주(59㎡)의 보유세는 67만원이다.

동대문구 래미안위브(140㎡)의 보유세는 종합부동산세를 포함해 총 340만원이다. 동작구 힐스테이트상도센트럴파크(118㎡)는 331만원, 마포구 마포태영(114㎡)은 276만원의 보유세가 나왔다. 마포래미안푸르지오4단지(114㎡)의 2021년 공시가격은 14억5600만원으로 보유세는 589만원으로 계산된다.

서대문구의 신축 아파트인 DMC래미안e편한세상(153㎡)과 DMC파크뷰자이1단지(152㎡)는 각각 286만원과 380만원의 보유세를 내는 것으로 추정된다.

**반포자이·파크리오·
한남더힐의 보유세는
천만원 단위**

서초구의 인기 아파트는 보유세의 앞자리가 하나 더 추가된다.

2021년 반포자이(244㎡) 소유주는 보유세로 3307만원, 아크로리버파크(178㎡) 소유주는 5255만원을 낸다. 송파구에서는 올림픽훼밀리타운(192㎡)의 보유세가 1099만원으로 산정됐다.

성동구 행당대림e-편한세상(114㎡)의 보유세는 237만원으로 계산됐고, 성북구 최고 인기 아파트인 정릉풍림아이원(114㎡)의 보유세는 90만원으로 예상된다.

양천구 목동신시가지7단지(101㎡)의 보유세는 740만원이다. 영등포구 영등포푸르지오(84㎡)는 189만원, 래미안에스티움(118㎡)은 416만원, 여의도동 시범(156㎡)은 1006만원의 보유세를 기록했다.

용산구에는 최고급 아파트인 한남더힐(243㎡)이 자리 잡고 있다. 2020년 실거래가는 77억5000만원이었고, 2021년 공시가격 62억 6800만원을 기록했다. 2021년 보유세는 7917만원으로 2020년보다 1505만원 오른 수치를 기록했다.

이밖에 은평구 북한산푸르지오(114㎡)의 보유세는 223만원, 종로구 경희궁자이2단지(116㎡)는 805만원, 중구 남산타운(114㎡)은 305만원의 보유세를 냈을 것으로 추정했다.

서울 25개 구별 거래량 최다 아파트 보유세

(단위 : 만원)

※ 실거래가는 2020년 최고가 적용, 공시가격은 중간층 기준, 종합부동산세는 1세대 1주택 5년 보유 기준(공제율 20% 적용), 재산세 전년 대비 세부담상한 반영(공시가격 3억원 이하 105%, 3억원~6억원 110%, 6억원 초과 130%), 2021년 9월 14일 「종합부동산세법」 개정사항 반영(1주택자 공제 금액 11억원)

※ 자료 : 국토교봉부 실거래가 공개시스템 부동산 공시가격 알리미, 국세청 홈택스 양도소득세 모의계산

녹번동 북한산푸르지오 (27%) 176 / 223
114.98㎡/96건
12억원

은평

창신동 창신쌍용2 (18%) 93 / 110
106.62㎡/68건
8억5900만원

종로

서대문

북가좌동 DMC래미안e편한세상 (31%) 218 / 286
153.25㎡/149건
16억5000만원

방화동 방화그린 (17%) 47 / 55
49.77㎡/168건
5억500만원

강서

마포

대흥동 마포태영 (30%) 213 / 276
114.93㎡/60건
15억8000만원

신월동 신월시영 (21%) 63 / 76
59.49㎡/111건
6억8000만원

양천

영등포동 영등포푸르지오 (30%) 145 / 189
84.84㎡/142건
12억5000만원

영등포

상도동 힐스테이트상도센트럴파크 (35%) 245 / 331
118.17㎡/135건
16억4000만원

동작

개봉동 현대 (14%) 105 / 120
114.99㎡/155건
9억2500만원

구로

금천

시흥동 관악산벽산타운5 (22%) 65 / 79
114.84㎡/231건
7억3000만원

관악

신림동 관악산휴먼시아2단지 (16%) 86 / 100
114.7㎡/189건
8억9500만원

■ 2020년
■ 2021년
● 전년 대비 총 보유세 증가율

도봉
21%
71 / 86
방학동
신동아1
126.89㎡/304건
7억1000만원

강북
27%
81 / 103
미아동
SK북한산시티
114.85㎡/396건
8억8500만원

노원
25%
51 / 64
중계동
중계그린1단지
59.46㎡/268건
6억5000만원

성북
23%
73 / 90
정릉동
정릉풍림아이원
114.75㎡/223건
8억원

32%
257 / 340
답십리동
래미안위브
140.62㎡/130건
14억9800만원

동대문

20%
56 / 67
신내동
신내6대주
59.76㎡/134건
6억1200만원

중랑

29%
238 / 305
신당동
남산타운
114.88㎡/177건
15억4000만원

중구

34%
177 / 237
행당동
대림e-편한세상
114.94㎡/128건
14억5000만원

성동

37%
606 / 830
자양동
더샵스타시티
177.97㎡/77건
21억원

광진

33%
286 / 381
고덕동
고덕래미안힐스테이트
97.26㎡/187건
17억1800만원

강동

20%
577 / 695
이촌동
한가람
114.96㎡/111건
22억원

용산

47%
250 / 368
자곡동
엘에이치강남아이파크
84.92㎡/163건
17억4000만원

강남

38%
675 / 934
신천동
파크리오
144.77㎡/277건
25억7500만원

송파

35%
114 / 154
우면동
엘에이치서초4단지
59.93㎡/123건
11억6800만원

서초

서울 25개구 거래량 상위 아파트 공시가격 및 보유세 예상액

(단위 : 만원)

구분	동	단지명	거래 건수	전용면적 (m^2)	실거래가	2020년	2021년	2020년	2021년
			2020년 거래정보			**공시가격**		**공시가격 비율**	
강남구	자곡동	엘에이치강남아이파크	163	84.92	174,000	87,600	120,500	50%	69%
	도곡동	도곡렉슬	102	176.99	430,000	264,000	344,400	61%	80%
	대치동	은마	97	84.43	238,000	153,300	170,200	64%	72%
	도곡동	타워팰리스1차	61	244.66	535,000	406,900	417,000	76%	78%
강동구	고덕동	고덕래미안힐스테이트	187	97.26	171,800	94,400	117,700	55%	69%
	암사동	선사현대	174	82.94	144,000	56,300	81,300	39%	56%
	암사동	롯데캐슬퍼스트	155	133.97	187,500	92,400	118,400	49%	63%
	명일동	래미안솔베뉴	90	84.63	160,000	88,200	113,200	55%	71%
강북구	미아동	SK북한산시티	396	114.85	88,500	38,800	60,000	44%	68%
	미아동	벽산라이브파크	187	114.68	78,000	36,600	51,500	47%	66%
	미아동	삼각산아이원	140	114.88	90,800	40,600	57,800	45%	64%
	번동	주공1단지	83	84.41	60,000	35,300	46,300	59%	77%
강서구	방화동	방화그린	168	49.77	50,500	26,000	32,700	51%	65%
	화곡동	강서힐스테이트	157	152.1	149,500	91,500	109,300	61%	73%
	화곡동	화곡푸르지오	119	156.87	114,500	64,600	76,200	56%	67%
	화곡동	우장산아이파크이편한세상	114	114.98	144,800	75,600	96,900	52%	67%
관악구	신림동	관악산휴먼시아2단지	189	114.7	89,500	40,500	52,600	45%	59%
	봉천동	관악드림(동아)	138	114.75	111,800	49,200	68,200	44%	61%
	봉천동	벽산블루밍	128	114.97	107,500	48,000	66,100	45%	61%
	신림동	신림현대	84	119.49	83,000	44,100	53,700	53%	65%
광진구	자양동	더샵스타시티	77	177.97	210,000	142,500	172,800	68%	82%
	구의동	현대프라임	66	183.87	210,000	107,000	136,600	51%	65%
	광장동	현대파크빌	44	84.81	164,000	82,200	109,900	50%	67%
	자양동	우성1차	26	79.75	115,800	53,900	73,000	47%	63%
구로구	개봉동	현대	155	114.99	92,500	47,700	58,900	52%	64%
	구로동	구로두산	121	84.9	69,000	36,200	44,900	52%	65%
	개봉동	한마을	118	149.97	100,000	38,800	62,900	39%	63%
	신도림동	대림1차	80	134.99	130,000	66,300	87,200	51%	67%
금천구	시흥동	관악산벽산타운5	231	114.84	73,000	32,900	45,000	45%	62%
	시흥동	남서울힐스테이트	81	150.72	110,000	63,700	84,000	58%	76%
	독산동	독산주공14단지	76	84.79	67,000	32,700	45,800	49%	68%
	독산동	롯데캐슬 골드파크1차	75	101.82	125,000	68,200	88,400	55%	71%

94

2020년								2021년								
재산세	도시지역분	지방교육세	합계	종부세	농특세	합계	총보유세	재산세	도시지역분	지방교육세	합계	종부세	농특세	합계	총보유세	전년 대비 총보유세 증가율
147	29	74	250	-	-	-	250	191	38	101	330	32	6	38	368	47%
571	114	222	907	877	175	1,052	1,959	742	148	289	1,179	1,811	362	2,173	3,352	71%
305	61	129	495	162	32	194	689	345	69	143	557	208	42	250	807	17%
914	183	342	1,439	2,071	414	2,485	3,924	938	188	350	1,476	2,549	510	3,059	4,535	16%
164	33	79	276	8	2	10	286	213	43	99	355	22	4	26	381	33%
72	14	47	133	-	-	-	133	94	19	68	181	-	-	-	181	36%
159	32	78	269	4	1	5	274	206	41	99	346	24	5	29	375	37%
149	30	74	253	-	-	-	253	193	39	95	327	9	2	11	338	34%
40	8	33	81	-	-	-	81	44	9	50	103	-	-	-	103	27%
37	7	31	75	-	-	-	75	41	8	43	92	-	-	-	92	23%
43	9	34	86	-	-	-	86	47	9	49	105	-	-	-	105	22%
35	7	30	72	-	-	-	72	38	8	39	85	-	-	-	85	18%
21	4	22	47	-	-	-	47	23	5	27	55	-	-	-	55	17%
157	31	77	265	3	1	4	269	199	40	92	331	-	-	-	331	23%
92	18	54	164	-	-	-	164	120	24	64	208	-	-	-	208	27%
118	24	64	206	-	-	-	206	154	31	81	266	-	-	-	266	29%
43	9	34	86	-	-	-	86	47	9	44	100	-	-	-	100	16%
56	11	41	108	-	-	-	108	73	15	57	145	-	-	-	145	34%
54	11	40	105	-	-	-	105	70	14	56	140	-	-	-	140	33%
48	10	37	95	-	-	-	95	53	11	45	109	-	-	-	109	15%
279	56	120	455	126	25	151	606	352	70	145	567	219	44	263	830	37%
194	39	90	323	32	6	38	361	252	50	115	417	75	15	90	507	40%
134	27	69	230	-	-	-	230	175	35	92	302	-	-	-	302	31%
66	13	45	124	-	-	-	124	86	17	61	164	-	-	-	164	32%
54	11	40	105	-	-	-	105	59	12	49	120	-	-	-	120	14%
36	7	30	73	-	-	-	73	40	8	38	86	-	-	-	86	18%
40	8	33	81	-	-	-	81	52	10	53	115	-	-	-	115	42%
96	19	56	171	-	-	-	171	125	25	73	223	-	-	-	223	30%
31	6	28	65	-	-	-	65	34	7	38	79	-	-	-	79	22%
90	18	54	162	-	-	-	162	117	23	71	211	-	-	-	211	30%
31	6	27	64	-	-	-	64	34	7	38	79	-	-	-	79	23%
101	20	57	178	-	-	-	178	131	26	74	231	-	-	-	231	30%

구분	동	단지명	2020년 거래정보			공시가격		공시가격 비율	
			거래 건수	전용면적 (㎡)	실거래가	2020년	2021년	2020년	2021년
노원구	중계동	중계그린1단지	268	59.46	65,000	27,100	40,100	42%	62%
	상계동	상계주공9(고층)	187	79.07	84,000	37,400	51,800	45%	62%
	중계동	주공5단지	165	84.79	110,000	51,600	71,900	47%	65%
	상계동	상계주공4(고층)	156	84.2	75,000	38,000	52,500	51%	70%
도봉구	방학동	신동아1단지	304	126.89	71,000	35,100	48,200	49%	68%
	창동	주공17단지	175	49.94	51,400	21,800	30,900	42%	60%
	쌍문동	한양2차	174	84.9	54,200	26,100	36,600	48%	68%
	창동	동아청솔	111	134.94	116,900	52,900	69,900	45%	60%
동대문구	답십리동	래미안위브	130	140.62	149,800	89,500	112,600	60%	75%
	장안동	장안현대홈타운	113	133.72	110,000	52,600	65,600	48%	60%
	전농동	래미안 크레시티	113	121.95	165,000	83,000	105,600	50%	64%
	이문동	대림e-편한세상	69	114.93	102,000	51,500	69,300	50%	68%
동작구	상도동	힐스테이트 상도 센트럴파크	135	118.17	164,000	86,100	113,400	53%	69%
	노량진동	신동아리버파크	114	114.75	120,000	58,800	77,000	49%	64%
	대방동	대림	74	164.79	159,000	99,500	108,100	63%	68%
	신대방동	롯데낙천대	60	108.48	135,000	70,000	91,800	52%	68%
마포구	대흥동	마포태영	60	114.93	158,000	77,400	99,800	49%	63%
	도화동	도화동현대	59	147.37	144,500	72,800	98,900	50%	68%
	상암동	상암월드컵파크2단지	53	59.92	98,000	47,100	57,700	48%	59%
	아현동	마포래미안푸르지오4단지	53	114.28	219,000	120,600	145,600	55%	66%
서대문구	북가좌동	DMC래미안e편한세상	149	153.25	165,000	79,000	104,700	48%	63%
	남가좌동	DMC파크뷰자이1단지	117	152.14	167,000	94,500	117,600	57%	70%
	현저동	독립문극동	70	114.51	134,500	68,200	83,400	51%	62%
	홍제동	문화촌현대	64	84.99	83,500	42,400	50,400	51%	60%
서초구	우면동	엘에이치서초4단지	123	59.93	116,800	51,000	73,500	44%	63%
	반포동	반포자이	118	244.62	485,000	339,700	340,900	70%	70%
	반포동	아크로리버파크	66	178.94	550,000	437,300	461,700	80%	84%
	잠원동	동아	48	84.91	224,000	139,600	163,600	62%	73%
성동구	행당동	대림e-편한세상	128	114.94	145,000	67,800	96,100	47%	66%
	하왕십리동	센트라스	127	115.99	193,000	112,600	128,300	58%	66%
	옥수동	래미안 옥수 리버젠	81	134.13	239,000	133,200	164,100	56%	69%
	금호동1가	이편한세상금호파크힐스	70	84.98	166,500	94,800	108,500	57%	65%
성북구	정릉동	정릉풍림아이원	223	114.75	80,000	35,800	50,800	45%	64%
	돈암동	한진	143	132.96	95,500	45,500	57,700	48%	60%
	하월곡동	월곡두산위브	133	114.75	99,000	46,100	60,400	47%	61%
	길음동	길음뉴타운2단지푸르지오	121	114.73	101,500	47,800	63,500	47%	63%

2020년								2021년								
재산세	도시지역분	지방교육세	합계	종부세	농특세	합계	총보유세	재산세	도시지역분	지방교육세	합계	종부세	농특세	합계	총보유세	전년 대비 총 보유세 증가율
23	5	23	51	–	–	–	51	25	5	34	64	–	–	–	64	25%
38	8	31	77	–	–	–	77	42	8	44	94	–	–	–	94	22%
61	12	43	116	–	–	–	116	79	16	60	155	–	–	–	155	34%
39	8	32	79	–	–	–	79	43	9	44	96	–	–	–	96	22%
35	7	29	71	–	–	–	71	38	8	40	86	–	–	–	86	21%
17	3	18	38	–	–	–	38	18	4	26	48	–	–	–	48	26%
21	4	22	47	–	–	–	47	23	5	31	59		–	–	59	26%
64	13	44	121	–	–	–	121	83	17	59	159	–	–	–	159	31%
152	30	75	257	–	–	–	257	197	39	95	331	7	1	9	340	32%
63	13	44	120	–	–	–	120	82	16	55	153	–	–	–	153	28%
136	27	70	233	–	–	–	233	177	35	89	301	–	–	–	301	29%
61	12	43	116	–	–	–	116	79	16	58	153	–	–	–	153	32%
144	29	72	245	–	–	–	245	187	37	95	319	10	2	12	331	35%
78	16	49	143	–	–	–	143	102	20	65	187	–	–	–	187	31%
176	35	84	295	18	4	22	317	196	39	91	326	–	–	–	326	3%
105	21	59	185	–	–	–	185	137	27	77	241	–	–	–	241	30%
123	25	65	213	–	–	–	213	160	32	84	276	–	–	–	276	30%
112	22	61	195	–	–	–	195	145	29	83	257	–	–	–	257	32%
53	11	40	104	–	–	–	104	58	12	48	118	–	–	–	118	13%
226	45	101	372	57	11	68	440	286	57	122	465	104	21	124	589	34%
127	25	66	218	–	–	–	218	165	33	88	286	–	–	–	286	31%
164	33	79	276	8	2	10	286	213	43	99	355	21	4	25	380	33%
101	20	57	178	–	–	–	178	131	26	70	227	–	–	–	227	28%
46	9	36	91	–	–	–	91	50	10	42	102	–	–	–	102	12%
59	12	43	114	–	–	–	114	77	15	62	154	–	–	–	154	35%
752	150	285	1,187	1,509	302	1,811	2,998	755	151	286	1,192	1,763	353	2,115	3,307	10%
987	197	367	1,551	2,325	465	2,790	4,341	1,045	209	388	1,642	3,011	602	3,613	5,255	21%
272	54	117	443	116	23	139	582	330	66	137	533	180	36	216	749	29%
100	20	57	177	–	–	–	177	130	26	81	237	–	–	–	237	34%
207	41	95	343	42	8	50	393	245	49	108	402	50	10	60	462	18%
257	51	112	420	95	19	114	534	331	66	138	535	182	36	219	754	41%
165	33	80	278	9	2	11	289	197	39	91	327	–	–	–	327	13%
36	7	30	73	–	–	–	73	39	8	43	90	–	–	–	90	23%
50	10	38	98	–	–	–	98	55	11	48	114	–	–	–	114	16%
51	10	39	100	–	–	–	100	66	13	51	130	–	–	–	130	30%
54	11	40	105	–	–	–	105	70	14	53	137	–	–	–	137	30%

구분	동	단지명	2020년 거래정보			공시가격		공시가격 비율	
			거래 건수	전용면적 (㎡)	실거래가	2020년	2021년	2020년	2021년
송파구	신천동	파크리오	277	144.77	257,500	151,500	181,300	59%	70%
	문정동	올림픽훼밀리타운	184	192.23	270,000	153,000	195,000	57%	72%
	문정동	문정시영	119	46.26	80,000	42,800	50,300	54%	63%
	장지동	위례24단지(꿈에그린)	117	84.96	155,000	84,200	102,700	54%	66%
양천구	신월동	신월시영	111	59.49	68,000	31,900	42,500	47%	63%
	목동	목동신시가지7	80	101.2	229,500	140,900	162,600	61%	71%
	신정동	목동우성2	70	113.91	127,000	66,100	84,500	52%	67%
	신월동	롯데캐슬	69	84.96	109,000	47,100	65,300	43%	60%
영등포구	영등포동	영등포푸르지오	142	84.84	125,000	59,200	76,800	47%	61%
	신길동	래미안에스티움	70	118.03	177,000	102,900	121,800	58%	69%
	영등포동7가	아크로타워스퀘어	66	115.58	174,000	110,400	124,100	63%	71%
	여의도동	시범	57	156.99	260,000	155,200	187,000	60%	72%
용산구	이촌동	한가람	111	114.96	220,000	138,700	157,500	63%	72%
	도원동	삼성래미안	73	114.99	147,500	76,800	92,800	52%	63%
	한남동	한남더힐	44	243.64	775,000	588,000	626,800	76%	81%
	용산동5가	용산파크타워	36	180.62	282,200	214,500	224,600	76%	80%
은평구	녹번동	북한산푸르지오	96	114.98	120,000	67,700	81,300	56%	68%
	불광동	라이프미성	69	125.75	98,500	46,100	54,200	47%	55%
	응암동	백련산힐스테이트2차	67	84.59	90,000	48,200	63,300	54%	70%
	진관동	힐스테이트1단지	61	101.76	104,500	55,500	60,800	53%	58%
종로구	창신동	창신쌍용2	68	106.62	85,900	43,500	56,700	51%	66%
	홍파동	경희궁자이(2단지)	48	116.98	235,000	151,800	169,900	65%	72%
	무악동	현대	44	114.9	124,950	67,800	85,700	54%	69%
	숭인동	종로센트레빌	33	114.67	100,000	60,500	69,400	61%	69%
중구	신당동	남산타운	177	114.88	154,000	84,200	104,800	55%	68%
	황학동	롯데캐슬	114	114.9	132,500	60,700	84,600	46%	64%
	신당동	약수하이츠	87	114.92	145,000	75,600	94,600	52%	65%
	회현동1가	남산 롯데캐슬 아이리스	29	187.44	177,500	117,900	119,800	66%	67%
중랑구	신내동	신내6대주	134	59.76	61,200	29,200	39,700	48%	65%
	면목동	한신	127	84.92	67,000	31,000	39,700	46%	59%
	중화동	한신1차	81	84.87	77,500	36,500	48,100	47%	62%
	신내동	동성1차	64	125.48	74,000	37,500	48,200	51%	65%

※ 출처 : 박정수 세무사, 국토교통부 실거래가 공개시스템, 부동산 공시가격 알리미, 국세청 홈택스 양도소득세 모의계산
※ 실거래가는 2020년 최고가 적용, 공시가격은 중간층 기준, 종합부동산세는 1세대 1주택 5년 보유 기준(공제율 20% 적용),
　재산세 전년 대비 세부담상한 반영(공시가격 3억원 이하 105%, 3억원~6억원 110%, 6억원 초과 130%),
　2021년 9월 14일 「종합부동산세법」 개정사항 반영(1주택자 공제 금액 11억원)

2020년								2021년								
재산세	도시지역분	지방교육세	합계	종부세	농특세	합계	총보유세	재산세	도시지역분	지방교육세	합계	종부세	농특세	합계	총보유세	전년 대비 총 보유세 증가율
301	60	127	488	156	31	187	675	372	74	152	598	280	56	336	934	38%
304	61	129	494	161	32	193	687	395	79	164	638	384	77	461	1,099	60%
46	9	36	91	–	–	–	91	51	10	42	103	–	–	–	103	13%
139	28	71	238	–	–	–	238	181	36	86	303	–	–	–	303	27%
30	6	27	63	–	–	–	63	33	7	36	76	–	–	–	76	21%
275	55	118	448	121	24	145	593	327	65	137	529	176	35	211	740	25%
96	19	56	171	–	–	–	171	124	25	71	220	–	–	–	220	29%
53	11	40	104	–	–	–	104	68	14	55	137	–	–	–	137	32%
79	16	50	145	–	–	–	145	103	21	65	189	–	–	–	189	30%
184	37	86	307	24	5	29	336	229	46	102	377	32	6	39	416	24%
202	40	93	335	38	8	46	381	235	47	104	386	39	8	46	432	13%
309	62	130	501	168	34	202	703	386	77	157	620	322	64	386	1,006	43%
270	54	117	441	113	23	136	577	315	63	132	510	154	31	185	695	20%
121	24	65	210	–	–	–	210	158	32	78	268	–	–	–	268	28%
1,348	270	494	2,112	3,583	717	4,300	6,412	1,441	288	527	2,256	4,718	944	5,661	7,917	23%
452	90	180	722	489	98	587	1,309	476	95	189	760	596	119	715	1,475	13%
99	20	57	176	–	–	–	176	129	26	68	223	–	–	–	223	27%
51	10	39	100	–	–	–	100	56	11	46	113	–	–	–	113	13%
54	11	40	105	–	–	–	105	71	14	53	138	–	–	–	138	31%
70	14	47	131	–	–	–	131	83	17	51	151	–	–	–	151	15%
47	9	37	93	–	–	–	93	52	10	48	110	–	–	–	110	18%
301	60	128	489	157	31	188	677	345	69	143	557	207	41	248	805	19%
100	20	57	177	–	–	–	177	130	26	72	228	–	–	–	228	29%
82	16	51	149	–	–	–	149	104	21	58	183	–	–	–	183	23%
139	28	71	238	–	–	–	238	181	36	88	305	–	–	–	305	28%
83	17	51	151	–	–	–	151	107	21	71	199	–	–	–	199	32%
118	24	64	206	–	–	–	206	154	31	79	264	–	–	–	264	28%
220	44	99	363	52	10	62	425	225	45	101	371	27	5	32	403	–5%
26	5	25	56	–	–	–	56	28	6	33	67	–	–	–	67	20%
29	6	26	61	–	–	–	61	31	6	33	70	–	–	–	70	15%
37	7	31	75	–	–	–	75	40	8	40	88	–	–	–	88	17%
38	8	32	78	–	–	–	78	42	8	40	90	–	–	–	90	15%

재산세보다 많은
도시지역분의 정체

재산세 고지서에는 도시지역분이나 지방교육세처럼 재산세와 무관해 보이는 세금들도 섞여 있다. 심지어 그 금액도 적지 않다. 그중에서도 도시지역분이라는 세금은 덩치가 상당히 크며 가끔은 재산세보다 더 큰 금액으로 부과되는 경우도 있다. 이토록 몸집이 커다란 도시지역분은 어떤 세금일까?

도시에 산다면
반드시 내야 하는 세금
'도시지역분'

재산세 도시지역분은 쉽게 말해 도시지역 집주인에게만 부과되는 세금이다. 우리나라 국토는 법적으로 크게 도시지역과 도시가 아닌 지역(관리지역, 농림지역, 자연환경 보전 지역 등)으로 구분할 수 있다. 도시지역 중에서도 도로의 개설 유지 및 상하수도, 공원 등 각종 도시계획이 실시되는 '도시계획구역'에 부과되는 세금이 재산세 도시지역분이다.

도시계획구역은 지방자치단체가 조례로 결정할 수 있다. 우리 집 주소가 '시' 지역에 있다면 재산세 고지서에 도시지역분이 포함된다고 생각하면 된다.

물론 '군' 지역이라도 지자체에서 도시계획구역으로 구분하는 곳이 있다. 좀 더 확실하게 확인하려면, 국토교통부 토지이음(www.eum.go.kr) 홈페이지에서 집 주소를 입력하고 '토지이용계획원'을 열어봐야 한다. 여기서 우리 집의 도시계획구역 여부를 알 수 있다.

국토교통부 토지이음 도시계획 열람 페이지

집값이 낮을수록 커지는 도시지역분 비중

도시지역분은 재산세를 매기는 기준, 즉 과세표준(공시가격의 60%)에 0.14%를 일률적으로 곱해서 부과한다. 재산세는 과세표준의 크기에 따라 적용하는 세율이 0.05~0.4%까지 각각 다르지만, 도시지역분은 무조건 0.14%로 매긴다. 그렇기 때문에 집값이 낮을수록 재산세 고지서에서 차지하는 도시지역분의 비중은 커지는 현상이 나타난다. 재산세의 일부분인 것처럼 표시되지만 금액은 더 큰 것이다.

예를 들어 공시가격 2억원인 아파트 집주인(1주택자 기준)의 경우 2021년 재산세 고지서에는 주택 재산세 9만원(0.05~0.1% 세율)과 함께 그 갑절에 가까운 도시지역분 16만8000원(0.14% 세율)이 적혀 통지되었을 것이다.

하지만 공시가격 6억원인 아파트 집주인(1주택자 기준)은 2021년 주택 재산세로 책정된 63만원(0.05~0.35% 세율)보다 적은 50만4000원(0.14% 세율)을 도시지역분으로 내게 된다.

부부 공동명의 1주택자의 종합부동산세 절세법

종합부동산세가 신설된 초창기, 여러 채의 주택이나 공시가격이 높은 주택을 소유한 사람들만 납부한다 하여 종부세를 '부자세'라 불렀다. 하지만 종부세가 시행된 지 15년이 넘은 지금, 집값 급상승으로 부부가 주택 한 채만 소유하더라도 종부세 대상자가 될 수 있다. 지병근 세무사(세무법인 가감)와 함께 주택을 보유한 부부가 알아둬야 할 종부세 절세법을 살펴봤다.

**부부라면
종부세 과세 방식
선택지가 두 개**

우리나라 주택 보유세로는 대표적으로 재산세와 종합부동산세가 있다. 재산세는 지방자치단체가 부과하는 지방세로서 주택 공시가격 전체 금액에 대해 부과되며, 인별로 합산하지 않고 주택별로 '개별분리과세'한다. 이에 반해 종부세는 세무서장이 부과하는 국세로서 일정 기준금액(과세기준금액)을 초과하는 금액에 대해서만 부과되며, 개인이 소유한 모든 주택을 합산해 '인별 합산과세'한다. 여기서 과세기준금액은 6억원을 의미하며, 1세대 1주택자에 한해 11억원(2020년 부과분까지는 9억원)을 적용한다.

종부세는 원칙적으로 개인별 합산과세제도를 취하고 있다. 그래서 1주택을 공동으로 소유하고 있다 할지라도 개인별 지분 비율에 해당하는 주택 공시가격을 기준으로 세금을 계산한다.

예를 들어 주택 공시가격이 20억원인 1주택을 남편과 부인이 50%씩 소유하고 있다면, 남편은 본인의 지분 비율에 해당하는 10억원을 기준으로 과세기준금액 6억원을 차감한 금액에 대해 종합부동산세를 내야 한다.

하지만 2021년 부과분부터 부부 공동명의 1주택자는 각자 지분

비율에 해당하는 주택 공시가격을 기준으로 종부세를 계산(개인별 과세 방식)하지 않고, 부부 중 1인이 1주택을 소유한 것으로 보아 종부세를 계산(1주택자 과세 방식)할 수 있게 됐다. 즉, 부부 공동명의 1주택자는 두 가지 과세 방식 중 더 유리한 방법으로 종합부동산세를 납부할 수 있는 것이다.

1주택자 과세 방식은 전체 주택 공시가격을 가지고 종합부동산세를 계산한다. 하지만 6억원이 아닌 11억원의 과세기준금액을 적용받고, 산출세액에 대해 세액공제(고령자 및 장기보유자 세액공제)를 적용받을 수 있다. 얼핏 보면 지분별 주택 공시가격에서 각자 6억원(부부 합계 12억원)의 과세기준금액을 차감하여 종합부동산세를 계산하는 것이 전체 주택 공시가격에서 11억원의 과세기준금액을 차감하는 것보다 훨씬 유리한 것 같다. 하지만 해당 주택을 오랫동안 보유했거나 주택 소유자의 나이가 많은 경우에는 세액공제를 적용받을 수 있기 때문에, 1주택자 과세 방식을 선택하는 게 오히려 유리할 수 있다.

개인별 과세 방식 vs. 1주택자 과세 방식

1주택자 과세 방식을 적용할 경우에는 고령자세액공제와 장기보유자세액공제를 적용받을 수 있다. 먼저, 고령자세액공제는 주택 소유자의 나이가 60세 이상인 경우 나이에 따라 20~40%(60세 이상

65세 미만 20%, 65세 이상 70세 미만 30%, 70세 이상 40%)를 산출세액에서 공제해주는 제도다.

장기보유자세액공제는 주택 보유 기간이 5년 이상인 경우 보유 기간에 따라 20~50%(5년 이상 10년 미만 20%, 10년 이상 15년 미만 40%, 15년 이상 50%)를 산출세액에서 공제해주는 것이다.

만약 나이가 60세 이상이면서 주택 보유 기간이 5년 이상이라면 고령자세액공제와 장기보유자세액공제를 중복해서 적용받을 수 있다. 다만, 중복 적용 시에는 80%의 공제한도가 적용된다.

예를 들어 종부세 산출세액이 1000만원인데 소유자가 70세 이상이면서 주택을 15년 이상 보유했다고 가정해보자. 그러면 80%의 세액공제가 적용되어 종부세를 200만원만 납부하면 된다. 세액공제는 산출세액에서 바로 차감되는 항목이기 때문에 그 혜택이 상당히 크다.

개인별 과세 방식은 개인의 지분 비율에 해당하는 주택 공시가격을 산정한 후 과세기준금액 6억원을 차감하고, 그 초과분에 대해 세금을 계산한다.

남편과 부인이 주택을 50%씩 소유하고 있다면 주택 공시가격 12억원 이하까지는 과세기준금액 초과 금액이 발생하지 않기 때문에, 개인별 과세 방식이 유리하다. 하지만 주택 공시가격이 12억원을 초과한 경우 중에서 주택 소유자의 나이가 많거나 해당 주택을 오래 보유했다면, 과세기준금액 11억원을 적용받는다 할지라도 고령자세액공제 및 장기보유자세액공제를 적용받을 수 있어 1주택자 과세 방식이 유리할 수 있다.

결국 부부 공동명의 1주택자는 개인별 과세 방식과 1주택자 과세 방식 중 어느 방식이 세부담 측면에서 더 유리한지 그때그때 종합부동산세를 계산해보고 판단할 수밖에 없다. 홈택스·셀리몬(www.sellymon.com) 등의 종부세 세금 계산기를 이용하면 손쉽게 세금을 비교해볼 수 있다.

20억원짜리 주택을 15년간 보유한 부부의 종부세 계산법 | 한 채의 주택을 남편(65세)과 부인(60세)이 50%씩 공동소유하고 있다고 가정해보자. 해당 주택의 2021년 기준 주택 공시가격은 20억원이고 남편과 부인은 해당 주택을 15년 보유했다.

먼저, 개인별 과세 방식으로 세금을 계산해보자. 과세기준 초과금액 4억원(개인별 주택 공시가격 10억원-과세기준금액 6억원)에 대해 세율을 적용하면 개인별로 납부할 종부세 등(농어촌특별세 포함)은 163만 8834원이다. 남편과 부인의 총 부담세액(농어촌특별세 포함)은 327만 7668원이 된다.

이번에는 1주택 과세 방식에 적용해보자. 과세기준 초과금액 9억원(전체 주택 공시가격 20억원-과세기준금액 11억원)에 대해 세율을 적용하면 산출세액은 520만8000원이 된다. 하지만 여기에서는 고령자세액공제(156만2400원) 및 장기보유자세액공제(260만4000원)를 차감할 수 있어 총 부담세액(농어촌특별세 포함)은 124만9920원이 된다. 이 사례의 경우 개인별 과세 방식보다는 1주택자 과세 방식이 훨씬 더 유리함을 알 수 있다.

과세 방식에 따른 부부 공동명의자의 종부세액

예시 사례

공시가격 20억원(2021년) 주택을 남편(65세)과 부인(60세)이
지분을 절반씩 15년간 공동 소유

구분	개인별 과세 선택		1주택 과세 선택
납세 의무자	남편	부인	남편
주택 공시가격 합계	10억원	10억원	20억원
과세기준금액	6억원 초과	6억원 초과	11억원 초과
과세기준 초과액	4억원	4억원	9억원
산출세액	136만5695원	136만5695원	520만8000원
고령자세액공제	–	–	156만2400원
장기보유세액공제	–	–	260만4000원
종합부동산세	136만5695원	136만5695원	104만1600원
농어촌특별세	27만3139원	27만3139원	20만8320원
총 부담세액	163만8834원	163만8834원	124만9920원
부부 합산 총 세액	327만7668원		124만9920원

세액공제 높은 배우자를 납세 의무자로 지정해야 절세에 유리

부부 공동명의 1주택자가 개인별 과세 방식이 아닌 1주택자 과세 방식으로 종합부동산세를 적용받고자 하는 경우에는 매년 종합부동산세 합산배제 신고 기간(9월 16~30일)에 주소지 관할 세무서에 '공동명의 1주택자 특례신청서'를 제출하면 된다. 홈택스·우편·세무서 방문 등 다양한 방법을 통해 제출할 수 있다.

최초 신청 이후 변동사항이 없을 경우에는 추가 신청 없이 1주택

자 과세 방식을 그대로 적용받을 수 있다. 개인별 과세 방식으로 전환하고 싶으면 적용받고자 하는 연도의 종부세 합산배제 신고 기간에 다시 변경신청서를 제출하면 된다.

1주택자 과세 방식을 적용할 경우, 원칙적으로 지분 비율이 큰 자가 납세 의무자가 된다. 만약 지분 비율이 동일한 경우에는 부부 중 1인을 선택할 수 있으며, 이때 선택한 납세 의무자의 나이 및 보유 기간에 따라 세액공제를 적용하면 된다.

따라서 부부의 주택 보유 기간이 동일하다면 부부 중 나이가 많은 사람을 납세 의무자로 신청해야 한다. 고령자세액공제를 더 높게 적용받을 수 있기 때문이다. 만약 부부의 보유 기간이 동일하지 않다면 (주택 보유 기간 중 배우자에게 지분 일부를 증여한 경우 등) 각자의 보유 기간과 나이를 고려해 더 높은 세액공제를 적용받을 수 있는 자를 납세 의무자로 신청하면 된다.

세입자를 둔 집주인에게 필요한 절세 노하우

주택을 빌려주고 임대료를 받는 사업자는 임대소득에 대해 소득세를 신고하고 내야 한다. 주택임대소득은 사업소득 중 부동산업에서 발생하는 소득을 말하며, 공동주택, 다가구주택, 단독주택 등 주거용 건물이나 건물 일부를 임대하는 경우에 발생한다.

보유 주택수와 주택임대소득 과세 대상

보유 주택 (부부 합산)	과세 대상
1주택	기준시가 9억원 초과 주택 월세 수입
2주택	모든 월세 수입
3주택 이상	모든 월세 수입, 비소형 3채 이상이면서 합계 3억원 초과인 보증금·전세금

**주택수에 따라 다른
임대소득 과세 대상** | 주택을 한 채만 소유하고 있다면 해당 주
택을 임대했을 때 발생한 임대소득에 대한

세금은 없다. 단, 주택이 기준시가 9억원이 넘는 경우에는 임대소득
세를 부담해야 한다. 2주택자부터는 모든 월세 수입이 임대소득으로
책정된다.

월세뿐만 아니라 보증금도 그 이자만큼의 임대소득이 있다고 보
고, 소득으로 환산(간주임대료)해 세금을 부과한다. 보증금은 3주택
이상이면서 보증금 합계액 3억원 초과의 임대주택을 보유한 경우부
터 간주임대료로 환산한다. 소형주택(주거전용면적 $40m^2$ 이하이고 기준
시가 2억원 이하)은 2021년 말까지 이 주택수 계산에서 제외되는 혜
택이 있다.

간주임대료는 3억원이 넘는 보증금 합계액의 60%를 365(윤년은

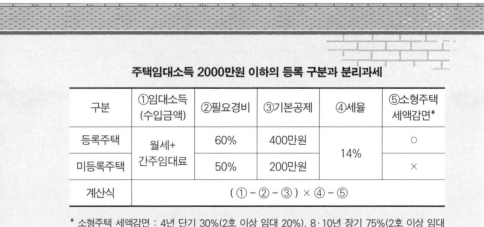

주택임대소득 2000만원 이하의 등록 구분과 분리과세

구분	①임대소득 (수입금액)	②필요경비	③기본공제	④세율	⑤소형주택 세액감면*
등록주택	월세+ 간주임대료	60%	400만원	14%	○
미등록주택		50%	200만원		×
계산식	(① - ② - ③) × ④ - ⑤				

* 소형주택 세액감면 : 4년 단기 30%(2호 이상 임대 20%), 8·10년 장기 75%(2호 이상 임대
50%)

366)로 나눈 후 정기예금 이자율(2020년 소득의 경우 1.8%)을 곱해서 산출한다. 이밖에 월세를 선불로 내는 선세금(先貰金)도 과세 기간에 속한 월수만큼을 떼어 임대소득에 포함해야 한다.

임대소득 2000만원 이하는 분리과세와 합산과세 중 선택

임대소득도 다른 소득과 합쳐서 종합소득세 신고를 해야 한다. 월세, 선세금, 간주임대료 등 주택임대소득을 모두 합해서 2000만원 이하인 경우에는 다른 소득과 합치지 않고, 분리해서 세금을 계산(분리과세)할 수 있는 선택권이 주어진다.

소득세는 소득이 많을수록 높은 세율로 세금을 내는 누진세율(6~42%)이 적용된다. 2000만원 이하의 임대소득을 분리과세하면 필요경비를 소득의 60%(미등록주택은 50%)까지 인정해주고, 400만원(미등록주택은 200만원)을 기본공제하며, 세율도 고정된 14%(지방세 포함 15.4%)의 세율이 적용된다. 임대소득 외에 다른 소득도 많아서 합산과세할 경우 14%보다 높은 세율이 적용된다면 분리과세가 유리한 선택이 될 수 있다.

반대로 다른 소득이 적어서 합산하더라도 14%보다 낮은 세율이 적용되는 경우에는 합산과세를 선택하는 것이 유리하다. 물론 필요경비인정비율과 기본공제 등까지 고려해봐야 한다.

주택임대소득이 2000만원이 넘는다면 선택권 없이 다른 소득과 합산해서 소득세를 계산해야 한다. 그런데 주택임대소득이 2000만원 이하인 경우에는 임대사업자 등록 여부와 종합과세할 소득의 규모에 따라 분리과세의 유불리가 달라지므로 과세 방식을 신중히 골라야 한다. 사업자별로 처한 상황에 따라 미세한 차이가 있을 수 있고, 필요경비 등에 대한 계산의 어려움이 있기 때문에 선택이 쉽지는 않다.

이런 경우 종합과세와 분리과세의 방법을 각각 비교해서 계산해볼 수 있는 모의계산을 이용하면 도움이 된다. 국세청 홈택스 홈페이지 우측 하단에 '세금 모의계산'을 클릭하고, 주택임대소득 종합 분리과세 세액 비교 항목에 들어가면 각각의 요건을 입력해 미리 계산해볼 수 있다.

국민주택 규모(85㎡ 이하)의 소형주택을 임대하고 있는 경우에는 계산된 임대소득세액을 일부 감면해주는 세액감면 혜택도 챙겨야 한다. 2022년 말까지 임대사업 소득세의 30%, 8년 이상 장기일반민간임대주택 등은 75%까지 세액을 깎아주는 혜택(2021년부터 2호 이상 임대는 20%, 50%로 감면률 축소)이 있다.

소형주택 임대사업자 세액감면은 임대사업자등록증과 임대조건 신고증명서, 표준임대차계약서 사본, 임대차계약 신고이력확인서 등을 첨부해서 관할 세무서에 신청해야 받을 수 있다.

| 임대소득세를 좌지우지하는 요인들 |

Q 미혼인데 보유 주택 1채를 월세 주고 부모님 집에서 함께 살고 있다. 임대소득세 과세 대상인가?

주택임대소득 과세 대상 주택수는 부부별로 합산하고 직계존비속의 주택수는 포함하지 않는다. 미혼인 본인이 1채만 보유하고 있다면, 월세를 받고 있더라도 과세 대상에 해당되지 않는다. 다만, 해당 주택이 기준시가 9억원을 초과한다면 월세 소득에 대해 소득세가 과세된다.

Q 4주택에서 모두 보증금을 받고 있다.
그런데 모두 소형주택이면 임대소득세를 내지 않는가?

2021년 귀속 소득분까지 소형주택(40㎡ 이하이면서 기준시가 2억원 이하)은 간주임대료 과세 대상 주택수에 포함되지 않는다. 다만, 소형주택이라도 월세 임대수입은 과세 대상이다.

 Q 1주택 월세 소득은 과세 대상이 아니라고 하는데,
이사 때문에 일시적으로 2주택이 된 경우에는 어떻게 되나?

일시적이라도 2주택 보유 기간에 받은 월세 임대소득에 대해서는 소득세가 과세된다.

 Q 오피스텔을 임대해도 주택임대소득 과세 대상인가?

임차인이 오피스텔을 상시 주거용으로 사용하는 경우에는 주택임대소득이 과세되고, 주거용이 아닌 경우에는 상가임대소득으로 소득세가 과세된다.

 Q 세입자에게 받은 관리비와 공공요금도 임대소득인가?

임대료와 별도로 유지비나 관리비 등의 명목으로 지급받은 금액과 전기료·수도료 등 공공요금은 총 수입금액에 포함하지 않는다. 다만, 공공요금을 제외한 청소비·난방비 등은 임대인이 직접 수령하는 경우에 한해 총 수입금액에 포함해야 한다.

Q 다가구주택 1채만 보유한 경우에는 주택수가 어떻게 산정되나?

구분등기가 되지 않은 다가구주택 1채는 1주택으로 보고 기준시가 9억원을 초과하지 않으면 비과세된다. 기준시가 9억원을 초과하는 경우에는 과세 대상이 된다.

 Q 두 명이 공동지분으로 보유하고 있는 임대주택은 주택수 계산을 어떻게 하나?

공동 보유 주택은 지분이 가장 큰 사람이 2인 이상인 때(50대 50 등) 에는 각각 보유한 것으로 계산한다. 다만, 이때에도 합의해서 1명을 해당 주택의 임대수입 귀속자로 결정한 경우에는 그 사람의 보유 주택으로 계산한다.

Q 주택과 사업용 건물이 함께 있는 겸용 주택은 주택수 판단을 어떻게 하나?

주택의 면적은 고가주택 및 소형주택을 판단할 때 필요한 기준이다. 주택 부분의 면적이 사업용 건물 부분의 면적보다 크면 전체를 주택으로 보고, 주택 부분의 면적이 사업용 건물의 면적보다 같거나 작 으면 주택 부분만 주택으로 보고 판단한다.

내 건물의 주택 면적이 사업용 면적보다 넓나?

좁혀오는 과세망에 피할 곳이 없어진 임대사업자

지금까지 집을 임대하고 받는 수익은 대부분 과세 대상이 아니었다. 실제로 신고를 잘 하지 않거나 2000만원 이하의 주택임대소득은 비과세였기 때문이다. 하지만 2020년부터 2000만원 이하 소득에도 과세가 시작됐고, 2021년 7월부터 전·월세 신고제가 본격적으로 실시되면서 세금을 피할 수 없게 됐다. 주택임대소득이 과세 영역에 들어오면서 주의해야 할 점을 정리해봤다.

전세로만 임대하면 2주택까지 비과세

과세당국이 공식적으로 해당 자료를 과세 정보로 쓰지는 않겠다고 했지만, 신고된 정보가 과세 정보로 활용될 수 있다는 사실을 인지해야 한다. 따라서 전입신고를 하고 확정일자를 받았다면 임대수익에 대해 반드시 신고해야 한다.

그러나 신고했다고 해서 임대수익 모두가 과세 대상은 아니다. 주택임대소득 과세 요건을 보면 월세 소득의 경우 1주택자는 비과세하고 2주택부터 과세한다. 월세를 주는 한 채까지는 세금을 내지 않아도 된다는 이야기다. 다만 1주택자도 예외적으로 고가주택을 소유했다면 비록 집이 한 채라도 과세 대상이 된다. 이때 고가주택의 기준은 기준시가 9억원을 초과하는 주택이다.

**1주택자의 경우
월세 소득은 비과세**

그렇다면 전세보증금을 받는 경우는 어떨까? 월세 소득에만 과세하면 전세보증금 소득과의 형평성이 맞지 않는다. 그래서 전세보증금에 의해 발생하는 수익을 임대료로 간주해 과세하는 간주임대료를 통해 과세한다.

전세로만 임대를 주고 있다면 2주택까지는 과세 대상이 아니고, 3주택부터 간주임대료를 통해 세금을 적용한다. 간주임대료는 부부 합산 3주택 이상인 경우(전용면적 $40m^2$ 이하이면서 기준시가 2억원 이하 소형주택 제외)에 발생하며, 보증금 합계액 가운데 3억원을 초과하는 금액의 60%에 대해 적정 이자율을 적용해 계산한다. 이때 적용하는 이자율이 연 1.2%(개정 예정)이며, 2021년 발생하는 소득부터 적용한다.

주택임대소득 과세 요건

주택수	월세	보증금
1주택	비과세	비과세
2주택	과세	
3주택 이상		간주임대료 과세

※과세 요건 : 주택수 기준

118

**부부라면
주택수 합산하여 과세**

임대소득 과세 대상이 늘어나며 세금을 매기는 기준인 주택수 계산이 중요해졌다. 주택수와 가격, 면적, 전·월세 여부에 따라 세금이 다르기 때문이다.

먼저, 부부의 주택수는 합산하되 자녀의 주택수는 합산하지 않는다. 남편과 아내가 각각 한 채씩 가지고 있다면 이 세대는 2주택자가 되는 것이다. 부부가 거주하는 집 한 채와 세를 주는 한 채가 있는 경우, 과세 요건에 따라 월세를 준다면 과세 대상이고 전세로만 임대를 준다면 비과세가 된다. 주택수 판단은 부부 기준으로 하되 세금 계산 자체는 별개로 한다고 생각하면 된다.

임대소득이 연간 2000만원 이하면 종합과세와 분리과세 중 선택할 수 있다. 집을 통해 얻은 소득이 2000만원을 넘지 않으면 비교적 간단한 방식인 분리과세를 통해 세금을 납부할 수 있고, 2000만원을 초과하면 종합과세만 가능하다.

다만, 연소득 2000만원이 넘지 않는다고 분리과세를 하면 오히려 불리한 경우도 있으니 잘 따져봐야 한다. 대출금, 집 수리 비용, 세입자가 바뀔 때 지불한 중개수수료·재산세·종부세는 양도세상에서 경비로 인정되지 않지만 임대소득세상에서는 경비 인정이 되기 때문이다.

이런! 우리 부부가 2주택자라니!

따라서 이렇게 비용이 들어간 경우는 단순히 분리과세하는 것보다 장부 작성을 통해 경비처리하고 종합소득으로 신고하는 것이 절세 측면에서 유리할 수 있다.

임대사업 기간 만료 후
거세지는 종합부동산세 폭격

임대주택은 종합부동산세 계산 시 과세표준을 합산하지 않는 혜택이 주어진다. 하지만, 임대사업 기간이 만료된 경우라면 종합부동산세를 내야 할 수도 있다. 그러니 반드시 임대사업 기간이 말소되지 않았는지 체크해야 한다.

**4년 단기임대주택과
8년 장기일반매입임대주택
유형 폐지에 따른 결과**

2020년 임대사업자 제도가 개편되면서, 4년 단기임주택과 8년 장기일반매입임대주택 유형이 폐지됐다. 그래서 4년 단기임대주택에서 8년 장기일반매입임대주택으로 변경신고하거나 폐지된 유형을 신청한 임대사업자는 더 이상 세제 혜택을 받을 수 없다. 다시 말해 기존에 임대주택 종합부동산세 합산배제 혜택을 받았던 사업자들 중에서 갑자기 종합부동산세 고지서를 받는 사업자가 생겨난다는 말이다.

　4년 단기 또는 8년 장기 임대사업자 중에서 사업 기간이 끝난(자동말소) 경우, 기간이 남았더라도 자진해서 사업자 말소신고(자진말소)를 한 경우에는, 임대 기간이 끝난 이후부터 종부세를 납부해야 한다. 말소 시점이 종부세 과세기준일인 6월 1일 이전인 경우부터 종부세 과세 대상이 된다. 따라서 주택임대사업자의 경우, 임대등록이 말소될 기간을 고려하여 사전에 주택수 조절을 해야 한다.

자동말소 또는 자진말소된 주택임대사업자
임대사업 기간 종료된 후 종부세 과세

10년 장기임대가 허용되는 건물은 여전히 종부세 합산배제주택 | 2020년 8월 18일 이후부터 장기일반민간임대주택의 의무 임대 기간이 8년에서 10년으로 늘어났다. 아파트의 경우 10년 장기임대라고 하더라도, 갱신이나 신규 등록을 할 수 없기 때문에 사업 기간이 끝나면 종부세 납부 대상이 된다.

다만, 10년 장기임대를 허용하는 빌라와 건설임대는 종부세 합산배제 혜택을 계속해서 받을 수 있다. 또한 공공지원 10년 장기임대인 경우 아파트도 종부세 혜택을 받는다.

원래 종부세 합산배제 혜택을 받다가 임대사업 말소로 합산배제 대상에서 빠지는 주택이라면 합산배제 제외 신고를 꼭 해야 한다. 제외 신고를 하지 않으면 종부세를 내지 않은 경우에 가산세가 부과될 수 있다.

「민간임대주택에 관한 특별법」상 유형별 신규 임대주택 등록 가능 여부

주택 구분		민간임대주택 등록 가능 여부	
		매입임대	건설임대
4년 단기임대	단기(4년)	불가	불가
10년 장기임대	장기일반(10년)	허용(아파트 불가)	허용
	공공지원(10년)	허용	허용

임대주택 유형별 종합부동산세 합산배제 요건

임대주택 유형	전용면적	주택가격	주택수	임대 기간
매입임대[1]	–	6억원 이하	전국 1호 이상	5년 이상[3]
(장기일반 민간임대주택)		(비수도권 3억원 이하)		10년 이상
건설임대[2]	149m^2 이하	9억원 이하	전국 2호 이상	5년 이상[3]
(장기일반 민간임대주택)				10년 이상
기존 임대[4]	국민주택 규모 이하[5]	3억원 이하	전국 2호 이상	5년 이상
미임대 건설임대(민간)	149m^2 이하	9억원 이하	–	–
리츠펀드 매입임대	149m^2 이하	6억원 이하	비수도권 5호 이상	10년 이상
미분양 매입임대	149m^2 이하	3억원 이하	비수도권 5호 이상	5년 이상

1) 매매, 증여, 상속 등으로 취득한 주택
2) 직접 건설하여 취득한 주택
3) 2018년 3월 31일 이전에 임대사업자등록과 사업자등록을 한 주택
4) 2005년 1월 5일 이전에 임대사업자등록을 하고 임대하고 있는 경우
5) 전용면적 85m^2(단, 수도권을 제외한 도시지역이 아닌 읍·면 지역은 100m^2 이하)

레지던스,
오피스텔로 바꿀까?

주거용으로 편법 사용되던 생활형 숙박시설(레지던스)을 오피스텔로 용도변경할 수 있도록 건축 기준이 완화됐다. 이 소식에 레지던스를 운영하는 임대사업자들은 보유 중인 시설을 오피스텔로 용도변경을 하는 게 좋을지 고민하고 있을 것이다. 그런 임대사업자들을 위해 2021년 10월에 완화된 용도변경 규제를 살펴보고 정리해봤다.

**딱 2년 동안만
제한되었던 규정 완화** | 2012년에 「공중위생관리법」 시행령 개정을 통해 도입된 생활형 숙박시설은 장기 투숙 수요에 대응해 취사를 포함한 서비스를 제공하고 있다. 다만, 주택 용도로 사용할 순 없고 숙박업 용도로만 사용할 수 있는 시설이다. 그러나 생활형 숙박시설을 적법한 용도변경 없이 주거용 건축물로 사용하는 경우가 다수 발생하고 있으며, 국정감사에서도 이 내용이 화두에 올랐다. 국토교통부는 관계 기관의 의견을 수렴하였고, 불법 숙박시설의 전용이 만연해지는 사태를 막기 위해 2021년 10월 14일 완화된 오피스텔 건축 기준을 개정 고시하였다.

이 개정안에는 2021년 10월 14일부터 2023년 10월 14일까지 생활형 숙박시설을 오피스텔로 용도변경할 때 한시적으로 발코니 설치 금지, 전용 출입구 설치, 바닥 난방 설치 제한 등의 규정을 적용

오피스텔 건축 기준 중 한시적 완화 규정

구분	오피스텔 건축 기준	생활형 숙박시설
발코니	설치 제한	제한 없음 (단, 발코니 확장 불가)
바닥 난방	85m^2 이하만 바닥 난방 가능	제한 없음
전용 출입구	다른 용도와 복합으로 건축하는 경우 전용 출입구 별도 설치 필요	제한 없음
전용면적 산정 방식	안목 치수*로 산정	중심선 치수**로 산정

*눈으로 보이는 벽체 안쪽을 기준으로 전용면적 산정(공동주택, 오피스텔)
**벽체의 중심선을 기준으로 전용면적 산정(그 외 건축물)
※ 출처 : 국토교통부

하지 않는다는 내용이 담겨 있다. 또한, 2021년 10월 14일 이전에 분양 공고를 한 생활형 숙박시설에 대해서도 「건축법」에 따라 오피스텔로 허가사항의 변경을 하는 경우 제한 규정을 적용하지 않도록 했다.

법제 개편으로 숙박시설의 편법 운용 완전히 차단

새로 건설되는 생활형 숙박시설은 용도에 적합하게 건축될 수 있도록 별도 건축 기준을 제정하기로 했다. 또 건축 심의와 허가 단계에서 숙박시설의 적합 여부와 주거·교육 환경을 고려해 허가를 제한해서 주택 불법 사용을 사전 차단할 방침이다. 기존 시설은 코로나19로 인한 숙박 수요 감소, 임차인 등 선의의 피해자 발생 우려 등을 고려해 주거가 가능한 시설(오피스텔)로 용도변경을 할 수 안내한 것이다. 2년의 계도 기간 동안 이행강제금 부과도 한시적으로 유예하기로 결정했다.

다만, 생활형 숙박시설을 주거용 오피스텔로 용도변경할 경우 주택수에 포함된다는 점에 주의해야 한다. 보유세나 양도소득세 등 세금 부담이 늘어날 수 있으니, 용도변경하기 전에 이 부분을 반드시 체크해보길 권한다.

방치된 빈집에 부과된 무거운 세금

빈집을 갖고 있으면서 제대로 관리하지 않고 방치하면 이제 무거운 벌금을 물게 된다. 붕괴 위험이 크거나 안전사고 우려가 높은 빈집의 소유자가 적절한 안전조치를 하지 않으면 최대 40%의 이행강제금이 부과되기 때문에, 각별한 주의가 필요하다.

**노후도·위험성 등에 따라
순차적 등급 산정**

국토교통부는 도시 내 빈집을 효과적으로 정비하기 위해 「빈집 및 소규모주택 정비에 관한 특례법」 시행령 일부 개정안을 2021년 10월 14일부터 시행에 옮겼다. 개정안 시행 목적은 주택 소유자와 지방자치단체에게 빈집 관리 책임을 강화하기 위함이다. 지자체장은 실태조사를 통해 빈집(기둥, 외벽 등)의 노후·불량 상태와 빈집이 주변 경관·위생 등에 미치는 해로운 영향에 따라 등급을 산정해야 한다. 양호한 순으로 1등급부터 4등급까지 나누어진다.

빈집 등급은 빈집 정비계획을 수립하거나 정비 사업을 시행할 때 활용된다. 예를 들어 1~2등급의 양호한 빈집은 정비와 활용을 유도하게 되어 있으며, 방치하기에 부적절한 3~4등급의 빈집은 지자체장이 철거 또는 안전조치 명령을 내리거나 직권철거도 할 수 있다.

**안전조치 또는
철거조치 미이행 시
강제금 부과**

빈집 소유자의 관리 책임은 전보다 더 강화된다. 안전조치 명령을 이행하지 않은 경우, 건축물 시가표준액의 20%를 이행강제금으로 납부해야 한다. 만약 철거조치 명령을 이행하지 않으면 건축물 시가표준액의 40%에 해당하는 이행강제금을 내야 한다. 다만, 지역별 여건을 고려해 이행강제금 부과 기준은 시·도 조례로 건축물 시가표준액의 10~20%까지 완화할 수 있다.

국민 누구나 주변의 유해한 빈집을 신고할 수 있는 공익신고제도도 함께 운영된다. 신고가 들어오면, 담당자는 그날로부터 30일 이내에 현장을 방문해 소유자, 관리인 등과의 면담을 하게 된다. 이를 통해 소유자 또는 관리인에게 주변 생활환경 보전 등에 필요한 행정지도가 내려진다. 정부는 「특례법」 개정안 시행을 통해 빈집 소유자가 자발적으로 자택을 정비함으로 지역 슬럼화가 사라지고 안전사고의 수가 감소하길 기대하고 있다.

빈집 이행강제금 제도의 주요 내용

구분	내용
철거 및 안전조치 명령	시장·군수 등이 빈집 정비계획에서 정하는 바에 따라 소유자에게 안전조치, 철거 등 명령 가능하며 미이행 시 이행강제금 부과
대상	▶ 붕괴·화재 등 안전사고 또는 범죄 발생 우려가 높은 경우 ▶ 위생상 유해 우려가 있는 경우 ▶ 현저히 경관을 훼손하고 있는 경우 ▶ 주변 생활환경 보전을 위해 방치하기에 부적절한 경우
절차	① 빈집 실태조사(시장·군수) ② 빈집 정비계획 수립(시장·군수) ③ 주민 공람 ④ 지방도시계획위원회 심의 ⑤ 철거·안전조치 명령(시장·군수) ⑥ 이행강제금 부과
이행강제금	60일 이내 조치 명령을 이행하지 않은 소유자에게 1년에 2회의 범위 내에서 조치 명령이 이행될 때까지 반복 부과 가능 ▶ 철거 명령 미이행 시 : 건축물 시가표준액×40% (조례로 20%까지 경감) ▶ 그 외 명령 미이행 시 : 건축물 시가표준액×20% (조례로 10%까지 경감)
법률 공포일	2021년 04월 13일
시행일	2021년 10월 14일

※ 출처 : 국토교통부

투자수익률을 최대로 끌어올리는
양도세 절세 플랜

2021년부터 확 바뀐 양도세율과 절세 묘수

정부의 강력한 부동산 대책에 따라, 2021년 6월 1일 이후 양도하는 단기보유자산과 중과대상주택에 대한 양도소득세율이 대폭 인상됐다. 얼마나 큰 폭으로 양도세율이 인상됐고, 절세 방안에는 무엇이 있는지 지병근 세무사(세무법인 가감)와 함께 알아봤다.

다주택자 양도세 중과세율

구분		2021년 중과세율	
과세표준	기본세율	조정대상지역 2주택	조정대상지역 3주택
1200만원 이하	6%	26%	36%
4600만원 이하	15%	35%	45%
8800만원 이하	24%	44%	54%
1억5000만원 이하	35%	55%	65%
3억원 이하	38%	58%	68%
5억원 이하	40%	60%	70%
5억원 초과	42%	62%	72%
10억원 이하	42%	65%	75%
10억원 초과	45%		

짧게 보유할수록 높아지는 양도세 2021년부터 양도세가 더욱 매서워졌다. 소득세 최고세율이 42%에서 45%로 오르면서 양도세 기본세율이 6~45%로 인상되었다.

보유 기간이 짧은 주택을 팔 때 적용하는 세율이 더 높아졌다. 1년 미만 보유한 주택을 양도할 때의 세율이 40%에서 70%로 올라갔고, 1년 이상 2년 미만인 주택에는 기본세율이 아닌 60%의 단일세율이 적용된다. 분양권을 판다면 1년 미만은 70%, 1년 이상은 60%의 세율을 적용한다.

1주택자가 장기보유특별공제(138쪽)를 받으려 할 때는 거주 기간까지 따져봐야 한다. 10년 이상 보유와 거주를 동시에 했다면 최대 80%를 공제받게 되지만, 거주하지 않고 보유하기만 했다면 공제율이 40%로 떨어진다. 거주 기간을 반영한 1주택자 장기보유특별공제 규정은 2021년 1월 1일부터 적용되었다.

2021년 5월 31일 이전에 양도하는 주택이나 조합원입주권은 1년 이상만 보유하면 기본세율(6~45%)을 적용받았다. 하지만 2021년 6월 1일 이후 양도하는 주택이나 조합원입주권은 최소 2년 이상 보유해야만 기본세율을 적용받을 수 있다. 그렇지 않은 경우에는 70%(1년 미만 보유) 또는 60%(1년 이상 2년 미만 보유)의 높은 단일세율을 적용받게 된다.

예를 들어, 조합원입주권에 투자해 양도차익 1억원이 발생했다고 가정하자. 보유 기간이 1년이 경과되지 않은 상태에서 해당 조합원입주권을 양도하면, 그동안은 양도소득세 4000만원을 납부했다. 하지만 2021년 6월 1일 이후에는 양도소득세 7000만원을 납부해야 한다.

주택 · 조합원입주권 양도세율 인상

보유 기간	2021년 5월 31일 이전 양도	2021년 6월 1일 이후 양도
1년 미만	40%	70%
1년 이상~2년 미만	기본세율	60%
2년 이상		기본세율

조합원입주권 양도차익 1억원에 대한 양도세(기본공제 무시)

보유 기간	2021년 5월 31일 이전 양도	2021년 6월 1일 이후 양도
1년 미만	4000만원	7000만원
1년 이상~2년 미만	2000만원	6000만원
2년 이상		2000만원

또한, 보유 기간이 1년 이상 2년 미만인 상태에서 해당 조합원입주권을 양도하면 그동안은 대략 2000만원의 양도소득세를 부담했지만, 6월 1일 이후에는 6000만원의 양도소득세를 납부해야 한다. 세율을 인상한 후 세부담이 평균 2배 이상 증가한다.

2021년 6월 이후 분양권 양도세율은 최소 60%

주택분양권이란 「주택법」 등에 따른 주택에 대한 공급계약을 통해 주택을 공급받는 자로 선정된 지위(해당 지위를 매매 또는 증여 등의 방법으로 취득한 것을 포함)를 의미한다.

주택분양권을 양도한 경우에는 주택분양권이 양도일 현재 조정대상지역에 소재하고 있는지 여부에 따라 세율이 달리 적용됐다. 2021년 5월 31일까지는 주택분양권이 '비조정대상지역'에 소재하고 있는 경우에는 보유 기간에 따른 차등세율(보유 기간이 1년 미만인 경우에는 50%, 1년 이상 2년 미만인 경우에는 40%, 2년 이상인 경우에는 기본세율)이 적용됐고, 주택분양권이 '조정대상지역'에 소재하고 있는 경우에는 보유 기간과 상관없이 50%의 중과세율이 적용됐다.

하지만 2021년 6월 1일 이후 양도하는 주택분양권은 주택분양권이 양도일 현재 조정대상지역에 소재하고 있는지 여부와 무관하게 '무조건' 70%(1년 미만 보유) 또는 60%(1년 이상 보유)의 높은 단일세율이 적용된다. 6월 1일 이후로는 주택분양권을 양도한 경우 기본세율이 적용될 여지가 없다. 세율이 인상된 후 세부담은 평균 1.5배 이

주택분양권 양도세율 인상

보유 기간	2021년 5월 31일 이전 양도		2021년 6월 1일 이후 양도
	비조정대상지역	조정대상지역	지역 무관
1년 미만	50%	50%	70%
1년 이상~2년 미만	40%		60%
2년 이상	기본세율		

주택분양권 양도차익 1억원에 대한 양도세(기본공제 무시)

보유 기간	2021년 5월 31일 이전 양도		2021년 6월 1일 이후 양도
	비조정대상지역	조정대상지역	지역 무관
1년 미만	5000만원	5000만원	7000만원
1년 이상~2년 미만	4000만원		6000만원
2년 이상	2000만원		

상 증가했다.

다주택자가 양도일 현재 조정대상지역에 소재하고 있는 주택을 양도한 경우에는 중과세율이 적용된다. 중과세율은 기본세율에 법에서 정한 세율이 가산되어 적용되는 것을 의미한다.

중과대상주택에 대해서는 그동안 10%(2주택) 또는 20%(3주택 이상)의 세율이 가산되어 적용됐다. 하지만 2021년 6월 1일 이후 양도분부터는 20%(2주택) 또는 30%(3주택 이상)의 세율이 가산된다. 그래서 2주택자가 집을 팔면 26~65%, 3주택자가 집을 팔면 36~75%의 세율을 적용받게 된다.

예를 들어, 조정대상지역에 있는 중과대상주택을 양도해 1억원의 양도차익이 발생했다고 가정해보자. 이때 납부해야 할 양도소득세를 2주택 중과대상일 경우와 3주택 중과대상일 경우로 구분하여 비교해보면, 각각 세액이 1000만원가량 늘어난다. 세율 인상 전에 비해 양도차익의 10%를 추가로 더 납부해야 하는 것이다.

다주택자 양도세 중과세율 인상

구분	2021년 5월 31일 이전 양도	2021년 6월 1일 이후 양도
2주택	기본세율+10%	기본세율+20%
3주택 이상	기본세율+20%	기본세율+30%

중과대상주택 양도차익 1억원에 대한 양도세(기본공제 무시)

구분	2021년 5월 31일 이전 양도	2021년 6월 1일 이후 양도
2주택	3010만원	4010만원
3주택 이상	4010만원	5010만원

**양도세 폭탄을 피하는
네 가지 꿀팁** 양도세를 줄이는 첫 번째 방법은 주택과
조합원입주권을 단기양도(2년 미만)하지
않는 것이다. 그래야만 높은 단일세율(60~70%)이 적용되지 않고, 상
대적으로 낮은 기본세율(6~45%)을 적용받을 수 있다.

두 번째 방법은 주택분양권을 권리 상태에서 양도하지 않고 주택
이 완공된 이후 부동산으로서 양도하는 것이다. 권리 상태에서 양도
하면 조정대상지역 소재 여부에 관계없이 높은 단일세율(60~70%)이
적용되기 때문이다. 특히 해당 주택이 양도일 현재 비조정대상지역
에 있고 소유자가 2년 이상 보유했다면 기본세율을 적용받을 수 있
다. 만약 1세대 1주택 비과세 적용 대상자라면 양도소득세를 납부하
지 않아도 된다.

세 번째 방법은 보유 주택 현황을 명확히 파악하고 주택 처분 순
서를 잘 계획하는 것이다. 다주택자는 양도소득세가 중과되면 양도
차익의 50% 이상을 양도소득세로 납부해야 한다. 같은 주택이라도
처분 순서에 따라 중과 적용 여부가 달라질 수 있기 때문에 최선의
절세 전략이 무엇인지 정확하게 파악해야 한다.

네 번째 방법은 증여를 활용하는 것이다. 양도소득세는 양도차익
을 기준으로 세금이 부과되기 때문에, 배우자 등에게 증여해 취득가
액을 높이는 것이 절세의 방법이 될 수 있다. 증여재산은 증여일 현
재 시가로 평가해 취득가액이 되고, 증여재산공제를 활용해 증여세
부담도 최소화해 신고할 수 있다.

다만, 네 가지 방법의 사용은 취득가액 이월과세 적용 가능성 및
증여로 인한 취득세까지 고려해 종합적으로 판단해야 한다.

장기보유특별공제, 이렇게 바뀌었다!

집을 오래 가지고 있다가 팔면 세금을 깎아주는 제도가 있다. 양도차익에서 일정 금액을 공제해주는 '장기보유특별공제'가 그것이다. 그런데 2021년 장특공제율 관련 「세법」이 개정되며 집주인들의 간담이 서늘해졌다. 무슨 이유 때문일까?

주택 보유자의 세부담을 낮추는 장기보유특별공제

부동산의 특성상 오랜 기간 보유하면 시세가 올라 차익이 누적된다. 그런데 부동산을 양도할 때 세금을 누진세율로 한꺼번에 과세하면 세부담이 급증할 수 있다. 그렇기 때문에 장기보유특별공제를 적용하여 장기간 보유한 주택 보유자의 세부담을 낮춘다. 또한, 단기간의 투기를 억제하고, 부동산 시장을 안정화하려는 의미도 있다.

2021년에 「세법」이 개정되면서 장기보유특별공제에 어떤 변화가 있었는지 알아봤다. 일단, 기존에 있던 장기보유특별공제에 '거주 기간 요건'이 추가됐다는 점에 주목해야 한다. 1세대 1주택 고가주택(양도가액 9억원 초과 주택) 장기보유특별공제에 거주 기간 요건이 추가되면서 양도소득세 부담에 변화가 생겼다. 2021년부터 1세대 1주택자라고 할지라도 보유와 거주 기간에 따라 양도세를 다르게 공제받는다.

거주하지 않으면 장특공제율 반 토막

2020년 1월 1일을 기점으로 이후 양도분은 2년 이상 거주한 경우 최대 80%의 공제율을 적용했다. 그러나 2021년 1월 1일 이후 양도분은 연 8% 공제율(보유 기간 연 4%+거주 기간 연 4%)로 구분하여 계산한다. 2020년까지는 거주 여부와는 상관없이 보유 기간만 10년 이상이라면 양도

장기보유특별공제 변화

보유 기간			3년 이상 ~4년 미만	4년 이상 ~5년 미만	5년 이상 ~6년 미만	6년 이상 ~7년 미만
1주택자	~2020년	보유	24%	32%	40%	48%
	2021년~	보유	12%	16%	20%	24%
		거주	12%	16%	20%	24%
		합계	24%	32%	40%	48%
다주택자(2020년과 동일)			6%	8%	10%	12%

* 비조정지역의 다주택자인 경우 연 2%로 최대 15년 이상 30%, 조정지역의 다주택자인 경우 혜택 없음

소득세를 80%(1년당 8%) 공제받을 수 있었지만, 2021년부터는 거주 요건이 추가돼 보유 기간 1년당 4%와 거주 기간 1년에 4%씩 공제한다.

결론적으로 1세대 1주택자가 10년 이상 보유한 주택이라 하더라도 실제로 거주하지 않고 명의만 보유했다면, 장기보유특별공제가 2020년 공제율의 절반인 40%로 반 토막 나는 셈이다.

예를 들어 양도가액이 20억원이고 양도차익이 10억원인 주택을 10년 이상 보유한 1주택자 A씨와 B씨가 있다고 하자. A씨는 해당 주택에서 10년간 거주했고, B씨는 2년간 거주했다. 2020년까지는 A씨와 B씨 모두 2273만원으로 세금 부담액이 같았다. 하지만 2021부터 두 사람의 세부담은 달라졌다. 거주 요건이 추가되면서 B씨의 공제 혜택이 줄었으므로, B씨는 2020년보다 6560만원 오른 8833만원을 세금으로 납부해야 한다.

2주택 이상을 보유한 1세대가 1주택 외의 주택을 모두 양도하고

보유 기간			7년 이상 ~8년 미만	8년 이상 ~9년 미만	9년 이상 ~10년 미만	10년 이상
1주택자	~2020년	보유	56%	64%	72%	80%
	2021년~	보유	28%	32%	36%	40%
		거주	28%	32%	36%	40%
		합계	56%	64%	72%	80%
다주택자(2020년과 동일)			14%	16%	18%	20~30%

A 10년 보유, 10년 거주 / 양도차익 10억원 / B 10년 보유, 2년 거주

2273만원 · 2020년 양도세 · 2273만원

2273만원 · 2021년 양도세 · 8833만원

남은 1주택을 2021년 1월 1일 이후 양도하는 경우, 장기보유특별공제를 적용하기 위한 보유 및 거주 기간은 어떻게 산정될까?

국세청에 따르면 장기보유특별공제를 적용하기 위한 보유 기간은 처음 취득한 날부터 계산하며, 거주 기간은 취득일 이후 실제 거주한 기간에 따라 계산한다.

내 집,
자녀니까
싸게 판다고요?

가족 간에도 제3자와 다름없이 부동산을 양도했으면 양도소득세 신고를 해야 하고, 증여했으면 증여세 신고를 해야 한다. 특히 「세법」에서는 가족을 특수관계에 해당하는 사람으로 보기 때문에 더 조심해야 한다. 가족 간에 이뤄지는 부동산 거래에서 특히 유의해야 할 부분은 어떤 것이 있을까?

**가족 할인 과하면
세금 폭탄 맞는다** | 자녀에게 부동산을 주고 싶을 때 증여세 부담을 줄이는 방법으로 '저가 양도'를 택하는 경우가 많다. 이와 같은 가족 간 부동산 거래에서 가장 중요한 절세 포인트는 적정한 가격에 거래해야 한다는 것이다. 가족에게 부동산을 팔 때는 매매가와 시가의 차액이 시가의 5% 이내 혹은 3억원 미만이어야 한다. 해당 범위를 초과해 거래하게 되면, 서로 합의한 매매가격은 인정되지 않는다. 이 경우 조세 부담을 부당하게 감소시킨 것으로 보아 시가 (공시지가·공시가격)를 기준으로 다시 양도세를 계산해 부과한다.

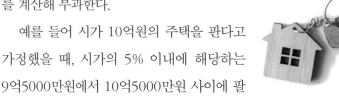

예를 들어 시가 10억원의 주택을 판다고 가정했을 때, 시가의 5% 이내에 해당하는 9억5000만원에서 10억5000만원 사이에 팔아야 조세 회피를 위한 위장 거래가 아닌 정상적인 매매로 인정받을 수 있는 것이다.

반대로 가족에게 부동산을 살 때는 어떨까? 이 경우 부동산 매매가가 시가의 30% 또는 3억원 범위의 정상가액을 벗어나면, 초과한 부분에 대해 증여세를 추가로 과세받게 된다. 시가 10억원의 주택은 7억원에서 13억원까지 정상 가격으로 간주된다. 그런데 만약 이 주택을 가족 간 거래로 6억원에 사게 됐다면 구매자는 차액인 1억원에 해당하는 금액에 대해 증여세를 납부해야 한다.

부동산 거래 규제가 강화됨에 따라 가족 간 부동산 거래가 늘고 있다. 하지만 가족 간이라고 해서 시가에 비해 턱없이 낮은 금액으로 거래했다간 세금 폭탄을 맞을 수 있다.

매매계약서·차용증 등 증빙 서류 구비하면 정상 거래로 인정

또 다른 절세 포인트는 가족 간 부동산 거래가 정상적인 거래임을 증명하는 증빙 서류를 준비하는 것이다. 매매계약서나 금융거래내역서 등 소득 증빙 서류를 가지고 정상적인 매매 행위임을 입증하면, 매매로 인정받을 수 있다.

현금 거래보다는 계좌이체를 통해 기록을 남겨두고, 가족에게 돈을 빌려 대금을 지급한 경우에는 차용증이나 공증을 받아두어야 세무조사에 대비할 수 있다. 또한 빌린 금액에 대해서는 매월 적정 금액의 이자도 지급해야 하며, 이자와 원금 납입 내역 서류를 챙겨두는 것이 좋다.

> 계좌이체로 거래 기록을 남기자!

가족 간 부동산 거래 시 주의사항

▶ 「세법」상 시가의 5%와 기준금액 3억원 중 적은 금액으로 거래

▶ 매매로 인정받기 위해서는 매매 거래 증빙 자료 준비

▶ 빌린 금액에 대해서는 적정 금액의 이자 지급

양도세
너무 많이 나왔다면
나눠내자!

부동산을 팔고 나서 양도차익이 있다면 양도소득세를 신고하고 납부해야 한다. 다주택자는 물론 1세대 1주택자도 양도가액이 9억원이 넘으면 초과분에 대한 양도차익에 대한 양도세를 부담해야 한다. 그런데 양도세는 꼭 한 번에 다 내야 하는 걸까?

**양도세가
1000만원 이상이면
분납 요건 성립**

요즘 집값이 워낙 많이 뛰고, 조정대상지역 주택을 보유했거나 다주택인 경우 세율이 중과되어 양도세가 상당한 부담이 된다. 실제로 양도세가 수천만원에서 수억원인 경우도 적지 않다. 이런 경우 세금을 한 번에 납부하기 힘들 수도 있다. 이때 양도세 분할납부 제도를 활용하면 자금 부담을 조금이나마 덜 수 있다.

양도세 분할납부는 납부 기한이 지난 후 2개월 이내에 세금을 나눠낼 수 있도록 하는 제도다. 무조건 활용할 수 있는 것은 아니고, 납부할 양도세가 1000만원이 넘는 경우에만 이용할 수 있다.

그중에서도 납부할 세액이 2000만원 이하인 경우에는 1000만원을 초과한 세액을 납기 후 2개월 이내에 나눠낼 수 있다. 납부할 세액이 2000만원 초과인 경우에는 전체 납부할 세액의 절반 이하를 2개월 이내로 나눠낼 수 있다.

예를 들어 내야 할 양도세액이 1800만원이라면 1000만원은 기한 내에 납부하고, 800만원은 기한 후 2개월 안에만 내면 된다는 뜻이다. 또 만약, 양도세액이 1억원이라면 절반인 5000만원은 기한 내에 내고, 나머지 5000만원은 2개월 이내에 나눠낼 수 있는 것이다.

기한 내 신고, 납부할 때만 분할납부 신청 가능

양도세는 양도일(잔금일)이 속한 달의 말일부터 2개월 이내에 신고해야 한다. 예컨대 집을 팔고 9월 15일에 잔금까지 다 받았다면, 11월 30일까지 신고, 납부해야 한다.

이 경우라면 1000만원 또는 전체 세액의 절반은 11월 30일까지 내고, 나머지 잔액은 2개월 뒤인 다음 해 1월 31일까지 납부할 수 있게 된다. 분할납부 기한이 신고·납부 기한 후 2개월이기 때문에, 분할납부를 하려면 우선 기한 내에 양도세를 신고, 납부하는 것이 중요하다.

만약 양도세를 기한 내에 신고, 납부하지 않으면 세무서에서 직접 세금을 계산해 고지하게 되고, 그러면 무신고가산세(최대 40%)와 납부지연가산세(1일당 0.025%)를 추가로 부담하게 된다.

양도세는 1년 치 양도차익에 대해서 부담하는 세금이다. 각각의 개별 부동산 양도 건의 양도차익에 대해 양도세를 신고, 납부(예정신고)하고, 1년간 여러 건의 양도거래가 있는 경우에는 통산해서 다음 해 5월에 신고, 납부(확정신고)한다. 분할납부는 예정신고와 확정신고 모두에서 가능하다.

이밖에도 종합부동산세와 재산세는 세액이 250만원을 초과하는 경우면 분할납부가 가능하다. 세액이 500만원 이하면 250만원 초과액을 분할납부할 수 있고, 세액이 500만원을 초과하면 전체 납부세액의 50%를 분납할 수 있다. 특히 종부세는 분납 가능 기간도 납부 기한 후 6개월로 긴 편이다. 재산세 분납 가능 기간은 납부 기한 후 2개월이다. 단, 부동산세 가운데 취득세는 분할납부가 불가하다.

세금별 분할납부

세목	신고 · 납부 기간	분납 가능 기간	분납 가능 세액
양도소득세	건별 예정신고	신고 기한 후 2개월	- 1000만원 초과 시 분납 가능 - 2000만원 이하는 1000만원 초과액 - 2000만원 초과는 납부할 세액의 50%
	5월 (1~31일) 확정신고		
종합부동산세	12월(1~15일)	납부 기한 후 6개월	- 250만원 초과 시 분납 가능 - 500만원 이하는 250만원 초과액 - 500만원 초과는 납부할 세액의 50%
재산세	7월 (16~31일), 9월 (16~30일)	납부 기한 후 2개월	
취득세	분할납부 제도 없음(납부해야 등기 가능)		

147

집을 팔 때 기억해야 할 날짜, 6월 1일

집을 팔려는 사람이라면 '6월 1일'을 잊어서는 안 된다. 바로 재산세 과세기준일이기 때문이다. 이날 집을 소유한 사람은 7월과 9월에 재산세를 절반씩 나눠서 내야 하며, 고가주택을 갖고 있다면 12월에 종합부동산세까지 내야 한다. 하루 차이로 수십만원에서 수백만원에 이르는 보유세를 내야 하는 상황이 생길 수도 있기 때문에 계약할 때 잔금 날짜를 꼼꼼하게 따져볼 필요가 있다.

과세기준일 기점으로 재산세 납부 대상자 결정

만약 아파트를 5월에 팔았다면 그해에는 재산세는 낼 필요가 없다. 잔금을 5월 31일에 받았더라도 재산세 고지서가 나오지 않는다. 집을 산 사람이 재산세를 내게 된다.

6월 1일에 매매가 이뤄진 경우에도 집을 산 사람이 재산세를 낸다. 기존의 집주인은 재산세 과세 대상에서 벗어날 수 있고, 새 집주인이 세금을 내는 것이다.

6월 2일에 집을 판다면 종전주택 보유자는 그해 재산세를 내야 한다. 과세기준일인 6월 1일 현재 집을 소유했기 때문이다. 반면, 6월 말에 집을 산 사람은 그해 재산세를 내지 않는다.

과세기준일은 잔금지급일과 등기접수일 중 빠른 날짜를 기준으로 결정된다. 집을 사는 사람이 6월 1일에 잔금을 치르고 6월 2일에 등기를 했다면 재산세 고지서를 받게 된다.

재산세 납부 대상자

매매 날짜	파는 사람	사는 사람
5월 31일	×	○
6월 1일	×	○
6월 2일	○	×

※ 과세 대상 재산 : 토지, 주택, 건축물, 선박, 항공기

종부세 과세 대상도 6월 1일 기준으로 선별

종합부동산세도 재산세와 똑같은 과세기준일을 적용한다. 국세청이 재산세를 납부하는 집주인들 가운데 고가주택을 보유한 과세 대상자를 선별해 12월에 고지서를 보낸다.

주택 한 채만 보유한 사람은 공시가격 11억원을 넘은 경우 종부세 과세 대상자가 되며, 1세대 2주택 이상인 경우에는 공시가격 합계가 6억원을 넘으면 과세 대상이다.

재산세와 종부세는 금융기관에 직접 납부하거나, 계좌이체, 신용카드 등을 통해서 낼 수 있다. PC나 태블릿, 스마트폰에서도 편리하게 전자납부가 가능하다. 재산세는 전국 지방세 신고납부 서비스인 '위택스'로 납부하면 되고, 종부세는 국세청 '홈택스(PC 홈페이지)'나 '손택스(모바일앱)'를 통해 간편하게 납부할 수 있다.

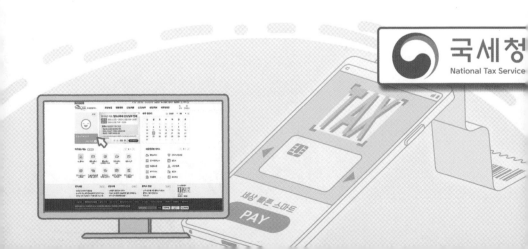

서울 인기 아파트 팔면 양도세 얼마나 낼까? 上

― 강남구에서 도봉구까지

우리 동네에서 가장 인기가 많은 아파트는 어디일까? 저기 길 건너 편에 보이는 아파트는 얼마나 올랐을까? 5년 전에 산 아파트를 지금 판다면 양도소득세는 얼마 정도 내야 할까? 서울 10개구(강남·강동· 강북·강서·관악·광진·구로·노원·도봉구)에서 가장 많이 거래된 아파 트 100곳의 실거래가·양도세 예상액을 통해 질문들의 해답을 구해 봤다.

강남구 타워팰리스2차 1주택자 양도세는 4.8억원

서울 25개구 가운데 가나다 순으로 가장 첫 번째인 '강남구'부터 살펴보겠다. 국토교통부 실거래가 공개시스템을 통해 2021년 1월 1일부터 6월 30일까지 강남구 아파트 거래현황을 분석해보면, 거래건수 1위 아파트는 자곡동 엘에이치강남아이파크다.

상반기에만 무려 144건이 거래됐다. 2014년부터 입주한 한국토지주택공사(LH)의 10년 공공임대아파트인데, 조기 분양 전환으로 인해 폭발적인 거래건수를 기록했다. 이 아파트는 5년 전 실거래가격이 없기 때문에 양도소득세는 따로 계산하지 않았다.

강남구에서 두 번째로 많이 팔린 아파트는 도곡동 타워팰리스다. 2002년부터 입주한 주상복합 아파트로, 여전히 부자들이 많이 살고 있다. 타워팰리스1~3차 건물이 마치 하늘을 찌를 듯한 위용을 뽐내고 있다.

상반기에는 타워팰리스1차가 30건 거래됐고, 2차 20건, 3차 12건이 거래됐다. 모두 합치면 62건이다. 2021년 6월 타워팰리스 2차(244.04㎡)가 최고 실거래가 68억원을 기록하며 거래됐다.

2016년에는 47억원에 거래됐으니, 5년 만에 거래가가 21억원 올랐고 상승률로 따지면 45%가 오른 셈이다. 이 아파트를 5년 전에 샀다가 판다면 양도소득세는 얼마나 나올까?

AI 부동산 세금 계산기 '양도리'로 양도소득세를 계산해보면, 타워팰리스를 취득한 1주택자가 실제로 거주한 경우 4억8447만원의 양도세가 과세된다. 양도가액 9억원 이하는 비과세로 계산하고 장기보유특별공제까지 적용했기 때문에 그나마 세금이 줄어든 것이다.

서울이나 수도권 등 조정대상지역에 주택 한 채를 더 보유한 2주택자는 양도세가 14억4427만원으로 급격히 뛰어오른다. 중과세율 20%포인트가 적용되기 때문이다.

조정대상지역에서 3주택 이상 보유한 경우에는 중과세율 30%포인트가 적용된다. 그래서 양도세가 16억7499만원까지 올라간다. 양도세를 낼 때 지방자치단체에 따로 납부하는 지방소득세(10%)까지 감안하면 세금만 총 18억4249만원이다. 양도차익이 21억원인데, 세금이 그중 80%를 차지하는 셈이다.

> 5년 거주한 도곡동 타워팰리스 팔 때
> 다주택자는 중과세율 30% 적용받아
> 양도세로 16억7000만원 납부

강동·강북·강서 아파트의 실거래가는 5년 사이 최대 2배까지 상승

다음으로 살펴볼 곳은 강동구다. 강동구에서 상반기 거래건수 1위를 차지한 아파트는 암사동 선사현대였다.

이 아파트는 2000년부터 입주를 시작했고 2938세대의 대단지로 이루어져 있다. 상반기에만 총 40건 거래됐고, 최고 실거래가는 14억4500만원($82.94m^2$)이었다. 2016년 최고 실거래가는 6억3000만원이었는데, 5년 만에 2배가 넘는 129%의 상승률을 기록했다.

암사동 선사현대를 5년 전에 사서 거주하다가 팔 경우, 1주택자는 5470만원의 양도세를 내게 된다. 양도가액 9억원 이하는 비과세로 계산하고

장기보유특별공제를 적용한 결과다.

다주택자는 양도세가 확 늘어난다. 서울이나 수도권 등 조정대상지역에 주택을 한 채 더 보유한 2주택자는 양도세로 5억1518만원을 내야 한다. 2021년 7월부터 더 강화된 중과세율 20%포인트를 적용하기 때문에, 1주택자보다 10배 많은 양도세를 내는 것이다.

3주택자인 경우에는 양도세가 6억456만원으로 더 늘어난다. 중과세율 30%포인트를 적용하기 때문이다. 여기에 지방소득세 10%까지 추가로 붙는 점을 감안하면, 6억6501만원의 세금을 내는 셈이다. 양도차익이 8억1500만원인데, 세금을 다 내고 나면 1억5000만원 정도만 남는다.

강북구에서 가장 많이 팔린 아파트는 미아동 SK북한산시티였다. 2020년에도 1년 동안 396건이 거래되며 서울 전체 아파트 가운데 거래건수 1위를 기록했다. 2021년 상반기에는 정확히 100건 거래됐다. 최고 거래가격은 9억4200만원(114.85㎡)이었다. 2016년 최고 거래가격이 4억7000만원이었으니, 5년 만에 딱 2배 올랐다.

5년 전에 SK북한산시티를 취득한 1주택자가 실제로 거주하면서 보유했다면, 양도세는 66만원만 내면 된다. 조정대상지역에 집을 한 채 더 가진 2주택자는 양도세로 2억8193만원을 내고, 3주택 이상 보유한 경우 중과세율 30%포인트를 적용해서 3억3357만원을 내야 한다.

강서구에서 가장 많이 팔린 아파트는 마곡동 마곡엠밸리였다. 2014년부터 입주를 시작한 마곡지구의 대표 아파트로, 1단지부터 15단지까지 모두 합쳐 67건이 거래됐다. 최고 거래가격은 7단지에서 나왔다. 전용면적 114.91㎡의 실거래가는 17억3500만원이었다. 2016년에 최고 9억7500만원에 거래된 점을 감안하면 5년 만에 7억 6000만원 오른 셈이며, 상승률은 78%이다.

마곡엠밸리를 취득한 1주택자가 5년 보유, 거주할 경우 양도세로 6934만원을 내야 한다. 2주택자가 내야 할 양도세는 4억7767만원, 3주택자의 양도세는 5억6100만원까지 치솟게 된다. 집값이 7억원 올랐고, 그중 5억원을 세금으로 내야 하는 것이다.

2021년 상반기 실거래가 상승률 1위는 도봉구 주공17단지

관악구에서는 봉천동 벽산블루밍이 50건으로 거래건수 1위를 차지했다. 2005년 입주를 시작한 2105세대의 대단지 아파트이며, 2021년 6월 전용면적 114.97㎡의 거래가격이 11억5500만원을 기록했다. 2016년에는 5억4500만원이 최고 실거래가였는데, 5년 만에 2배를 훌쩍 넘어 112%의 상승률을 보였다.

1주택자가 이 아파트를 판다면 1493만원의 양도세를 내게 된다. 2주택자와 3주택자는 각각 3억7537만원과 4억4220만원의 양도세를 내는 것으로 계산됐다.

광진구에서는 자양동 우성아파트가 돋보였다. 1차부터 7차까지 모두 합치면 27건 거래됐다. 이어 구의동 현대프라임 26건, 자양동 더샵스타시티 22건 순이었다. 자양동 우성3차의 최고 실거래가는 14억8000만원(84.91㎡)이었다. 5년 전 거래가격은 7억원으로, 당시 거래가의 2배하고도 8000만원을 넘기는 금액이다. 1주택자는 양도세로 5427만원을 내게 되고, 조정대상지역 2주택자는 4억9131만원, 3주택자는 5억7684만원의 양도세를 내는 것으로 계산됐다.

구로구에서는 개봉동 현대아파트가 52건으로 1위에 올랐다. 전용면적 114.99㎡의 아파트가 2021년 4월 정확히 10억원에 거래됐고, 5월에는 9억9000만원에 팔렸다. 이 아파트의 5년 전 거래가는 5억4900만원이었다. 거래가격의 상승률은 82% 수준이다.

1주택자인 경우 양도세는 286만원으로 미미한 수준이지만, 2주택자의 양도세는 2억6807만원, 3주택자는 3억1740만원으로 급격히 오르게 된다.

금천구에서는 시흥동 관악산벽산타운5단지가 가장 많이 거래됐다. 관악산 바로 아래에 있는 2810세대의 대단지 아파트다. 상반기 거래건수는 83건으로 2위인 독산동 금천롯데캐슬 골드파크(1~3차)보다 25건 더 많았다. 관악산벽산타운5단지의 상반기 최고 거래가격은 7억5650만원으로, 5년 전보다 58% 올랐다.

1주택자인 경우 양도가액 9억원 이하 비과세 혜택을 받아 양도세를 내지 않는다. 2주택자인 경우 양도세는 1억5347만원, 3주택자는 1억8361만원을 낼 것으로 예상된다.

노원구에서는 중계동 중계그린1단지가 79건으로 가장 인기가 많았다. 전용면적 59.22㎡의 최고 거래가격은 7억5000만원이었다. 5년 전 거래가격이 3억4000만원이었으니 상승률이 121%에 달하는 셈이다.

이 아파트의 1주택자 역시 비과세 요건을 충족하면 양도세를 내지 않는다. 하지만 다주택자는 4억원이 넘는 양도차익 때문에 양도세 부담이 커졌다. 2주택자는 2억4101만원의 양도세를 내고, 3주택자는 2억8583만원을 낼 전망이다.

도봉구에서는 창동 주공17단지가 1위였다. 상반기 거래건수 65건으로 방학동 신동아1단지를 1건 차이로 제쳤다. 재건축과 교통 호재가 맞물리면서 놀라운 가격 상승세를 보이고 있다.

이 아파트의 실거래가는 5년 전 2억4300만원(전용면적 49.94㎡ 기준)에서 2021년 상반기 6억6700만원으로 크게 올랐다. 상승률이 무려 174%에 달한다. 양도세는 2주택자가 2억5025만원, 3주택자가 2억9661만원을 내는 것으로 계산됐다.

2021년 상반기 서울 10개 구별(강남~도봉구) 거래건수 1위 아파트

(단위 : 건)

구분	동	단지명	거래건수
강남구	자곡동	엘에이치강남아이파크	144
강북구	미아동	SK북한산시티	100
금천구	시흥동	관악산벽산타운5단지	83
노원구	중계동	중계그린1단지	79
강서구	마곡동	마곡엠밸리(1~15단지)	67
도봉구	창동	주공17단지	65
구로구	개봉동	현대	52
관악구	봉천동	벽산블루밍	50
강동구	암사동	선사현대	40
광진구	자양동	우성(1~7차)	27

※ 자료 : 국토교통부 실거래가 공개시스템, 양도리 AI 부동산 세금 계산기

SELL

2021년 상반기 서울 10개 구별 거래량 1위 아파트의 양도세

(단위 : 만원)

구·동 단지명	전용면적(㎡)	거래건수	최고 실거래가 2016년	최고 실거래가 2021년	실거래가 상승률	1주택자 5년 보유·거주	다주택자 중과세율 20%	다주택자 중과세율 30%
강남구 도곡동 타워팰리스	244.04	62건	47억	68억	45%	4억 8447	14억 4427	16억 7499
강동구 암사동 선사현대	82.94	40건	6억 3000	14억 4500	129%	5470	5억 1518	6억 456
강북구 미아동 SK북한산시티	114.85	100건	4억 7000	9억 4200	100%	66	2억 8193	3억 3357
강서구 마곡동 마곡엠밸리(1~15단지)	114.91	67건	9억 7500	17억 3500	78%	6934	4억 7767	5억 6100
관악구 봉천동 벽산블루밍	114.97	50건	5억 4500	11억 5500	112%	1493	3억 7537	4억 4220
광진구 자양동 우성(1~7차)	84.91	27건	7억	14억 8000	111%	5427	4억 9131	5억 7684
구로구 개봉동 현대	114.99	52건	5억 4900	10억	82%	286	2억 6807	3억 1740
금천구 시흥동 관악산벽산타운5단지	114.84	83건	4억 8000	7억 5650	58%	0	1억 5347	1억 8361
노원구 중계동 중계그린1단지	59.22	79건	3억 4000	7억 5000	121%	0	2억 4101	2억 8583
도봉구 창동 주공17단지	49.94	65건	2억 4300	6억 6700	174%	0	2억 5025	2억 9661

※ 실거래가는 2016년, 2021년 연중 최고가 적용
자료 : 국토교통부 실거래가 공개시스템, 양도리 AI 부동산 세금 계산기

158

2021년 상반기 서울 10개 구별 실거래가 상승률 1위 아파트

(단위 : 만원)

구 · 동 단지명	전용면적	최고 실거래가		실거래가 상승률
		2016년	2021년	
도봉구 창동 주공17단지	49.94㎡	2억4300	6억6700	174%
노원구 중계동 주공5	84.79㎡	4억9000	13억	165%
광진구 자양동 로얄동아	114.28㎡	6억8500	17억9000	161%
관악구 봉천동 현대(관악)	123.29㎡	5억1800	12억5000	141%
강동구 고덕동 고덕래미안 힐스테이트	97.26㎡	8억100	18억9000	136%
구로구 신도림동 대림(1~3차)	134.99㎡	6억5000	14억5500	124%
강서구 가양동 강변	49.5㎡	3억7300	8억2000	120%
강북구 번동 주공1단지	79.07㎡	3억7000	7억7700	110%
강남구 수서동 까치마을	49.5㎡	6억7200	14억	108%
금천구 가산동 두산	134.95㎡	4억9000	10억	104%

※ 실거래가는 2016년, 2021년 연중 최고가 적용

   자료 : 국토교통부 실거래가 공개시스템, 양도리 AI 부동산 세금 계산기

2021년 상반기 거래량 상위 아파트 가격 및 양도세 분석
(서울 강남~도봉구, 가나다순)

(단위 : 만원)

구분	동	단지명	거래건수	전용면적(㎡)	최고 실거래가		실거래가 상승률	양도소득세 예상액		
					2016년	2021년		1주택자 5년 보유·거주	다주택자 중과세율 20%	중과세율 30%
강남구	도곡동	타워팰리스(1~3차)	62	244.04	470,000	680,000	45%	48,447	144,427	167,499
	압구정동	현대	51	245.2	430,000	800,000	86%	91,859	258,827	299,499
	수서동	까치마을	39	49.5	67,200	140,000	108%	4,282	45,585	53,565
	대치동	은마	33	84.43	142,000	260,000	83%	17,464	78,647	91,599
	수서동	신동아	33	49.96	70,000	126,500	81%	2,030	34,468	40,656
	도곡동	도곡렉슬	29	134.9	206,000	383,000	86%	33,525	120,832	140,274
	개포동	성원대치2단지	28	49.86	75,000	153,000	104%	5,816	49,131	57,684
	압구정동	한양	24	208.65	305,000	527,000	73%	49,006	153,007	177,399
	도곡동	아카데미스위트1	22	122.07	119,500	185,000	55%	6,197	40,606	47,784
	수서동	삼성	19	84.97	98,500	190,000	93%	9,839	58,338	68,376
강동구	암사동	선사현대	40	82.94	63,000	144,500	129%	5,470	51,518	60,456
	고덕동	고덕그라시움	38	175.29	X	400,000	X	X	X	X
	암사동	롯데캐슬퍼스트	37	133.97	89,900	200,000	122%	13,082	72,998	85,082
	명일동	삼익그린2차	33	107.56	84,500	175,000	107%	8,785	57,656	67,584
	강일동	강일리버파크(1~10단지)	29	114.81	65,000	135,000	108%	3,654	43,675	51,348
	상일동	고덕아르테온	26	114.86	X	210,000	X	X	X	X
	고덕동	고덕래미안힐스테이트	25	97.26	80,100	189,000	136%	12,155	72,140	84,092
	명일동	명일엘지	24	84.9	48,900	115,000	135%	1,635	41,015	48,259
	천호동	래미안강동팰리스	22	84.97	X	174,000	X	X	X	X
	길동	길동우성	21	84.75	48,900	107,500	120%	870	35,900	42,319
강북구	미아동	SK북한산시티	100	114.85	47,000	94,200	100%	66	28,193	33,357
	번동	주공1단지	48	79.07	37,000	77,700	110%	0	23,903	28,352
	미아동	두산위브트레지움	38	114.88	59,300	120,500	103%	1,843	37,673	44,378
	미아동	벽산라이브파크	33	114.68	45,000	84,000	87%	0	22,781	27,043
	미아동	삼각산아이원	32	114.88	51,000	97,000	90%	168	27,401	32,433
	수유동	수유벽산1차	20	122.58	42,000	82,000	95%	0	23,441	27,813
	번동	주공4단지	19	84.79	36,900	72,000	95%	0	20,207	24,040
	미아동	래미안트리베라1단지	12	84.97	52,500	101,000	92%	362	29,051	34,358
	미아동	미아한일유앤아이	11	129.78	45,000	89,900	100%	0	26,675	31,586
	번동	해모로아파트	11	127.25	44,500	85,000	91%	0	23,771	28,198
강서구	마곡동	마곡엠밸리(1~15단지)	67	114.91	97,500	173,500	78%	6,934	47,767	56,100
	내발산동	마곡수명산파크(1~7단지)	64	84.53	60,000	116,000	93%	1,347	34,127	40,260
	가양동	가양6단지	49	58.65	45,000	90,400	101%	0	27,005	31,971

구분	동	단지명	거래 건수	전용 면적 (㎡)	최고 실거래가		실거래가 상승률	양도소득세 예상액		
					2016년	2021년		1주택자	다주택자	
								5년 보유·거주	중과세율 20%	중과세율 30%
	가양동	강변	48	49.5	37,300	82,000	120%	0	26,543	31,432
	방화동	방화5단지	42	49.77	37,200	67,500	81%	0	17,039	20,344
	가양동	가양2단지(성지)	39	49.56	39,000	84,500	117%	0	27,071	32,048
	방화동	방화그린	37	49.77	33,000	57,500	74%	0	13,337	16,005
	등촌동	주공5단지	35	58.14	43,000	82,500	92%	0	23,111	27,428
	등촌동	주공3단지	33	58.14	45,500	89,000	96%	0	25,751	30,508
	마곡동	마곡13단지 힐스테이트마스터	33	84.98	×	149,000	×	×	×	×
관악구	봉천동	벽산블루밍	50	114.97	54,500	115,500	112%	1,493	37,537	44,220
	봉천동	두산	46	114.99	67,800	130,000	92%	2,685	38,355	45,170
	신림동	관악산휴먼시아 (1~2단지)	46	114.7	58,000	100,000	72%	255	24,761	29,353
	봉천동	관악드림 (동아, 삼성)	41	114.75	57,000	123,000	116%	2,355	40,947	48,180
	봉천동	관악푸르지오	41	84.2	52,300	113,500	117%	1,366	37,673	44,378
	신림동	삼성산주공 (주공3단지)	30	113.31	44,500	81,000	82%	0	21,131	25,118
	신림동	신림현대	30	119.49	53,000	97,000	83%	154	26,081	30,893
	봉천동	현대(관악)	24	123.29	51,800	125,000	141%	2,999	45,857	53,882
	봉천동	봉천우성	21	114.78	53,000	112,000	111%	1,195	36,173	42,636
	신림동	신림푸르지오	19	138.74	69,000	119,500	73%	1,334	30,376	35,904
광진구	자양동	우성(1~7차)	27	84.91	70,000	148,000	111%	5,427	49,131	57,684
	구의동	현대프라임	26	126.66	108,000	219,000	103%	14,357	73,642	85,824
	자양동	더샵스타시티	22	177.97	162,500	262,000	61%	14,340	63,794	74,712
	광장동	청구	12	84.86	63,800	151,000	137%	6,596	55,405	64,970
	광장동	현대파크빌	11	84.81	82,500	169,000	105%	7,902	54,928	64,416
	광장동	현대8단지	11	84.92	75,000	160,000	113%	7,088	53,905	63,228
	구의동	래미안파크스위트	11	84.98	×	149,500	×	×	×	×
	자양동	로얄동아	11	114.28	68,500	179,000	161%	11,600	73,284	85,412
	자양동	이튼타워리버 (1~5차)	11	128.39	103,000	195,000	89%	10,185	58,679	68,772
	광장동	워커힐	10	196	174,000	243,000	40%	8,657	42,993	50,556
구로구	개봉동	현대	52	114.99	54,900	100,000	82%	286	26,807	31,740
	구로동	주공(1~2차)	51	84.16	45,700	101,500	122%	465	33,991	40,101
	개봉동	한진	45	84.96	39,300	74,300	89%	0	20,141	23,963
	구로동	구로두산	45	84.9	42,000	81,500	94%	0	23,111	27,428
	개봉동	한마을	35	149.97	55,300	110,000	99%	935	33,240	39,230
	신도림동	대림(1~3차)	29	134.99	65,000	145,500	124%	5,462	50,836	59,664
	온수동	온수힐스테이트	28	162.03	76,000	115,000	51%	702	22,781	27,043
	구로동	구일우성	26	114.47	54,200	91,500	69%	7	21,659	25,734

구분	동	단지명	거래건수	전용면적(㎡)	최고 실거래가		실거래가 상승률	양도소득세 예상액		
					2016년	2021년		1주택자 5년 보유·거주	다주택자 중과세율 20%	다주택자 중과세율 30%
	신도림동	대림e-편한세상(4~7차)	26	161.63	123,000	205,000	67%	9,298	51,859	60,852
	신도림동	동아(1~3차)	26	169.19	72,000	148,000	106%	5,231	47,767	56,100
	시흥동	관악산벽산타운5	83	114.84	48,000	75,650	58%	0	15,347	18,361
	독산동	금천롯데캐슬골드파크(1~3차)	58	101.83	✕	147,500	✕	✕	✕	✕
	시흥동	벽산	40	114.84	39,500	67,500	71%	0	15,570	18,623
	독산동	독산주공14단지	34	59.22	30,500	60,000	97%	0	16,527	19,745
금천구	시흥동	남서울힐스테이트	28	113.32	61,500	122,000	98%	1,930	37,196	43,824
	가산동	두산	25	134.95	49,000	100,000	104%	344	30,717	36,300
	시흥동	남서울건영2차	18	84.82	34,500	69,500	101%	0	20,141	23,963
	독산동	금천현대	16	84.83	38,500	75,700	97%	0	21,593	25,657
	시흥동	삼익	16	84.96	38,500	69,000	79%	0	17,171	20,498
	독산동	신도브래뉴	10	116.29	46,500	83,500	80%	0	21,461	25,503
	중계동	중계그린1단지	79	59.22	34,000	75,000	121%	0	24,101	28,583
	월계동	주공2단지	73	84.81	35,000	78,500	124%	0	25,751	30,508
	공릉동	태강	68	59.34	32,400	68,500	111%	0	20,867	24,810
	상계동	벽산	60	84.89	38,500	70,000	82%	0	17,831	21,268
노원구	상계동	상계주공9(고층)	58	79.07	45,250	92,000	103%	23	27,896	33,011
	상계동	상계주공16(고층)	56	79.07	38,700	90,000	133%	0	30,922	36,537
	중계동	중계무지개	55	59.26	31,000	75,000	142%	0	26,081	30,893
	중계동	주공5단지	54	84.79	49,000	130,000	165%	4,021	51,177	60,060
	중계동	주공2단지	50	44.52	21,000	55,000	162%	0	19,481	23,193
	상계동	보람1단지	43	79.25	35,500	85,000	139%	0	29,711	35,128
	창동	주공17단지	65	49.94	24,300	66,700	174%	0	25,025	29,661
	방학동	신동아1단지	64	112.49	42,800	77,700	82%	0	20,075	23,886
	도봉동	한신	62	84.94	35,900	70,500	96%	0	19,877	23,655
	도봉동	서원	58	59.51	26,500	52,000	96%	0	13,975	16,753
	쌍문동	한양2	56	84.9	31,600	63,000	99%	0	17,765	21,191
도봉구	창동	주공4단지	49	49.94	28,500	70,000	146%	0	24,431	28,968
	쌍문동	삼익세라믹	42	79.98	36,600	70,000	91%	0	19,085	22,731
	창동	주공3단지(해등마을)	37	79.07	44,800	102,750	129%	551	35,457	41,804
	창동	대우	22	84.88	39,700	75,700	91%	0	20,801	24,733
	창동	삼성래미안	22	84.87	44,300	95,000	114%	104	30,512	36,062

※ 실거래가는 2016년, 2021년 연중 최고가 적용

자료 : 국토교통부 실거래가 공개시스템, 양도리 AI 부동산 세금 계산기

서울 인기 아파트 팔면
양도세 얼마나 낼까? 下
— 동대문구에서 중랑구까지

서울 15개구(동대문·동작·마포·서대문·서초·성동·성북·송파·양천·
영등포·용산·은평·종로·중·중랑구)의 최다 거래 아파트를 통해 2021년
상반기 최고가를 기록한 아파트는 어디인지, 양도세는 얼마인지 정리
해봤다.

서초구 거래건수 1위 반포자이의 최고 거래가격은 52억원 | 국토교통부 실거래가 공개시스템을 통해 2021년 1월 1일부터 6월 30일 까지 아파트 거래현황을 분석한 결과,

서울 동대문구에서 상반기에 가장 많이 팔린 아파트는 장안동 장안 현대홈타운(37건)이었다.

동작구에서는 노량진동 신동아리버파크가 31건으로 1위에 올랐 고, 마포구에서는 성산동 성산시영이 60건으로 거래가 가장 많았다. 서대문구는 남가좌동 DMC파크뷰자이(1~5단지)가 49건으로 1위였 고, 서초구는 반포동 반포자이가 45건으로 가장 인기가 많았다.

성동구에서는 행당동 한진타운 44건, 성북구에서는 돈암동 한진 65건, 송파구에서는 가락동 헬리오시티 111건, 양천구에서는 신정동 목동신시가지(8~14단지) 179건, 영등포구에서는 여의도동 시범 29건, 용산구에서는 이촌동 한가람 31건이 거래되면서 각각 1위에 올랐다.

은평구에서는 응암동 백련산힐스테이트(1~4차) 54건, 종로구에 서는 창신동 창신쌍용(1~2단지) 36건, 중구에서는 신당동 남산타운 40건, 중랑구에서는 신내동 신내6단지(대주)와 신내9단지(진흥)가 나 란히 55건으로 가장 거래가 많았다.

그렇다면 거래건수 1위 아파트들의 2021년 상반기 최고 거래가 격은 얼마일까? 서초구 반포자이는 52억원, 영등포구 시범은 29억 8000만원, 송파구 헬리오시티는 26억원, 양천구 목동신시가지 (8~14단지)는 25억5000만원, 용산구 한가람은 22억5000만원을 기 록했다.

10억원대 아파트의 최고 거래가격은 다음과 같다. 서대문구 DMC 파크뷰자이는 17억4000만원, 중구 남산타운은 16억2000만원, 성

동구 한진타운은 15억4000만원, 동작구 신동아리버파크는 13억 3000만원, 마포구 성산시영은 13억원, 동대문구 장안현대홈타운은 12억9000만원, 은평구 백련산힐스테이트는 12억2000만원, 성북구 한진은 10억8000만원을 기록했다. 또한 종로구 창신쌍용의 최고 거래가격은 9억8500만원, 중랑구 신내6단지(대주)의 최고 거래가격은 7억1000만원이었다.

양도소득세가 가장 높은 곳은 서초구 반포주공1단지

서울 15개구에서 거래량이 많은 아파트를 10개씩 선정한 다음, 2021년 상반기 최고 실거래가와 5년 전 거래가를 비교하여 양도세 상승률을 살펴봤다.

2016년과 대비하여 실거래가가 가장 많이 오른 곳은 서대문구 남가좌동 DMC파크뷰자이(120㎡)다. 무려 173%의 상승률을 기록했다. 5년간 은평구 진관동 은평뉴타운 제각말 푸르지오(134.19㎡)는 상승률 159%, 동대문구 청량리동 미주(170.31㎡)와 마포구 염리동 상록(58.71㎡)이 각각 150%의 상승률을 나타냈다. 이어 영등포구 영등포동 영등포푸르지오(79.77㎡)가 145%, 마포구 성산동 성산시영(59.43㎡)이 143%, 송파구 가락동 가락쌍용1차(84.69㎡)가 140%의 상승률을 보여줬다.

5년 전 취득한 아파트를 팔 경우 양도소득세를 가장 많이 내는 곳은 서초구 반포동 반포주공1단지(140.13㎡)다. 이 아파트의 1주택자는 거주 요건을 충족하더라도 5억3457만원의 양도세를 내게 된다. 이곳 외에 조정대상지역에 집을 더 보유한 2주택자와 3주택자는 중과세율 20~30%포인트를 적용해 각각 16억5083만원과 19억

1333만원의 양도세를 내는 것으로 계산됐다.

이밖에 다주택자가 10억원 넘게 양도세를 부담하는 아파트(최고 거래가격 기준)는 서초구 반포동 반포자이·아크로리버파크·래미안퍼스티지, 송파구 방이동 올림픽선수기자촌, 영등포구 여의도동 시범, 용산구 한남동 한남더힐, 용산동5가 용산파크타워, 이촌동 래미안첼리투스 등이 있었다.

2021년 상반기 서울 15개 구별(동대문~중랑구) 거래량 1위 아파트 양도세

(단위 : 만원)

구분	동	단지명	전용면적(㎡)	거래건수	최고 실거래가		실거래가 상승률	양도소득세 예상액		
					2016년	2021년		1주택자	다주택자	
								5년 보유·거주	중과세율 20%	중과세율 30%
동대문구	장안동	장안현대홈타운	133.72	37건	6억3500	12억9000	103%	2839	4억607	4억7784
동작구	노량진동	신동아리버파크	114.75	31건	6억	13억3000	122%	3717	4억5722	5억3724
마포구	성산동	성산시영(대우·선경·유원)	59.43	60건	5억3500	13억	143%	3702	4억8109	5억6496
서대문구	남가좌동	DMC파크뷰자이(1~5단지)	120	49건	6억3650	17억4000	173%	1억1160	7억3178	8억5289
서초구	반포동	반포자이	244.54	45건	32억	52억	63%	4억1835	13억7277	15억9250
성동구	행당동	행당 한진타운	114.62	44건	7억5000	15억4000	105%	5996	4억9814	5억8476
성북구	돈암동	한진	132.96	65건	5억5000	10억8000	96%	759	3억2082	3억7884
송파구	가락동	헬리오시티	110.66	111건	X	26억	X	X	X	X
양천구	신정동	목동신시가지(8~14단지)	156.87	179건	13억3000	25억5000	92%	1억7936	8억1507	9억4900
영등포구	여의도동	시범	156.99	29건	13억5000	29억8000	121%	2억7528	11억822	12억8725
용산구	이촌동	한가람	114.96	31건	12억7000	22억5000	77%	1억2619	6억2772	7억3524
은평구	응암동	백련산힐스테이트(1~4차)	114.9	54건	5억9900	12억2000	104%	2027	3억8288	4억5091
종로구	창신동	창신쌍용(1~2단지)	106.62	36건	4억5000	9억8500	119%	297	3억2423	3억8280
중구	신당동	남산타운	114.88	40건	9억3000	16억2000	74%	5453	4억2994	5억556
중랑구	신내동	신내6(대주)	59.76	55건	3억4500	7억1000	106%	0	2억1131	2억5119

※ 실거래가는 2016년, 2021년 연중 최고가 적용
　　자료 : 국토교통부 실거래가 공개시스템, 양도리 AI 부동산 세금 계산기

2021년 상반기 서울 15개 구별 실거래가 상승률 1위 아파트

(단위 : 만원)

SELL

구·동·단지명	전용면적	최고 실거래가		상승률
서대문구 남가좌동 DMC파크뷰자이(1~5단지)	[120㎡]	2016년 6억3650	2021년 17억4000	173%
은평구 진관동 은평뉴타운 제각말 푸르지오	[134.19㎡]	5억9915	15억5000	159%
마포구 염리동 상록	[58.71㎡]	3억8250	9억5500	150%
동대문구 청량리동 미주	[170.31㎡]	7억	17억5000	150%
영등포구 영등포동 영등포푸르지오	[79.77㎡]	5억5000	13억5000	145%
송파구 가락동 가락쌍용1차	[84.69㎡]	6억6800	16억	140%
성동구 금호동3가 두산	[116.81㎡]	6억4500	15억4000	139%
양천구 신정동 목동우성(2~3단지)	[113.91㎡]	5억5000	13억	136%
동작구 사당동 대림	[125.4㎡]	7억2000	16억5000	129%
용산구 원효로4가 산호	[86.12㎡]	7억9000	18억	128%
서초구 잠원동 신반포10단지	[76.32㎡]	11억	25억	127%
중구 신당동 약수하이츠	[114.92㎡]	7억4000	16억5000	123%
성북구 석관동 두산	[164.92㎡]	5억9000	13억	120%
중랑구 중화동 한신1차	[84.87㎡]	4억1000	9억	120%
종로구 창신동 창신쌍용(1~2단지)	[106.62㎡]	4억5000	9억8500	119%

167

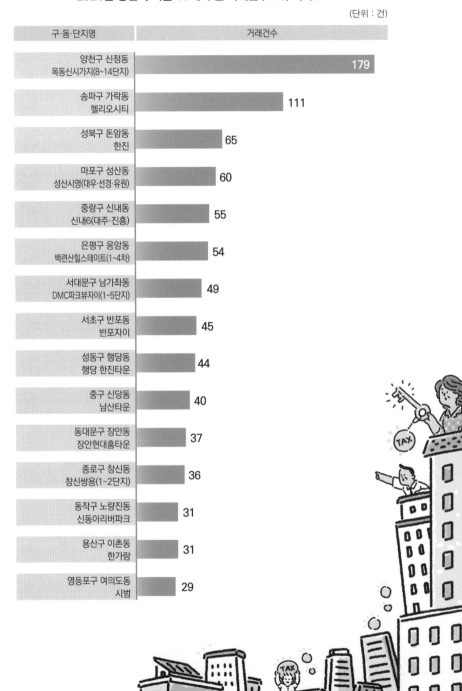

2021년 상반기 서울 15개 구별 거래건수 1위 아파트

(단위 : 건)

구·동·단지명	거래건수
양천구 신정동 목동신시가지(8~14단지)	179
송파구 가락동 헬리오시티	111
성북구 돈암동 한진	65
마포구 성산동 성산시영(대우·선경·유원)	60
중랑구 신내동 신내6(대주·진흥)	55
은평구 응암동 백련산힐스테이트(1~4차)	54
서대문구 남가좌동 DMC파크뷰자이(1~5단지)	49
서초구 반포동 반포자이	45
성동구 행당동 행당 한진타운	44
중구 신당동 남산타운	40
동대문구 장안동 장안현대홈타운	37
종로구 창신동 창신쌍용(1~2단지)	36
동작구 노량진동 신동아리버파크	31
용산구 이촌동 한가람	31
영등포구 여의도동 시범	29

2021년 상반기 거래량 상위 아파트 가격 및 양도세 분석
(서울 동대문~중랑구, 가나다순)

(단위 : 만원)

구분	동	단지명	거래 건수	전용 면적 (㎡)	최고 실거래가 2016년	최고 실거래가 2021년	실거래가 상승률	1주택자 5년 보유·거주	다주택자 중과세율 20%	다주택자 중과세율 30%
동대문구	장안동	장안현대홈타운	37	133.72	63,500	129,000	103%	2,839	40,607	47,784
	이문동	쌍용	29	114.35	46,500	98,000	111%	256	31,059	36,696
	전농동	전농 SK	27	114.3	51,000	111,000	118%	1,158	36,856	43,428
	이문동	대림e-편한세상	26	114.93	52,500	113,300	116%	1,340	37,401	44,062
	답십리동	래미안위브	25	121.64	79,800	171,000	114%	8,596	58,134	68,138
	제기동	한신	25	114.88	48,000	110,000	129%	1,145	38,220	45,012
	청량리동	미주	24	170.31	70,000	175,000	150%	10,560	69,352	80,875
	전농동	전농우성	22	126.73	42,000	95,000	126%	116	32,082	37,884
	전농동	래미안 크레시티	21	121.93	77,000	182,000	136%	11,108	69,352	80,875
	답십리동	답십리파크자이	19	84.83	X	141,000	X	X	X	X
동작구	노량진동	신동아리버파크	31	114.75	60,000	133,000	122%	3,717	45,722	53,724
	상도동	힐스테이트 상도 센트럴파크	30	118.2	94,000	167,000	78%	6,203	45,722	53,724
	신대방동	롯데낙천대	25	108.48	77,000	133,900	74%	2,574	34,741	40,973
	대방동	대림	22	164.79	95,000	171,000	80%	6,790	47,768	56,100
	신대방동	현대	22	84.57	58,900	110,000	87%	831	30,786	36,379
	사당동	극동	20	119.91	63,500	145,000	128%	5,515	51,519	60,456
	상도동	중앙하이츠빌	19	123.6	68,000	134,000	97%	3,271	40,948	48,180
	사당동	대림	18	125.4	72,000	165,000	129%	8,364	59,362	69,564
	상도동	래미안상도3차	18	164.91	94,000	180,000	91%	8,546	54,588	64,020
	흑석동	아크로리버하임	16	113.23	X	270,000	X	X	X	X
마포구	성산동	성산시영 (대우, 선경, 유원)	60	59.43	53,500	130,000	143%	3,702	48,109	56,496
	아현동	마포래미안푸르지오 (1~4단지)	35	114.28	108,800	237,000	118%	18,088	85,940	100,015
	도화동	한화오벨리스크	30	85	65,000	138,000	112%	4,130	45,722	53,724
	도화동	우성	20	141.51	72,500	164,000	126%	8,116	58,339	68,376
	공덕동	공덕1삼성래미안	18	84.94	64,500	154,500	140%	7,185	57,316	67,188
	상수동	래미안밤섬리베뉴 (Ⅰ~Ⅱ)	17	125.31	125,000	190,000	52%	6,342	40,266	47,388
	연남동	코오롱	16	150.04	73,000	135,000	85%	3,039	38,220	45,012
	염리동	상록	15	58.71	38,250	95,500	150%	166	34,980	41,250
	중동	마포중동현대	14	114.93	60,000	112,500	88%	1,023	31,741	37,488
	상암동	상암월드컵파크7단지	13	104.68	82,500	139,000	68%	2,866	34,469	40,656

구분	동	단지명	거래 건수	전용 면적 (m^2)	최고 실거래가		실거래가 상승률	양도소득세 예상액		
					2016년	2021년		1주택자 5년 보유·거주	다주택자 중과세율 20%	중과세율 30%
서대문구	남가좌동	DMC파크뷰자이 (1~5단지)	49	120	63,650	174,000	173%	11,160	73,178	85,289
	북아현동	두산	34	59.96	41,400	90,000	117%	0	29,117	34,436
	천연동	천연뜨란채	31	75.42	49,000	103,000	110%	515	32,764	38,676
	북가좌동	DMC래미안e편한세상	27	153.86	94,300	175,000	86%	7,592	50,973	59,822
	북아현동	e편한세상신촌 (1~3단지)	26	84.95	×	180,000	×	×	×	×
	홍제동	홍제한양	24	120.14	59,500	118,000	98%	1,559	35,833	42,240
	홍은동	홍은동벽산	23	142.98	53,500	106,000	98%	624	31,741	37,488
	홍제동	인왕산현대	20	114.72	59,000	119,000	102%	1,676	36,856	43,428
	홍제동	홍제삼성래미안	20	114.75	59,500	120,000	102%	1,759	37,197	43,824
	현저동	독립문극동	17	114.51	69,000	144,300	109%	4,868	47,290	55,546
서초구	반포동	반포자이	45	244.54	320,000	520,000	63%	41,835	137,277	159,250
	반포동	아크로리버파크	39	129.97	330,000	510,000	55%	37,081	122,977	142,750
	반포동	래미안퍼스티지	30	198.04	331,000	487,000	47%	31,242	105,817	122,950
	서초동	삼풍아파트	30	165.36	208,000	340,000	63%	22,895	88,657	103,150
	반포동	반포주공1단지	27	140.13	301,111	540,000	79%	53,457	165,083	191,333
	반포동	에이아이디차관주택	24	72.51	160,000	300,000	88%	23,156	94,377	109,750
	잠원동	신반포10차	24	76.32	110,000	250,000	127%	20,828	94,377	109,750
	잠원동	신반포16차	21	83.12	120,000	220,000	83%	12,696	64,136	75,108
	잠원동	신반포8차	18	141.53	186,000	355,000	91%	30,961	115,112	133,675
	서초동	아크로비스타	17	220.55	250,000	350,000	40%	16,707	64,136	75,108
성동구	행당동	행당 한진타운	44	114.62	75,000	154,000	105%	5,996	49,814	58,476
	행당동	대림e-편한세상	29	114.94	71,000	155,000	118%	6,596	53,224	62,436
	금호동1가	이편한세상 금호파크힐스	28	116.13	×	209,000	×	×	×	×
	성수동1가	트리마제	27	136.56	×	470,000	×	×	×	×
	금호동2가	신금호파크자이	27	84.98	79,700	173,500	118%	9,083	59,907	70,198
	행당동	서울숲 한신 더 휴	27	114.97	70,000	157,000	124%	7,073	55,270	64,812
	하왕십리동	센트라스	26	115.99	×	210,000	×	×	×	×
	옥수동	래미안옥수리버젠	25	134.13	140,000	250,000	79%	15,682	72,927	85,000
	금호동3가	두산	23	116.81	64,500	154,000	139%	7,090	56,975	66,792
	옥수동	옥수파크힐스	21	115.9	×	184,000	×	×	×	×
성북구	돈암동	한진	65	132.96	55,000	108,000	96%	759	32,082	37,884
	정릉동	정릉풍림아이원	59	114.75	45,000	80,000	78%	0	20,141	23,964
	하월곡동	월곡두산위브	46	114.75	52,300	108,000	107%	830	33,923	40,022

구분	동	단지명	거래건수	전용면적(㎡)	최고 실거래가 2016년	최고 실거래가 2021년	실거래가 상승률	양도소득세 예상액 1주택자 5년 보유·거주	양도소득세 예상액 다주택자 중과세율 20%	양도소득세 예상액 다주택자 중과세율 30%
	돈암동	한신	42	132.96	59,300	114,500	93%	1,231	33,582	39,626
	길음동	길음동부센트레빌	41	114.91	57,700	120,000	108%	1,863	38,424	45,250
	석관동	두산	39	164.92	59,000	130,000	120%	3,311	44,358	52,140
	길음동	래미안길음센터피스	36	109.98	X	200,000	X	X	X	X
	상월곡동	동아에코빌	34	114.66	53,300	93,000	74%	34	23,243	27,583
	정릉동	정릉e-편한세상	34	114.56	53,850	89,000	65%	0	20,240	24,079
	길음동	길음뉴타운8단지(래미안)	30	114.98	76,500	146,900	92%	4,600	43,948	51,665
송파구	가락동	헬리오시티	111	110.66	X	260,000	X	X	X	X
	신천동	파크리오	58	144.77	159,500	285,000	79%	19,793	84,010	97,787
	잠실동	리센츠	52	124.22	170,250	305,000	79%	22,321	90,624	105,419
	방이동	올림픽선수기자촌(1~3단지)	47	163.44	165,500	335,000	102%	30,353	115,470	134,087
	문정동	올림픽훼밀리타운	37	192.23	145,000	290,000	100%	23,711	97,952	113,875
	잠실동	주공아파트5단지	36	82.61	165,000	278,100	69%	17,291	75,144	87,557
	문정동	문정시영	33	46.26	38,000	85,000	124%	0	28,061	33,204
	가락동	가락쌍용1차	31	84.69	66,800	160,000	140%	7,988	59,498	69,722
	거여동	거여4단지	24	59.73	45,400	101,600	124%	475	34,264	40,418
	잠실동	트리지움	24	114.7	140,000	273,000	95%	20,704	89,372	103,975
양천구	신정동	목동신시가지(8~14단지)	179	156.87	133,000	255,000	92%	17,936	81,507	94,900
	목동	목동신시가지(1~7단지)	132	145.13	160,000	272,000	70%	16,880	74,357	86,650
	신정동	신트리	69	84.8	53,500	108,500	103%	845	33,446	39,468
	신정동	푸른마을(2~4단지)	31	84.81	41,000	90,000	120%	0	29,381	34,744
	신월동	신월시영	30	59.49	31,500	74,000	135%	0	25,091	29,739
	신정동	학마을1단지	27	59.98	34,000	75,000	121%	0	24,101	28,584
	신월동	목동센트럴 아이파크 위브(1~4단지)	26	84.97	X	136,500	X	X	X	X
	신정동	목동우성(2~3단지)	20	113.91	55,000	130,000	136%	3,596	47,086	55,308
	신정동	목동힐스테이트	14	113.68	108,000	196,000	81%	9,698	55,952	65,604
	목동	롯데캐슬위너	13	114.75	78,800	140,000	78%	3,314	37,674	44,378
영등포구	여의도동	시범	29	156.99	135,000	298,000	121%	27,528	110,822	128,725
	신길동	래미안에스티움	26	118.03	X	184,000	X	X	X	X
	영등포동	영등포푸르지오	26	79.77	55,000	135,000	145%	4,450	50,496	59,268
	양평동5가	한신	25	84.87	54,000	124,000	130%	2,698	43,676	51,348
	당산동2가	대우	24	45.55	29,700	57,000	92%	0	15,124	18,099

구분	동	단지명	거래건수	전용면적 (m^2)	최고 실거래가		실거래가 상승률	양도소득세 예상액		
								1주택자	다주택자	
					2016년	2021년		5년 보유·거주	중과세율 20%	중과세율 30%
영등포구	당산동4가	현대5차	21	114.84	71,700	160,000	123%	7,450	56,156	65,842
	양평동3가	현대6차	19	84.94	52,000	120,000	131%	2,192	42,312	49,764
	당산동5가	삼성래미안	18	115.78	89,000	195,000	119%	12,164	70,067	81,700
	영등포동7가	아크로타워스퀘어	18	84.75	×	168,000	×	×	×	×
	신길동	삼성래미안	17	114.87	54,500	119,500	119%	1,971	40,266	47,388
용산구	이촌동	한가람	31	114.96	127,000	225,000	77%	12,619	62,772	73,524
	한남동	한남더힐	27	243.2	650,000	800,000	23%	32,893	101,527	118,000
	이촌동	강촌	21	114.59	115,000	225,000	96%	14,520	72,927	85,000
	용산동5가	용산파크타워	18	158.33	239,000	388,000	62%	27,713	100,812	117,175
	이촌동	LG한강자이	18	203.21	298,000	435,000	46%	26,110	92,232	107,275
	원효로4가	산호	15	86.12	79,000	180,000	128%	10,428	66,492	77,575
	도원동	삼성래미안	14	84.69	64,300	130,000	102%	2,935	40,743	47,942
	이촌동	동아그린	14	114.96	80,000	165,000	106%	7,452	53,906	63,228
	이촌동	래미안첼리투스	11	124.02	255,000	430,000	69%	34,347	119,402	138,625
	이촌동	이촌코오롱(A)	11	114.69	120,000	220,000	83%	12,696	64,136	75,108
은평구	응암동	백련산힐스테이트(1~4차)	54	114.9	59,900	122,000	104%	2,027	38,288	45,091
	진관동	은평뉴타운 우물골(두산위브)	25	167.71	72,000	122,500	70%	1,482	30,377	35,904
	수색동	대림한숲	22	114.18	51,700	102,500	98%	453	30,581	36,142
	진관동	은평뉴타운 마고정(센트레빌)	22	167.13	74,000	151,000	104%	5,563	48,450	56,892
	진관동	은평뉴타운 제각말 푸르지오	20	134.19	59,915	155,000	159%	7,762	60,783	71,215
	진관동	은평뉴타운상림마을(푸르지오)	18	167.69	×	135,000	×	×	×	×
	녹번동	힐스테이트녹번	15	84.89	×	140,000	×	×	×	×
	불광동	북한산현대 힐스테이트3차	15	84.96	60,000	99,000	65%	191	22,781	27,044
	불광동	북한산래미안(1~2단지)	14	114.99	76,500	114,500	50%	648	22,121	26,274
	진관동	은평뉴타운상림마을(롯데캐슬)	14	134.26	70,000	119,500	71%	1,295	29,711	35,129
종로구	창신동	창신쌍용(1~2단지)	36	106.62	45,000	98,500	119%	297	32,423	38,280
	무악동	현대	18	114.9	70,790	149,000	110%	5,529	49,275	57,850
	사직동	광화문풍림스페이스본	13	159.01	129,500	184,000	42%	4,744	33,105	39,072
	무악동	인왕산아이파크	13	157.28	125,000	165,000	32%	2,465	23,441	27,814

구분	동	단지명	거래건수	전용면적(m^2)	최고 실거래가 2016년	최고 실거래가 2021년	실거래가 상승률	1주택자 5년 보유·거주	다주택자 중과세율 20%	다주택자 중과세율 30%
	홍파동	경희궁자이(2단지)	12	101.99	×	220,000	×	×	×	×
	평동	경희궁자이(3단지)	8	116.93	×	240,000	×	×	×	×
	평창동	삼성	7	84.93	39,700	75,700	91%	0	20,801	24,734
	내수동	경희궁의아침(2~4단지)	6	174.55	147,000	189,000	29%	3,347	24,761	29,354
	숭인동	종로청계힐스테이트	6	114.71	61,000	110,000	80%	771	29,381	34,744
	명륜2가	아남1단지	5	84.9	67,500	123,000	82%	1,718	33,787	39,864
중구	신당동	남산타운	40	114.88	93,000	162,000	74%	5,453	42,994	50,556
	황학동	롯데캐슬	39	114.9	75,000	144,000	92%	4,251	42,994	50,556
	신당동	약수하이츠	32	114.92	74,000	165,000	123%	8,136	57,998	67,980
	신당동	삼성	23	114.91	62,500	134,500	115%	3,768	45,040	52,932
	회현동1가	남산롯데캐슬아이리스	13	187.44	151,000	188,000	25%	2,720	21,461	25,504
	신당동	신당푸르지오	10	114.48	68,500	150,950	120%	6,111	52,166	61,208
	신당동	래미안하이베르	9	84.98	65,000	130,000	100%	2,885	40,266	47,388
	충무로4가	남산센트럴자이	9	128.95	×	144,500	×	×	×	×
	신당동	청구e편한세상	8	118.31	97,000	179,000	85%	7,987	51,860	60,852
	중림동	삼성사이버빌리지	7	114.77	78,800	148,500	88%	4,648	43,471	51,110
중랑구	신내동	신내6(대주)	55	59.76	34,500	71,000	106%	0	21,131	25,119
	신내동	신내9(진흥)	55	49.93	27,300	56,000	105%	0	16,017	19,147
	면목동	한신	42	84.92	36,100	75,000	108%	0	22,715	26,967
	묵동	신내	42	59.76	31,500	63,000	100%	0	17,831	21,269
	중화동	한신1차	38	84.87	41,000	90,000	120%	0	29,381	34,744
	신내동	동성1차	24	125.48	41,500	81,500	96%	0	23,441	27,814
	신내동	신내11대명	24	59.76	30,000	56,000	87%	0	14,295	17,127
	신내동	신내우디안1단지	20	84.94	47,500	84,700	78%	0	21,593	25,658
	신내동	중앙하이츠	19	84.97	33,900	70,000	106%	0	20,867	24,811
	면목동	현대	17	84.99	41,800	81,000	94%	0	22,913	27,198

※ 실거래가는 2016년, 2021년 연중 최고가 적용. 2016년 실거래가격이 없는 곳은 ×로 표시함
　출처 : 국토교통부 실거래가 공개시스템, 양도리 AI 부동산 세금 계산기

4장

매매와 증여의 기로에 선
부모 세대를 위한
상속·증여 절세 플랜

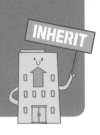

서울 아파트
한 채만 물려받아도
상속세 대상자?!

상속세 납부가 삼성가를 비롯한 재벌들의 전유물이라고 생각한다면
훗날 예상치 못한 곤경에 처할 수 있다. 이젠 서울의 아파트 한 채만
물려받아도 상속세 과세 대상이 될 가능성이 높기 때문이다. 그래서
이정근 세무사(세무회계 화담)와 함께 상속세 과세 대상과 상속 전 꼭
알아두어야 할 절세 노하우를 알아봤다.

**서울 아파트
평균 매매가는 11억원
상속재산
과세기준은 15억원**

서울에 위치한 아파트의 평균 매매가는 2021년 4월 11억원을 돌파했고, 경기권 아파트는 5억원을 넘어설 정도로 가격이 크게 올랐다. 하지만 상속공제한도는 1997년 개정 이후 현재까지 변동이 없는 상태다. 이렇게 자산 가격은 오르지만 공제한도는 그대로인 점을 감안하면, 부모가 서울에 아파트 한 채만 보유하고 있어도 자녀는 상속세 과세 대상이 될 수 있다.

국세통계포털을 살펴보면, 실제로 상속재산을 받는 피상속인 수는 2015년부터 2019년까지 5년간 6592명에서 8357명으로 약

연도별 상속세 결정 징수 현황

(단위 : 억원)

연도	피상속인 수	상속재산 총액	결정세액*	징수세액**
2010	4,547명	76,453	12,217	12,028
2011	5,720명	88,786	15,545	12,586
2012	6,201명	94,608	17,659	17,185
2013	6,275명	86,486	13,630	15,865
2014	7,542명	109,366	17,453	16,962
2015	6,592명	101,835	18,439	19,437
2016	7,393명	128,419	22,561	19,949
2017	6,986명	141,001	24,299	23,419
2018	8,002명	151,479	25,197	28,315
2019	8,357명	164,836	27,709	31,542

* 해당연도 피상속인 관련 상속인들이 납부해야 할 세액
** 과거 미납세액 포함 연도 중 실제 징수된 세액
※ 자료 : 국세통계포털

26% 증가했고, 상속재산 총액은 10조1835억원에서 16조4836억원으로 61% 늘어난 것으로 확인됐다. 결정세액 또한 1조8439억원에서 2조7709억원으로 2배 정도 증가했다. 더 이상 남의 이야기가 아닌 상속세, 어떻게 준비하면 좋을까?

현행법 기준으로 상속재산이 15억원 정도라면 상속세 대상이 될 확률이 높다. 배우자가 없을 경우 5억원, 배우자가 있을 경우 10억원을 공제받을 수 있기 때문에 공제금액 기준으로 상속세 납부 여부를 확인해보면 된다. 그런데 상속세는 상속받는 시기의 자산 시가를 기준으로 하기 때문에, 지금 당장 납부 대상에 해당하지 않더라도 향후 자산 상승률을 고려해 과세 여부를 예상해야 한다.

상속 전 부모는 반드시
자산 포트폴리오 점검

만약, 상속을 앞두고 있다면 가장 먼저 상속에 대한 인식을 재정립해야 한다. 우리나라 정서상 상속과 관련한 이야기를 부모님 생전에 나누는 것을 암묵적으로 불편하게 여겨왔다. 그런데 이런 인식을 바꾸는 것이 최선의 상속 플랜을 짜는 데 도움이 된다. 실제로 죽음을 앞두고 자녀에게 재산을 급하게 상속하게 되면 최적의 절세 시기를 놓칠 수도 있다. 이렇게 되면 여유롭게 준비할 때보다 훨씬 더 많은 상속세를 내야만 한다. 상속 준비는 빠르면 빠를수록 좋다. 시간적 여유를 두고 증여가액이 합산되는 기간을 고

생전에 5년, 10년 단위로
미리 상속하면 세부담 감소

려해 5년, 10년마다 미리 재산을 증여해두면 훗날 상속 시 매우 유리한 상황이 된다.

부모의 경우, 상속 전 자신의 자산 포트폴리오를 점검할 필요가 있다. 자신이 보유한 자산이 부동산 위주인지, 금융자산은 얼마나 되는지, 대출 규모는 얼마나 되는지, 개인 채무가 있다면 차용증을 준비했는지 등을 확인해야 한다. 그러고는 보유자산에 따라 증여하는 방식을 결정해야 한다. 증여라고 다 똑같은 방식으로 증여하는 것이 아니기 때문이다.

상속세나 증여세는 원칙적으로 시가를 기준으로 자산을 평가하지만, 경우에 따라 시가를 정하기 어려운 경우가 있다. 토지나 상가가 그런 경우에 해당한다. 이런 경우에는 기준시가 등의 기준으로 자산을 평가하는데, 일반적으로 시가 대비 30~80% 수준으로 자산 가격이 산정된다.

이해를 돕기 위해 양천구 목동에 위치한 아파트(면적 54㎡, 시세 13억원, 평가액 13억원)와 상가(면적 93㎡, 시세 13억원, 평가액 8억원)를 증여하는 경우를 각각 사례로 들어보겠다. 사전증여 이력이 없다는 가정하에 아파트의 증여세는 약 3억3000만원이고, 상가의 증여세는 1억6000만원이다. 자산 종류에 따라 증여세가 2배가량 차이가 난다. 만약 상속인이 다주택자라면, 중과세율 때문에 세액 차이는 더 커질 수 있다. 이렇게 본인이 가진 자산에 따라 증여할 때 세액 차이가 크게 나기 때문에, 상속은 미리 준비할수록 좋다.

상속세를 대비해 자녀는 미리 재원 준비

자녀의 경우, 어떤 것을 준비해야 할까? 상속세는 부모의 모든 재산을 기준으로 사망 시점에 한꺼번에 과세하기 때문에, 자녀의 세부담이 생각보다 클 수 있다. 세금을 내기 위해 갑자기 현금 재원을 마련하려면 어려움을 겪을 확률이 높으므로, 여력이 된다면 일부를 미리 준비해두는 것이 좋다.

만약 재원을 마련하기 어렵다면 종신보험을 활용하는 것을 고려해볼 필요가 있다. 이때 주의할 점이 있다면 보험 가입 시 계약자와 수익자가 자식이어야 한다는 점이다. 보험료의 납입 출처도 반드시 자식이어야 한다. 부모님이 직접 보험료를 납부하는 경우, 증여로 추정돼 증여세가 발생할 수 있으니 유의해야 한다.

상속세를 대비해 부모님 종신보험을 들어둘까?

이외에 주의할 점은, 상속을 앞둔 상황에서 재산 변동이 생기는 일을 하지 않는 것이다. 상속 직전 예금을 인출하거나, 부동산을 담보로 대출을 받거나, 급하게 재산을 처분하는 행위 등은 납세자에게 불리하게 작용할 수 있기 때문이다.

상속주택 절세의 핵심 '감정평가'

주택을 상속받는 경우, 전문가들은 집값의 감정평가를 받은 후 상속세를 신고하라고 조언한다. 감정평가가 왜 절세에 도움이 되는지, 감정평가는 어떻게 해야 하는지 자세히 알아봤다.

상속가액이 실거래가와 가까우면 양도세 부담 ↓

상속받은 주택은 상속가액이 주택의 취득가액이 된다. 그 금액이 낮으면 상속세나 증여세 부담은 적지만, 나중에 양도차익이 커져서 양도세 부담이 늘어나는 문제가 있다. 반대로 같은 조건에서 상속가액이 높으면 양도세 부담이 줄겠지만, 상속세 부담은 늘어날 것이다.

문제는 대부분 상대적으로 낮은 가격을 상속가액으로 삼아 상속세를 신고한다는 것이다. 상속받은 주택은 실제 '거래'된 것이 아니어서 시가를 확인하기 어렵기 때문에, 상대적으로 낮은 평가금액인 기준시가(공시가격)를 취득가액으로 신고하는 경우가 많다. 「세법」에서도 상황에 따라 기준시가를 상속가액으로 인정해주고 있으므로 상속인 입장에서는 당장의 상속세 부담을 더는 게 좋은 선택으로 보일 수 있다.

그런데 상속주택을 팔 계획이 있다면, 이 선택은 양도세 폭탄이 되어 돌아올 수 있다. 일반적으로 주택가격이 꾸준히 상승해왔다는 점을 고려하면 양도세 부담은 시간이 흐를수록 커질 수밖에 없기 때문이다. 그런데 주택을 상속 또는 증여 받을 때 감정평가를 통해 실거래가에 가까운 금액으로 올려서 상속가액, 즉 취득가액을 신고해둔다면 추후 양도세 부담을 획기적으로 줄일 수 있다. 이것이 바로 감정평가 절세의 핵심이다.

예를 들어 공시가격 5억원인 주택을 상속받았고, 5년 뒤 실거래가 15억원에 양도한다고 가정해보자. 5억원을 상속가액(취득가액)으로 신고하면 5년 뒤 양도차익이 10억원이 된다. 그런데 이 주택을 감정평가를 통해 상속 당시 실거래가와 유사한 10억원에 신고한다면 양도차익은 5억원으로 줄게 되므로 절세 효과를 볼 수 있다.

**감정평가는
무조건 유리할까?**

감정평가를 통한 절세법은 모든 상속주택에 통하지는 않는다. 상속받은 주택이 너무 고가여서 상당액의 상속세 납부가 불가피한 경우에는 차라리 상속가액이 낮은 것이 유리할 수도 있다. 또 상황에 따라 추후에 낼 양도소득세보다는 당장의 상속세를 줄이는 게 시급할 수도 있다.

상황이 모두 다르므로, 상속공제액을 고려해서 상속·증여세 부담을 예측해본 다음 감정평가 활용 여부를 판단하는 것이

좋다. 상속의 경우 배우자공제로 5억원, 자녀공제로 1인 5000만원을 공제할 수 있다. 감정평가로 신고가액, 즉 취득가액을 높이더라도 각종 상속공제를 활용해 상속세 부담이 줄거나 사라진다면 감정평가 절세 플랜은 충분히 활용할 가치가 있다. 하지만 공제를 적용해도 당장의 상속세나 증여세 부담이 너무 크다면 감정평가 절세법은 사용하지 않는 것이 낫다.

감정평가에는 숨겨진 절세 팁이 한 가지 더 있다. 상속주택인 경우, 감정평가수수료를 500만원 한도로 상속재산에서 공제할 수 있다는 점이다. 그렇다 해도 감정평가수수료가 부담될 수도 있다. 감정평가수수료는 평가금액을 기준으로 정해져 있으니, 이를 알고 있으면 미리 수수료를 준비할 수 있다. 평가금액이 5억원 이하면 20만원+5000만원 초과액의 0.11%, 10억원 이하면 69만5000원+5억원 초과액의 0.09%, 50억원 이하면 114만5000원+10억원 초과액의 0.08%가 기준수수료다.

감정평가는 감정평가법인에 의뢰해서 받을 수 있다. 만약 해당 주택의 공시가격이 10억원이 넘는다면 감정평가기관 두 곳에서 각각 평가를 받은 후 그 평균값을 신고해야 한다. 감정평가사와 협의하여 평가금액을 마음대로 바꿀 수도 있다고 생각해서는 안 된다. 잘못된 감정에 따른 평가금액은 국세청이 인정하지 않을 가능성이 높기 때문이다.

아들에게 꼬마빌딩을 증여하고 증여세를 확 낮춘 묘수

A씨는 이제껏 무엇 하나 물려준 게 없는 아들에게 꼬마빌딩을 한 채 증여하려고 한다. A씨의 아들은 이 꼬마빌딩을 5년 정도 보유하다 가 팔 계획이다. 무거운 세금이 예상되는 이 상황에서 최대한 세금을 적게 내려면 어떻게 해야 할까? 박지연 세무사(세무법인 여솔)와 함께 꼬마빌딩을 지혜롭게 증여하는 방법을 알아봤다.

분산증여만 해도 2억원 절세 | A씨와 그의 아들은 분산증여와 감정평가액을 활용한 증여를 통해 절세할 수 있다. 재산을 자식과 며느리, 그리고 손주들에게 나누어 증여하면 과세표준을 낮춰 세율을 낮출 수 있고, 감정평가를 활용하면 훗날 납부할 양도세를 크게 줄일 수 있기 때문이다.

분산증여와 감정평가를 활용했을 때의 절세 효과를 알아보기 위해, 기준시가만을 적용했을 때와 분산증여·감정평가를 함께 적용했을 때의 예상 세액을 모의계산으로 확인해봤다.

먼저, 아들이 꼬마빌딩을 기준시가 기준 재산가액인 18억원으로 단독증여를 받는다고 가정해보자. 이때 A씨의 아들이 부담하는 증여세는 5억2380만원이다. 5년 뒤 예상 양도가액은 48억원으로, 이때 양도하면 양도세액은 11억6001만원으로 총 부담세액은 17억5581만원이 된다.

만약 아들과 며느리에게 꼬마빌딩을 각각 50%의 지분으로 분산증여하면 어떨까? 꼬마빌딩의 지분을 50%씩 아들과 며느리에게 나눠주면 총 부담세액은 15억5001만원이 된다. 기준시가로 증여했을 때와 비교하면 2억원이 넘는 세금을 줄일 수 있다. 분산해 증여하는 것만으로 큰 절세 효과를 누리게 되는 것이다.

절세 효과를 최대화하는 감정평가가액 선정이 중요 | 기준시가 대신에 감정평가액을 활용하면 절세 효과는 더욱 커진다. 감정평가를 통해 시가와 가깝게 가격을 맞추어 증여세를 신고하게 되면 훗날 양도차익을 줄여 양도세를 적게 낼 수 있다.

A씨의 아들이 감정평가액 28억원을 기준으로 꼬마빌딩을 증여

받을 경우, 증여세로 9억1180만원을 내야 한다. 양도 계획이 없다면 기준시가로 증여받는 게 훨씬 세금이 적을 수 있다. 하지만 양도 계획이 있다면 향후 총 부담세액을 3000만원 이상 줄일 수 있으므로 감정평가를 받는 게 절세에 유리하다.

며느리에게 분산증여까지 하면 절세 금액은 더욱 커진다. 아들과 며느리에게 감정평가가액을 기준으로 각각 50% 분산증여하면 총 부담세액은 15억396만원으로, 기준시가로 단독증여할 때와 비교하면 2억5185만원을 절세할 수 있다.

또 감정평가액을 32억원으로 높여서 아들에게 단독증여하면 기준시가로 증여했을 때보다 3130만원의 절세 효과를, 아들과 며느리에게 분산증여하면 2억5373만원의 절세 효과를 각각 얻을 수 있다.

아들과 며느리 외에 손주에게까지 범위를 넓혀 분산증여하면 절세 효과를 더 높일 수 있다. 과세표준을 낮춰 세율을 함께 낮출 수 있기 때문이다. 또한 수증자에게 각각 몇 퍼센트 비율로 증여할지에 따라 최적의 절세 금액이 달라질 수 있다.

다만, 주의할 점은 무조건 감정평가가액을 높여 시가에 맞춘다고 해서 절세 효과가 정비례하는 건 아니라는 것이다. 감정평가가액이 30억원일 경우와 32억원일 경우를 비교해보자. 30억원의 감정평가가액으로 단독증여할 때의 절세 금액은 3930만원으로 32억원으로 증여할 때(3130만원)보다 800만원 정도 더 크다. 따라서 절세 효과를 최대화할 수 있는 감정평가가액을 정하는 것이 중요하다. 납부 여유자금이 있는지도 증여에 있어 중요한 부분으로 작용한다. 분산증여를 통해 증여세를 줄일 수 있긴 하지만, 소득이 없는 며느리나 손주의 경우 현실적으로 세금을 납부할 여력이 없을 수 있기 때문이다.

꼬마빌딩 증여 시 절세 포인트

1. 아들·며느리·손주에게 나누어 증여해라.
2. 양도 계획이 있다면 감정평가를 통해 최적의 절세 금액을 찾아라.
3. 수증자에게 증여세 납부 여력이 있는지 고려해라.

꼬마빌딩 증여 후 양도 시 기준시가·감정평가 적용한 세액 모의계산

(단위 : 원)

구분		기준시가 평가 시			감정가액 평가 시					
		CASE 1-1	CASE 1-2		CASE 2-1	CASE 2-2		CASE 3-1	CASE 3-2	
증여재산평가		기준시가	기준시가(분산증여)		감정평가 28억	감정평가 28억 (분산증여)		감정평가 32억	감정평가 32억 (분산증여)	
수증자		아들	아들	며느리	아들	아들	며느리	아들	아들	며느리
증여비율		100%	50%	50%	100%	50%	50%	100%	50%	50%
증여시	증여재산가액	18억	9억	9억	28억	14억	14억	32억	16억	16억
	증여공제	5000만	5000만	1000만	5000만	5000만	1000만	5000만	5000만	1000만
	증여세	5억 2380만	1억 8915만	2억79만	9억 1180만	3억 6860만	3억 8412만	10억 8155만	4억 4620만	4억 6172만
	취득세	7200만	3600만	3600만	7200만	3600만	3600만	7200만	3600만	3600만
양도시	양도가액*	48억	24억	24억	48억	24억	24억	48억	24억	24억
	취득가액	18억	9억	9억	28억	14억	14억	32억	16억	16억
	양도세	11억 6001만	5억 4403만	5억 4403만	7억 3926만	3억 3962만	3억 3962만	5억 7096만	2억 6108만	2억 6108만
총 부담세액		17억 5581만	7억 6918만	7억 8082만	17억 2306만	7억 4422만	7억 5974만	17억 2451만	7억 4328만	7억 5880만
			15억5001만			15억396만			15억208만	
기준시가 단독증여 대비 절세 금액			2억580만		3275만	2억5185만		3130만	2억5373만	

* 양도가액 : 증여 후 5년 뒤 양도를 가정해 부동산 가격 상승률 반영

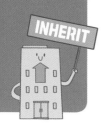

증여받은 아파트 팔 때
양도세 줄이는 비법

아파트를 살 때는 취득세, 가지고 있을 때는 재산세와 종합부동산세, 그리고 증여할 때는 증여세를 내야 한다. 이 세금들을 내려면 세금을 부과하는 기준인 과세표준, 즉 아파트(재산)의 가격을 알아야 한다. 이를 기준으로 세액을 계산하기 때문이다.

세목별로 재산 가격을 매기는 방식에 차이가 있다. 특히 증여할 때 아파트의 재산 가격을 따지는 방식이 까다롭다. 박지연 세무사(세무회계 여솔)와 함께 세목별 재산 평가 기준과 증여받은 아파트의 세금을 줄이는 방법을 살펴보자.

**증여세 과세표준은
증여하는 날의
아파트 시가**

재산세와 종합부동산세는 주택 공시가격을 기준으로 재산 가격을 산정한다. 국토교통부의 '부동산 공시가격 알리미'에 들어가면 아파트의 공시가격을 확인할 수 있다.

재산세의 경우 6월 1일을 기준으로 한 공시가격에 60%의 공정가액비율을 곱하면 되고, 종부세의 경우 전국 합산 공시가격에 다주택자의 경우 6억원, 1주택자의 경우 11억원을 빼고 2021년 현행 95%

의 공정가액비율(2022년에는 100%로 상승)을 곱하면 과세표준, 즉 세금을 매기는 가격을 구할 수 있다. 여기에 세율을 적용하면 향후 내야 할 세금이 나온다.

취득세도 재산세·종부세와 같이 주택 공시가격을 기준으로 재산가격을 매긴다. 취득 당시인 증여일 기준의 과세표준에 취득세율을 곱해 계산할 수 있다.

하지만 증여세는 과세표준 기준이 앞서 설명한 세금들과 다르다. 증여와 상속은 재산을 무상으로 이전받는 것이므로 공시가격이 아닌 실질적으로 재산을 이전받은 가격을 기준으로 한다. 따라서 주택 공시가격이 아닌 증여일 현재의 아파트 '시가'를 기준으로 세금을 매긴다. 아파트라면 증여 등기를 접수한 당일의 가격이 기준이 된다.

시가란 정확히 무엇일까? 상호간 거래에서 통상 성립되는 금액을 시가라고 한다. 증여일 전으로 6개월, 증여일 후로 3개월 동안 매매·감정평가·수용·경매 또는 공매된 가격이 시가가 된다.

매매의 경우 그 거래가액이 시가가 되고, 감정평가의 경우 공신력 있는 감정기관 두 군데 이상이 평가하고 평균 낸 감정가액이 시가가 된다. 기준시가가 10억원 이하인 경우는 한 군데에서만 감정평가를 받아도 무방하다.

또한 자주 있는 경우는 아니지만 아파트가 수용되거나 경매·공매된 경우, 그 경매가액과 공매가액이 시가가 된다. 단, 이 경우 특수관계 간의 경매나 공매는 제외한다.

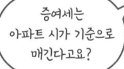

증여세는 아파트 시가 기준으로 매긴다고요?

**시가가 없거나
여러 개일 경우** | 시가를 평가할 때 가장 쟁점이 되는 건 유사매
매사례가액이다. 유사매매사례가액은 해당 재
산의 매매 등의 시가(매매·감정평가·수용·경매·공매)가 없을 때에만
적용한다.

증여일 전 6개월부터 평가 기간 내 증여세 신고일까지의 기간 중
상속재산과 면적·위치·용도·종목 및 공시가격이 동일하거나 유사
한 다른 재산에 대한 매매가액이나 감정가액의 평균액이 있는 경우,
이를 유사매매사례가액이라고 해서 시가로 본다. 유사매매사례가액
을 시가로 볼 때는 증여일 전 6개월부터 증여세 신고일까지의 기간
까지 나온 금액만을 기준으로 한다. 신고일 이후의 거래가는 알 수
없기 때문이다.

유사한 재산이라고 인정할 만한 재산의 범위는 일명 '5%룰' 안에
드는 것이다. 내 아파트와 동일한 공동주택단지 내에 있고, 전용면적·
기준시가가 5% 이내의 차이가 나면 유사한 재산이라고 보는 룰이다.

만약, 시가가 여러 개일 땐 해당 우선순위에 따라 가격을 결정하
게 된다. 1순위에 해당하는 재산매매가액이 없을 경우 2순위의 유사
매매사례가액을, 2순위의 유사매매사례가액이 없을 경우에는 3순위
의 주택 공시가격을 적용한다.

시가 적용 우선순위

- 1순위 : 당해 재산의 매매 등의 가액
- 2순위 : 유사매매사례가액
- 3순위 : 보충적 평가가액(주택 공시가격)

단, 가액이 여러 개일 때는 추가적으로 살펴볼 기준이 있다. 재산 매매가액이 여러 개일 때는 증여일로부터 가장 가까운 날의 가액을 우선으로 하며, 유사매매사례가액이 여러 개일 경우 주택 공시가격과 유사매매사례가격의 가격 차가 가장 적은 가액을 우선으로 한다. 이 두 가지에 해당하는 가액이 모두 없을 경우, 주택 공시가격을 시가로 본다.

증여주택을 팔 계획이라면 꼭 알아야 할 감정평가

공시가격을 기준으로 증여세를 산출하면 증여세가 적어 당장은 좋을 수 있다. 하지만 나중에 이 아파트를 팔 때는 후회할 일이 생길 수 있다. 증여재산평가금액이 증여를 받는 사람의 취득가액이 되기 때문에 향후 양도소득세가 과세될 때 영향을 미친다. 평가금액이 시가 기준이면 양도차익이 적게 산정될 것이고, 기준시가 기준이면 시가보다 상대적으로 낮은 가격이므로 양도차익이 크게 산정될 것이다.

그러므로 증여받은 아파트를 팔 계획이라면 감정평가를 받은 가격으로 증여받는 게 절세에 유리할 수 있다. 최대한 시가에 맞춰 증여받았으므로 훗날 아파트 가격이 올랐을 때 양도차익이 줄기 때문이다.

전세보증금을 끼고 증여하는 게 항상 유리할까?

양도세 중과를 피하기 위해
차선책으로 증여를 선택하는 사람
들이 늘면서, 절세 방법으로 부담부
증여(負擔附贈與)를 고려하는 사람이
많아졌다. 하지만 부담부증여가 무조건 유리한
절세 방법은 아니다. 그렇다면 어떨 때 부담부증여를 활용하는 게 좋
을까?

**증여재산+채무
= 부담부증여** | 부담부증여는 증여재산에 담보된 증여자의 채
무(증여일 기준)까지 증여받는 사람이 인수하는
걸 말한다. 즉 재산과 함께 채무까지 받는다는 이야기다. 부담부증여
의 경우, 수증자가 증여받은 자산에서 채무를 뺀 금액에 대해 증여세
를 부담하고, 증여자는 채무 부분에 대해 양도소득세를 부담한다.

예를 들어 부모가 자녀에게 10억원의 아파트를 순수증여하면 자
녀가 2억원이 넘는 증여세를 내야 한다. 그런데 만약 해당 아파트
에 전세보증금 5억원이 껴있어 자녀가 전세보증금 5억원까지 같이

물려받게 된다면, 10억원에서 보증금을 차감한 5억원을 기준으로 8000만원가량의 증여세만 내면 된다. 재산과 함께 넘겨준 채무 5억원에는 양도세가 부과되며, 이는 부모가 납부하게 된다.

증여세와 양도세의 합이 순수증여한 경우 부과하는 증여세보다 적으면 부담부증여를 통해 증여하는 것이 유리할 수 있다. 특히 1세대 1주택자면서 비과세 요건을 충족하는 경우라면, 부담부증여를 통한 증여가 유리할 가능성이 높다. 양도세는 비과세이고 자산에서 채무를 뺀 부분에 대한 증여세만 납부하면 되기 때문이다. 반면 다주택자라면 부담부증여가 불리할 수 있다. 다주택자의 양도세율이 최근 「세법」 개정으로 인해 상당히 높아졌기 때문이다.

전세보증금 5억원을 껴서 10억원짜리 아파트를 받으면 증여세는 8000만원!

증여재산에 대한
증여세율이 높고 양도세율이 낮으면
부담부증여가 유리

잘못 쓰면 불리한 부담부증여 절세법 | 부담부증여로 주택을 줄 경우, 증여받는 사람의 주택수와 증여주택의 소재지를 확인해야 한다. 증여받는 사람이 1주택자라면 취득세 기본세율인 1~3%이 적용된다. 하지만 조정대상지역에 있는 시가표준액 3억원 이상의 아파트를 받으면, 무상으로 취득한 부분에 대해서는 12%를 부담해

야 하기 때문에 세율이 매우 올라가기 때문이다.

또한 이월과세 규정도 유의해야 한다. 직계존비속으로부터 증여받은 주택을 증여일로부터 5년 이내에 타인에게 양도하면, 이월과세 규정에 따라 증여자의 취득 시기를 취득 시점으로 본다. 다시 말해 증여자가 최초로 주택을 취득한 금액을 취득가액으로 본다는 말이다. 이렇게 되면 5년 이후에 주택을 파는 것에 비해 양도세가 현격히 많이 나올 수 있다.

또한 부담부증여로 이전된 채무는 반드시 증여받은 사람이 원금 상환과 이자 지급을 직접 해야 한다. 부모가 자녀의 이자를 대신 내면 증여로 간주돼 증여세가 부과될 수 있다.

이외에도 부담부증여로 인정받기 위해서는 증여일 현재 증여재산에 담보된 채무(임대보증금 포함)가 있어야 하고, 그 담보된 해당 채무가 반드시 증여자의 채무여야 하고, 해당 채무를 수증자가 반드시 인수하여야 한다. 이 모든 조건을 충족해야 부담부증여로 인정받을 수 있다.

아들아, 집값 빌려줄 테니 차용증 써오렴

갈수록 심해지는 신용대출 규제와 상승하는 집값으로, 집을 구매할 때 부모에게 돈을 빌리는 자녀가 늘고 있다. 가족 간 거래를 안일하게 여겨선 안 된다. 그 돈이 무상으로 받은 '증여'인지, 나중에 갚는 것을 약속한 '대여'인지 그 경계가 모호해 편법 증여로 간주될 수 있기 때문이다. 의도치 않은 세금 폭탄을 맞을 수 있다. 그렇다면 어떻게 대여를 입증할 수 있을까?

**가족 간 금전 대여를
입증해주는 차용증**

부모님께 돈을 빌릴 때, 가장 먼저 해야 할 일은 추후에 대여 증거로 사용할 수 있는 객관적인 자료를 마련하는 것이다. 차용증을 썼다면, 국세청에서 증여가 아니라 대여로 인정할 확률이 높아지기 때문이다.

원칙적으로 가족 간의 거래는 증여로 간주하지만 납세자가 객관적인 자료를 제시하면 예외적으로 가족 간의 금전 대여임을 인정해준다. 이때 부모에게 돈을 빌렸다는 사실을 입증하기 위해 사용하는 대표적 증거 자료가 바로 '차용증(금전소비대차계약서)'이다. 차용증은 금전이나 물품을 빌리거나 빌려줄 때 채무인과 채권자 사이에 작성하는 문서로, 가족 간의 거래일지라도 꼭 작성해야 한다.

> 가족 간 금전 대여는
> 원칙적으로 증여로 간주

**차용증에
시기와 채무변제 조건
써넣어야 효력 발생**

그렇다면 차용증만 쓴다면, 금전 대여를 인정받을 수 있을까? 단순히 차용증만 있다고 해서 모든 것을 소명할 수 없기 때문에, 차용증의 내용은 되도록 구체적으로 작성해야 한다. 차용증이 효력을 가지려면 시기와 채무변제 조건, 이 두 가지를 명확히 해야 한다.

우선, 차용증을 작성한 시기를 구체적으로 기재해야 한다. 돈을 빌리는 날에 바로 작성하는 것이 가장 좋다. 세무당국이 대여와 관련해 소명을 요구했을 때 그 이후 차용증을 작성했다는 것이 발각되면 문제가 될 수 있다. 법원에서 확정일자를 받거나 내용증명으로 문서를 송달하는 방법도 있다. 제3자에게 해당 사실을 알리는 것도 방법이다.

두 번째로, 채무변제 조건을 반드시 차용증에 포함시켜야 한다. 빌린 돈에 대해 이자율을 얼마로 할 것인지, 이자는 언제 어떤 방법으로 지급할 것인지, 원금은 언제 어떻게 상환할 것인지를 명확하게 기재해야 한다. 법적으로 가족끼리 거래할 때 증여로 간주하지 않는 적정 이자율은 연 4.6%로 해당 범위에서 벗어나지 않는 것이 안전하다.

자녀가 소득은 있는데 대출이 막혀 자금이 부족한 상황이라면, 반드시 차용증을 쓰고 그 기준을 맞춰 혹시 모를 세무조사에 대비해두는 것이 좋다.

그런데 다음 조건에 해당한다면 차용증을 썼더라도 금전 대여로 인정받을 수 없다. 무소득자나 미성년자가 돈을 빌린 경우, 계약서의 내용과 다르게 이자 지급이 비정기적이거나 미지급된 경우, 이자 지급이 계약서의 내용과 다름에도 불구하고 항의나 독촉이 없는 경우, 이자를 무이자로 하거나 상환 시점이 특정되지 않는 경우에는 차용증을 작성했더라도 세무당국이 거래를 인정하지 않을 수 있다.

증여세
미리 신고하면
자금출처조사 안 받는다

자금출처조사는 그 사람의 직업과 연령·소득·재산 상태 등을 고려해 스스로 재산을 마련하거나 부채를 상환했다고 보기 어려운 경우 자금의 출처를 확인하기 위해 실시하는 조사를 뜻한다. 이 과정에서 자금의 출처를 입증하지 못하거나 증여받은 걸로 추정될 때는 증여세를 과세한다. 그런데 요즘 국세청의 조사 방법이 변하며 조사 강도가 더욱 높아졌다. 박정수 세무사(세무법인 다솔)와 함께 자금출처조사를 피하는 방법을 정리해봤다.

증여세 면제기준으로 착각해선 안 되는 증여추정배제기준

자금출처조사 대상을 누구라고 콕 집어 특정하기는 어렵다. 국세청이 세금 탈루 혐의가 있다고 판단한다면 누구라도 자금출처조사 대상이 될 수 있기 때문이다.

요즘 국세청은 PCI분석 시스템(소득-지출 분석 시스템)으로 세금 탈루 혐의를 세밀하게 점검한다. 이 시스템을 이용하면 일정 기간의 재산 증가액과 소비 지출액의 합계액에서 신고·결정된 소득금액을 뺀 금액을 구할 수 있다. 국세청은 이 절차를 통해 세금 탈루 혐의 금액을 파악하고 있으며, 여기서 혐의가 발견되면 자금출처조사 대상이 되는 것이다.

'취득자금이 10억원 이하인 경우 80%까지만 소명하면 안전하다'는 말은 옛말이 되었다. 과거 개별 부동산 취득에 있어서 조사할 때는 소명 정도로 넘어갈 수 있었다. 하지만, 2009년 PCI분석 시스템의 도입 이후 자금출처의 80%까지만 소명한다고 하여 원만하게 넘어갈 수 없게 됐다.

증여추정배제 등의 면제한도 역시 80% 소명 규정 때문에 나온 말이다. 물론 면제한도가 있긴 하지만 기준이 워낙 낮아 실제로는 큰 의미가 없다. 30세 미만일 경우에는 주택 취득 기준으로 5000만원까지, 30세 이상이면 1억5000만원까지, 40세 이상이면 3억원까지 면제해준다. 채무 상환의 경우에는 5000만원까지 면제해준다.

그런데 주택의 경우 이미 서울 아파트 중위 가격이 9억원이 넘은 상태로, 아파트 한 채만 사더라도 면제한도를 훌쩍 넘어버린다. 증여추정배제는 해당 금액기준까지는 행정 편의상으로 배제기준을 둔다고 하는 것이지, 조사를 하지 않겠다는 뜻이 아니다. 이를 증여세 면

제기준으로 착각하고 신고를 하지 않았다간 가산세까지 물어야 한다.

세무당국은 자금출처조사를 '소명'이 아니라 철저한 '조사'의 개념으로 접근하고 있다. 그러니 재산 취득 시, 재산 취득자는 어떻게 자금이 형성됐는지를 최대한 구체적으로 증명해내야 한다.

주택취득자금 증여추정배제기준

연령	취득재산		채무 상환	총액한도
	주택	기타 재산		
30세 미만	5000만원	5000만원	5000만원	1억원
30세 이상	1억5000만원	5000만원	5000만원	2억원
40세 이상	3억원	1억원	5000만원	4억원

꼼꼼한 자금출처조사에 더 중요해진 자금조달계획서 작성

자금출처조사가 세밀해졌기 때문에, 자금조달계획서 작성이 전보다 더 중요해졌다. 대부분 자금조달계획서 작성을 막연하게 느끼곤 하는데, 실질에 근거해서 쓰면 되니 크게 걱정하지 않아도 된다. 기존에 처분한 주택, 보유자산, 배우자 증여자산 등에 대해 사실에 근거하여 계획서에 기재하면 된다.

자금조달계획서를 작성할 때 고민하는 지점 중 하나가 증여재산까지 신고하고 계획서에 기재해야 하는가일 것이다. 혹시 조사가 들어올까 봐 마음을 졸일 바에야 차라리 증여받은 것을 계획서를 잘 쓰고 신고하는 걸 권한다. 국세청도 전 국민을 조사할 수도 없기 때문에, 성실하게 신고하고 계획을 밝힌 사람은 조사 대상에서 제외하곤 한다. 그러니 증여세 일부를 성실하게 신고하여 조사 대상에서 배제

될 확률을 높이는 방법을 추천한다.

자금 3억원을 가지고 계획서를 쓰면서 일부 신고를 하고 증여세를 납부한 사람과 3억원에 대해 전체 차용증을 쓴 사람이 있다면, 누가 조사 대상이 될 확률이 높겠는가. 세무당국이 볼 때는 당연히 전자를 더 성실한 납세자라고 판단할 가능성이 높고, 후자는 조사 대상으로 지정할 확률이 높다.

자금출처조사 대상 통보를 받았을 때, 조사를 피할 수 있는 방법은 없다. 그래서 주택을 취득할 때 미리미리 준비하는 것이 중요하다. 앞서 언급했듯 아파트값이 올라가며 대부분이 조사 대상이 될 수 있으므로 철저한 준비만이 살길이다.

차용증·축의금 장부 등으로 자금출처 소명 가능

10억원짜리 아파트를 사려는데, 기존 자금 4억원과 대출 자금 3억원을 합해도 3억원이 부족한 상황이라고 가정해보자. 과거에는 3억원에 대해 차용증 쓰고 대응하는 게 주된 방식이었다면, 지금은 다르게 접근해야 한다.

이런 경우라면 증여와 대출을 잘 배분해 자금조달계획서를 쓸 것을 권한다. 증여의 경우 부모에게 받는 5000만원까지는 공제받을 수 있으니, 1억원을 받았다고 가정하면 자녀공제받고 남은 5000만원에 1억원 이하의 증여세율(10%)을 적용한 500만원을 신고하고 내면 된다. 최저 세율이 적용되는 한도에 맞춰 증여받는 게 좋다.

나머지 금액에 대해서는 차용증(195쪽 참고)을 쓰고 부모님으로부터 대출하는 방식을 사용해야 한다. 가족 간이라도 변제의사가 있고 변제능력이 있다면 채무 증서를 작성하고 실제로 부모님께 이자를 지급해야 한다. 이자를 내지 않으면 변제의사가 없는 것으로 판단할 수 있으니 주의해야 하며, 약정한 이자율에 미달하더라도 꾸준히 이자를 납부하는 게 유리하다. 그러면 증여가 아닌 채무로 인정받을 수 있기 때문이다. 차용증을 공증받아두면 세무조사에서 유리하게 작용한다.

또 결혼한 부부라면 축의금이나 혼수로 받은 돈도 자금출처로 소명할 수 있다. 축의금의 경우 본인 명의로 받은 것만 가능하다. 그러니 내 지인이 낸 돈임을 입증할 수 있도록 축의금 장부 작성에 유의해야 한다. 5000만원이나 1억원 정도의 혼수나 결혼 자금은 정상참작되는 사례가 있다. 수표나 거액의 현금 자금이 들어왔다고 했을 때는 실질적인 혼수와 결혼 비용을 제하고 남는 재산에 대해 증여세가 과세되기도 한다. 실제 조사에서는 실질 정황 근거가 굉장히 중요하게 작용하니 모든 상황에 대비해 자료를 마련해두는 게 좋다.

자금출처조사가 끝난 다음, 대출금에 대해 상환하지 않아도 된다고 여겨서 대출금을 갚지 않는 경우가 굉장히 많다. 하지만 세무조사가 끝나더라도 자금 원천 등에 대한 내용이 부채 사후 관리의 목적으로 다 기록되고 관리된다. 기록한 내용대로 이행하지 않으면 재조사가 나오고 증여세가 과세될 수 있다.

10년간 한결같은 효자·효녀에게 주는 선물, 상속세 공제

「세법」에는 부양가족을 곁에서 지켜준 효자·효녀에 대한 인센티브가 있다. 부모와 함께 살던 집을 상속받는 경우에 상속세 부담을 크게 덜어주는 '동거주택 상속공제'다.

10년 동안 '계속' 동거해야 적용 가능

동거주택 상속공제는 장기간 부모를 봉양한 자녀가 부모와 함께 살던 주택을 상속받는 경우 상속세 부담을 덜어주고, 상속인의 안정적인 주거권을 보장해주는 제도다.

6억원 한도 내에서 상속주택가액의 100%를 모두 공제받을 수 있는 큰 혜택이다. 과거 5억원 한도에서 80%까지만 공제하던 혜택이 2020년부터 확대되었다. 하지만 혜택이 큰 만큼 몇 가지 요건을 확실하게 갖춰야만 한다.

우선 하나의 주택에서 피상속인과 함께 계속해서 동거한 기간이 10년 이상이어야 한다. 피상속인이 사망하기 전까지 10년은 같은 집에서 모시고 살아야 공제를 받을 수 있다는 것이다. 이때, 상속인이 미성년자인 기간은 동거 기간에서 제외된다.

만약 성년 자녀가 부모와 함께 5년간 동거하다가 특별한 사유 없이 2년 동안 다른 곳에서 살다가 다시 부모와 5년간 거주했다면 어떻게 될까? 이 경우 '계속해서' 10년을 거주하지 않았기 때문에 동거주택 상속공제를 받을 수 없다. 법에서는 징집, 취학, 질병, 근무 여건 때문에 일시적 퇴거로 인정되는 경우에는 계속 동일 세대로는 인정하지만, 일시적 퇴거 기간을 동거 기간에는 포함하지 않는다.

동거하는 동안엔 1세대 1주택자, 상속개시일에는 무주택자여야 공제 가능

또 하나는 동거 기간 내 계속해서 '1세대 1주택'에 해당해야 한다는 요건이다. 즉, 10년 이상 1세대 1주택이어야 한다는 것인데, 예외적으로 이사나 혼인, 동거봉양(부모를 봉양하기 위해 합가하는 것)을 위해 일시적으로 1세대 2주택이 된 기간은 1세대 1주택인 기간으로 본다.

끝으로 상속인이 상속개시일 당시 무주택자여야 한다는 요건이 있다. 다만, 피상속인과 공동으로 1세대 1주택을 소유한 경우는 무주택으로 인정한다. 과거 상속인이 무주택인 경우에만 공제 혜택을 줬으나 2020년부터 1세대 1주택인 경우에도 공제 대상에 포함됐다.

예를 들어 부모 중 아버지가 먼저 사망하면서 아버지 명의의 주택을 어머니와 자녀가 공동으로 상속받게 되는 경우가 있다. 이후 어머니마저 사망하면서 새롭게 상속이 될 때, 자녀가 가진 지분(아버지 사

동거주택 상속공제 요건

▶ 상속인은 피상속인이 죽기 전 10년 이상 계속해서 동거했어야 함

▶ 피상속인은 사망 전 10년 이상 계속해서 1세대 1주택자였어야 함

　(이사·혼인·동거봉양으로 일시적 2주택인 경우 가능)

▶ 상속인은 상속 개시 현재 무주택자여야 함

　(2020년부터는 피상속인과 공동소유했던 지분은 무주택으로 인정)

망으로 발생) 때문에 동거주택 상속공제 기회가 박탈되는 문제가 있었다. 2020년부터 이런 불합리가 개선되었다.

또한 피상속인이나 상속인이 제3자로부터 일부 지분을 상속을 받은 경우에도 1세대 1주택 요건을 갖춘 것으로 본다.

조부모 사망으로 1세대 1주택인 아버지가 그 형제들과 상속주택을 공동으로 상속받았고, 이후 아버지마저 사망한 경우가 여기에 해당한다. 다만, 이때 아버지의 공동상속 지분이 가장 크다면 독립된 주택을 소유한 것으로 보고 1세대 1주택 요건을 갖추지 못한 것으로 해석한다.

상속개시일 당시 무주택자이거나
피상속인과 공동으로 1세대 1주택을 소유한 경우
동거주택 상속공제 요건 성립

**2022년부터
효부·효서에게까지
공제 대상 확대**

2022년부터는 동거주택 상속공제 혜택이 더욱 확대된다. 동거주택 상속공제는 피상속인의 직계비속만 받을 수 있도록 규정했으나, 직계비속의 배우자도 요건만 갖춘다면 공제를 받을 수 있도록 정부가 「세법」 개정안을 내놨다.

개정안이 국회 본회의를 통과하면 동거봉양주택을 사위나 며느리가 소유하게 되는 경우에도 동거주택 상속공제를 받을 수 있다. 효자·효녀뿐만 아니라 효부·효서에게도 동거봉양에 따른 인센티브가 주어지는 것이다.

동거주택 상속공제 요건에 부합한다면, 상속주택가액의 100%(6억 원 한도)를 공제받을 수 있어 상속세 절세 효과를 크게 볼 수 있다. 따라서 동거주택을 미리 증여나 양도하는 것보다는, 상속개시일까지 가져가 자녀가 상속공제받게 하는 것이 유리하다.

> 「세법」 개정안 통과 시
> 며느리와 사위도 동거주택 상속공제 대상자

나도 모르는 사이 내게 온 상속세

상속세는 피상속인이 사망한 날이 속하는 달의 말일부터 6개월 이내에 상속인들이 스스로 계산해서 신고, 납부해야 하는 세금이다. 예를 들어 피상속인이 1월 15일에 사망했다면 상속인들은 그해 7월 31일까지 상속세를 신고, 납부해야 한다. 길다면 길고 짧다면 한없이 짧은 6개월 안에 상속재산을 정리하고 상속세를 줄이는 것은 쉽지 않다.

상속재산 항목과 상황별 상속공제 총 정리

상속세를 계산하기 위해서는 가장 먼저 상속재산이 얼마나 있는지 파악해야 한다. 상속재산에는 사망한 피상속인이 보유하고 있던 국내외 모든 재산이 해당된다. 부동산과 주식·현금 등 당장 금액을 계산할 수 있는 물건부터 특허권·저작권 같은 재산적 가치나 법률상 권리도 상속재산에 포함된다. 또 보험금·신탁재산·퇴직금도 상속재산에 포함해서 계산해야 한다. 피상속인이 사망하기 전 10년 이내에 상속인 또는 상속인이 아닌 사람에게 증여한 재산도 상속재산가액에 합산한다.

상속재산에 빚이 포함됐다면 상속재산에서 뺄 수 있다. 그러니 피상속인의 채무도 꼭 확인해야 한다. 금융 채무를 비롯해 세금 체납액 등 공과금도 상속재산에서 빠진다. 증빙이 있는 경우 장례를 치르는 데 쓴 장례비도 1000만원까지 상속재산에서 공제가 되며, 봉안시설 비용도 500만원까지 공제할 수 있다.

상속재산을 한 번에 찾는 '안심상속 원스톱 서비스'를 활용하면 재산 찾기가 수월하다. 원스톱 서비스에서는 피상속인 명의의 모든 금융자산과 채권·연금·부동산·자동차·기타 세금 체납액 등을 통합해서 확인할 수 있다.

상속재산이 파악됐다고 해서 그 금액을 기준으로 곧장 세금을 계산하지 않는다. 여러 가지 공제제도를 활용해 최대한 상속재산의 규모를 줄인 다음 계산한다. 상속받는 사람은 많지만 상속세를 내는 사람은 적은 이유다.

상속공제는 상속인의 가족 구성에 따라 그 금액이 크게 달라진다. 우선, 상속인이 배우자 없이 자녀로만 구성된 경우에는 5억원을 일

상속공제의 종류

공제	내용
기초공제	2억원 (가업상속 시 200억원~500억원 추가) (영농상속 시 15억원 추가)
인적공제	자녀공제 ▶ 성년 : 1인당 5000만원 ▶ 미성년 : 1인당1000만원×19세까지의 잔여 연수 연로자공제(65세 이상) : 1인당 5000만원 장애인공제 : 1인당 1000만원×기대여명 연수
일괄공제	5억원 (기초공제+인적공제와 일괄공제 중 큰 금액 선택)
배우자공제	▶ 배우자 상속액이 5억원 미만이면 5억원 ▶ 배우자 상속액이 5억원 이상이면 30억원까지
금융재산공제	▶ 2000만원 이하 : 전액 ▶ 2000만원 초과~1억원 이하 : 2000만원 ▶ 1억원 초과~10억원 이하 : 20% ▶ 10억원 초과 : 2억원
동거주택공제	주택상속가액의 6억원까지 공제 : 1세대 1주택으로 피상속인과 10년 이상 동거 요건
재해손실공제	상속세 신고 기한 중 재해로 손실된 금액

※ 자녀공제는 미성년공제와 중복 적용
※ 장애인공제는 자녀 · 미성년 · 연로자 · 배우자 공제와 중복 적용

괄공제하거나 기초공제 2억원과 기타 인적공제를 합산한 금액 중 큰 금액을 공제한다. 기타 인적공제는 자녀 1인당 5000만원(미성년자는 19세가 될 때까지의 연수×1000만원)씩 합산해 산출한다.

배우자가 있는 경우에는 배우자공제로 최소 5억원에서 최대 30억원까지 공제받을 수 있다. 배우자와 자녀가 모두 있는 경우에는 이 둘을 합하면 되는데, 이때 배우자상속공제액은 법정상속지분을 기준으로 계산한다.

재산의 종류에 따라 받을 수 있는 상속공제도 있다. 우선 중소·중견기업 대표자가 사망해 상속인이 가업을 상속하는 경우에는 가업영위 기간 등에 따라 200억원~500억원을 공제받고, 농어업 후계자 등 영농인으로 영농상속을 받는 경우에도 15억원까지 영농상속공제를 받을 수 있다.

상속재산 중 금융재산이 포함돼 있는 경우에는 금융재산가액에 따라 2000만원~2억원을 금융재산공제로 공제한다. 상속인이 피상속인과 함께 살던 주택을 물려받는 경우에는 동거주택 상속공제로 주택상속가액에서 최대 6억원을 공제받을 수 있다.

상속세 계산 후 추가 세액공제까지 적용해야 끝

상속재산에서 상속공제를 적용하고 나면, 그제야 상속세를 계산할 과세표준이 나온다. 여기에 10~50%의 세율을 곱하면 상속세가 계산된다.

상속세는 과세표준이 1억원 이하면 10%, 5억원 이하면 20%, 10억원 이하면 30%, 30억원 이하면 40%, 30억원 초과면 50%의 세율을 적용한다. 누진세율 체계여서 1억원을 초과하는 구간별로 계산된 세액에서 1000만원~4억6000만원을 누진공제로 빼준다.

만약 자녀가 아닌 손자녀에게 세대를 건너뛴 상속을 하는 경우에는 기본세율을 적용해 계산한 산출세액에 30%를 할증해서 세금을 내야 한다. 이때 상속인이 미성년이면서 20억원을 초과해 상속받는 경우에는 40%를 할증한다.

상속세율

과세표준	세율	누진공제
1억원 이하	10%	–
5억원 이하	20%	1000만원
10억원 이하	30%	6000만원
30억원 이하	40%	1억6000만원
30억원 초과	50%	4억6000만원

※ 세대 생략 상속은 산출세액의 30% 할증(미성년이 20억원 초과로 상속받을 시 40% 할증)

과세표준에 세율을 곱해 상속세를 계산한 후에는 법으로 허용하고 있는 세액공제 혜택을 챙겨야 한다.

우선 피상속인이 사망하기 전 10년 이내에 증여받은 재산이 상속재산에 포함된 경우, 증여 당시 신고, 납부한 증여세액을 상속세액에서 공제할 수 있다. 이를 '증여세액공제'라고 한다. 10년 내에 모든 사전증여액도 상속재산에 포함하지만, 증여세를 낸 증여재산은 상속재산에서 빼주는 셈이다.

또 앞서 상속받은 재산이 있는 피상속인이 10년 이내에 사망한 경우, 단기에 다시 상속이 발생한 점을 고려해 중복된 상속세를 공제하는 제도도 있다. 이는 '단기상속공제'다. 예를 들어 아버지가 사망해 어머니와 자녀가 상속받은 후 다시 10년 내에 어머니까지 사망했다면, 어머니가 아버지로부터 상속받으며 납부한 상속세는 최종적으로 자녀가 어머니 사망 시에 납부할 상속세액에서 공제한다는 이야기다.

그런데 단기상속공제는 1년 내에는 100% 공제율을 적용하지만 더 오래된 경우에는 1년 단위로 10%포인트씩 공제율이 줄어든다. 9년이 지나 10년 내에 발생한 재상속에는 앞서 납부한 상속세액의 10%만 공제한다.

상속세를 신고 기한 내에 제때 신고했다는 이유만으로 공제하는 신고세액공제도 있다. 각종 세액공제를 적용해 계산된 상속세의 3%를 신고세액공제로 빼면 상속세 계산이 끝난다.

상속개시일 1년 이내에 처분된 상속재산은 입증 필요 | 상속인이 실제로 상속받지 않았음에도 상속재산에 가산하는 '추정상속재산'이 존재한다는 사실은 반드시 알아야 한다.

이렇게 상속된 재산 때문에 예기치 않게 세금을 더 부담해야 하는 상황에 놓일 수도 있기 때문이다.

추정상속재산은 피상속인이 사망 직전에 재산을 처분했거나 현금을 인출하는 등의 방법으로 상속인이 아닌 다른 사람에게 증여한 경우에 해당한다. 실제로 상속인들이 이 사실을 까맣게 모르고 있었더라도, 증여받지 않았다는 입증을 하지 못한다면 국세청 입장에서는 상속재산에 포함되는 사전증여 재산으로 볼 수밖에 없다.

예컨대, 아버지가 사망 직전 오래된 지인에게 마음의 빚을 갚기 위해 현금을 인출해서 증여했다거나, 내연관계에 있던 사람에게 부동산을 구입해주는 등의 일이 있었다고 가정해보자. 이때 상속인들은 이 사실을 전혀 모르고 있더라도 이 모든 금액은 상속인들이 상속받은 것으로 인정된다.

피상속인이 사망 전에 처분한 재산의 사용처에 대해서는 상속인이 모두 입증해야 하는 게 원칙이다. 입증할 수 없는 경우에는 상속재산에 포함되어 세금을 추징당할 수 있다.

구체적으로 상속개시일(사망일) 전 1년 이내에 피상속인이 처분하거나 인출한 금액이 2억원 이상인 경우, 혹은 상속개시일 전 2년 이내에 피상속인이 처분하거나 인출한 금액이 5억원 이상인 경우에는 상속인들이 그 사용처를 입증해내야 한다. 이 재산에는 현금·예금·유가증권에서부터 부동산 및 부동산 권리 등이 모두 포함된다.

피상속인이 사망 직전에 상속인이 알 수 없는 빚을 진 경우에도 그 입증 책임은 상속인들에게 있다. 빚을 내어 증여했을 수도 있기 때문이다. 마찬가지로 상속인들은 상속개시일 전 1년 이내에 2억원 이상, 2년 이내에 5억원 이상을 차입해 발생한 채무에 대해 입증 책임을 지게 된다.

> 피상속인이 사망 직전
> 재산을 처분했거나 현금을 인출한 경우
> 사전증여로 추정

INHERIT

시아버지가
며느리에게
재산을 물려준 이유

상속세 부담을 줄이는 가장 효과적인 방법은 사전에 미리 증여하는 것이다. 그러나 사전증여도 증여 대상을 누구로 하느냐, 얼마씩 증여하느냐에 따라 절세 효과가 크게 달라진다. 특히 자녀 외에 며느리나 사위에게 사전증여하는 방법도 절세에 유효하다고 알려져 있다. 사전증여를 통한 최적의 절세법을 김미리 세무사(김미리 세무회계)와 함께 알아봤다.

사전증여된 재산은 증여 당시 금액으로 상속세 계산 | 상속개시일 전 10년 이내에 피상속인이 상속인에게 증여한 재산은 상속재산에 합산된다. 따라서 사전상속재산에 합산되는

기간보다 더 이전에 증여한다면 그만큼 상속재산이 줄어드는 효과가 있다.

만약 상속개시일 전 10년 이내에 증여했다고 하더라도, 상속 당시의 금액이 아닌 증여 당시의 금액으로 상속세를 계산한다는 것이 장점이다. 현행법상 상속세와 증여세의 세율이 동일하기 때문에 내야 할 세금도 같다고 생각할 수 있겠지만, 부동산이나 주식처럼 시간

이 갈수록 가치가 오르는 재산은 증여 시점의 기준에서 세액을 산출하는 게 유리할 수밖에 없다. 현금의 경우에도 증여 후 재투자하는 것까지 고려한다면 마찬가지로 이득이다.

증여세는 10년간 증여재산을 합산해서 과세한다. 그래서 증여재산공제와 10년이라는 기간을 잘 활용하면 세금 없이 일정 규모의 재산증여가 가능하다. 자녀의 경우 미성년은 2000만원, 성년은 5000만원을 10년마다 증여재산에서 공제받을 수 있다.

특히 증여세는 증여자별로 증여재산을 합산하기 때문에 여러 사람이 한 명에게 증여하면 증여세 부담이 더 줄어드는 특징이 있다. 아버지도 증여하고, 할아버지도 증여하면 더 많은 금액을 세금 없이, 혹은 적은 세금으로 증여할 수 있다는 것이다.

다만, 증여자가 직계존속인 경우에는 직계존속의 배우자도 동일인으로 보고 증여재산을 합산과세하니 주의해야 한다. 예컨대 아버지와 어머니가 각각 5000만원을 아들에게 증여했다고 가정하자. 그러면 아들에게 합산 1억원을 증여한 것이 되어 5000만원을 공제해도 나머지 5000만원에 대해서는 증여세를 부담해야 한다.

며느리·사위에게 상속개시일 5년 이전에 증여하면 상속재산으로 합산 ✕

피상속인이 상속인에게 증여한 재산은 상속개시일 전 '10년 이내'에 증여된 것이라면 상속재산에 합산한다. 만약 피상속인이 상속인이 아닌 사람에게 증여한 경우에는 '5년 이내'의 사전증여액만 상속재산에 합산하게 된다. 예컨대 며느리나 사위는 상속인이 아니기 때문에, 상속개시일 5년 이전에만 재산을 증여한다면 상속재산에 합산될 걱정은 안 해도 된다는 것이다.

따라서 아들이나 딸에게 사전증여를 하고 싶은데 상속재산에 합산되는 것이 부담되는 경우, 며느리나 사위에게 증여하는 것이 좋다.

이때 주의할 점은 며느리·사위와 같은 기타 친족의 경우, 증여재산공제가 1000만원까지만 된다는 점이다. 사전증여가액이 큰 경우 증여세와 공제금액에 대한 판단도 필요하다. 또, 며느리나 사위에게 증여한 경우 우회증여에 대한 의심을 받을 수 있다. 며느리나 사위에게 증여했지만 아들이나 딸이 그 돈으로 부동산을 매입한 경우, 국세청은 실질적으로 아들이나 딸에게 증여한 것으로 판단하고 증여세를 물릴 수 있다.

배우자 간 증여 역시 6억원까지 공제되기 때문에 무조건 증여세를 내지 않아도 된다고 생각하는 사람들이 많다. 그러나 배우자에게 증여한 금액을 실질적으로 자녀가 사용한 경우에는 증여세를 추징당할 수 있다.

미성년자에게 부동산 상속 시 자금출처 반드시 소명 경제적 능력이 없는 미성년자 등에게 부동산을 증여한 경우, 증여 이후 증여세 납부액에 대한 자금출처를 소명해야 한다. 부동산을 증여받고 해당 증여가액에 달하는 증여세를 신고, 납부했다 하더라도, 경제적 능력이 없는 자녀는 증여세액조차 감당하기 어렵다는 것이 합리적으로 의심되기 때문이다. 이때 과세관청에서는 증여세액을 부모가 재차 증여한 것으로 보고 증여세를 고지하게 된다.

특히 이런 경우에는 허위신고에 해당해 신고세액공제도 적용되지 않게 되고, 신고불성실가산세나 납부불성실가산세까지 함께 고지되기 때문에 각별한 주의가 필요하다. 따라서, 증여세 납부 능력이 없는 사람에게 부동산과 같은 재산을 증여할 때에는 미리 증여세 상당액의 현금을 함께 증여하고 세금을 신고, 납부하는 것이 좋다.

상속받은 부동산을 처분하려고 마음먹었다면 상속개시일 이후 '6개월' 안에 끝내야 한다. 6개월 이내에 매매계약이 체결되면 양도소득세를 내지 않는다는 장점이 있기 때문이다. 상속인이 상속재산을 6개월 이내에 매매하면 그 매매가액이 상속재산가액으로 인정된다. 따라서 상속액과 양도액이 같아져 양도차익이 없어진다. 물론 이때 매매는 상속인 간이 아닌 불특정 다수의 자유로운 거래에 의해 이뤄져야 한다.

만약, 상속개시일 이후 6개월 이내에 매매가 이뤄지지 않았다면 감정평가를 받아 상속재산가액을 높여놓는 방법을 활용할 수 있다. 상속가액이 취득가액이기 때문에 상속가액이 클수록 이후 양도 시 양도차익도 적어진다. 이 방법은 상속재산의 규모가 커지는 효과가 있기 때문에, 상속세 부담이 없거나 크지 않은 정도의 상속재산인 경우 활용하는 것이 좋다.

INHERIT

인기 드라마로 본
증여세의 세계

파격적인 전개로 인기를 끌었던 드라마 「펜
트하우스」에서는 고급 주상복합 건물 헤라
팰리스를 중심으로 한 다양한 갈등이 그려
진다. 억 소리 나는 부동산과 돈이 오
고 가는 이들의 관계가 현실이라
면 세금 문제를 배제할 수 없다.
드라마 속 상황들을 현실로 꺼내
어 실제 세금은 어떻게 부과되는
지 박정수 세무사(세무법인 다솔)
와 함께 분석해봤다.

헤라팰리스 4503호, 현실에서 받으면 세금만 16억원

부유하지 않았던 세신사 강마리는 주단태의 죄를 입막음하는 대가로 헤라팰리스 4503호 분양권을 받는다. 타인으로부터 부동산을 받으면 증여세를 납부해야 한다. 현실에서 강마리가 주단태에게 헤라팰리스 아파트를 받으면 세금을 얼마 내야 할까?

헤라팰리스는 극중 $3.3m^2$(1평)당 최고가 1억5000만원을 넘은 가장 비싼 아파트로, 고층으로 갈수록 가격이 올라간다. 강마리는 주단태로부터 45층에 있는 4503호의 분양권을 받아 헤라팰리스에 입주하는데, 실제 부촌에 있는 반포 아크로리버파크를 기준으로 강마리가 내야 하는 세금을 추정해봤다.

반포 아크로리버파크 최상위층(35층) 매매가는 $234m^2$(71평) 기준 190억원이다. 드라마에서 주단태가 거주하는 펜트하우스가 100층으로 최고층이며 강마리가 거주하는 집은 45층에 있다고 설정되어 있다. 이를 바탕으로 반포 아크로리버파크 중층 $112m^2$(45평) 매매가 45억원을 기준 삼아 증여세를 계산해봤다.

주단태와 강마리는 특수관계에 해당하지 않으므로 증여재산공제를 받을 수 없기 때문에 공제금액은 0원이다. 따라서 과세표준은 매매가 그대로 45억원에 맞춰 산정하게 되고, 이 주택은 과세표준 30억원 초과 최고세율에 해당하는 50%의 세율을 적용받는다.

증여세 세율

(단위 : 만원)

과세표준	1억원 이하	5억원 이하	10억원 이하	30억원 이하	30억원 초과
세율	10%	20%	30%	40%	50%
누진공제액	없음	1000	6000	1억6000	4억6000

과세표준에 세율을 적용하면 22억5000만원이 산출되고 여기에 누진공제액 4억6000만원을 공제하면 17억9000만원의 산출세액이 나온다. 추가로 자진신고세액공제 3%에 해당하는 1억2530만원을 제해주면, 강마리는 4503호 분양권을 받은 대가로 16억6470만원의 증여세를 내게 된다는 계산이 나온다.

만약 증여받을 때 강마리가 16억원이 넘는 증여세를 감당하기 어려운 상황이라면 어떻게 해야 할까?

이런 경우는 주단태에게 세금에 해당하는 금액까지 함께 증여받으면 된다. 이때 증여받은 금액을 기존 증여금액에 합산해 다시 증여세를 계산하면 된다.

**천서진이 내놓은
위자료 70억원은
비과세**

청아재단 차기 이사장을 노리는 천서진은 남편 하윤철에게 불륜남 주단태와의 내연관계가 들통나자, 이사장 자리를 지키기 위해 남편에게 빚 70억원을 갚아주는 대가로 이혼을 요구한다. 이때 천서진은 ① 증여, ② 재산분할, ③ 위자료 지급, 세 가지 방식 중 어떤 방법을 택해야 절세 측면에서 유리할까?

천서진의 상황을 고려하면, 하윤철에게 이혼 후 위자료로 70억원을 지급하는 것이 가장 좋다. 천서진이 하윤철의 개인 채무 70억원을 이혼 전에 갚아주게 되면 증여세가 과세된다. 배우자 공제로 6억원을 공제하고 난 금액인 64억원에 대해 증여세를 과세하는데, 증여액이 30억원을 초과했으므로 최고 세율인 50%가 적용된다. 세율을 적용하고 산출된 금액에 누진공제액 4억6000만원을 제한 뒤 자진 신고·납부로 3%에 해당하는 8220만원을 추가공제받을 수 있다. 결론적으로 천서진이 하윤철에게 70억원을 증여하게 되면, 총 26억5780만원을 세금으로 내야 한다는 계산이 나온다.

만약 재산분할을 통해 하윤철에게 돈을 지급하면, 세금을 얼마나 내야 할까? 「상속세 및 증여세법」 제2조에 따라 재산분할청구권을 행사해 취득한 재산은 조세포탈의 목적이 없다고 인정하는 한 증여세를 과세하지 않는다. 단, 천서진과 하윤철이 재산분할 청구소송을 통해 재

산을 분할할 때 하윤철의 채무 금액이 재산분할 후 받은 금액을 초과하게 되면, 천서진은 하윤철에게 초과분에 대한 변제금액을 줘야 할 것이다. 이 경우 하윤철은 변제금액을 받고 해당 금액을 기타소득으로 신고해 세금을 납부하면 된다.

위자료 또한 재산분할과 같이 일반적으로 상대방에게 발생한 정신적 손해를 배상해주는 것이므로 조세포탈의 목적이 없는 한 증여로 보지 않는다. 소송을 통해 하윤철이 천서진에게 위자료를 청구하고 합의를 통해 70억원에 해당하는 위자료를 받게 되면 비과세받을 수 있다.

강마리가 받은 명품백은 '사례금'으로 분류

강마리는 자신의 고객인 재벌 사모님이 사고로 위기에 처했을 때 목숨을 구하여 엄청난 신임을 얻게 된다. 재벌 사모님과 돈독한 관계로 발전한 강마리는 함께 쇼핑을 갈 때마다 선물로 고급 명품백을 받곤 하는데, 이 명품들 그냥 받아도 되는 걸까?

「소득세법」 제21조에 따라 강마리가 선물 받은 명품백들은 목숨을 구해준 대가로 지급된 '사례금'으로 간주될 가능성이 높다. 사례금은 기타소득에 속하며 사례금 외에도 상금·복권 당첨금·보상금·우발적 소득·인적 용역 소득 등이 이에 해당한다.

강마리가 받은 명품백들이 사례금으로 분류된다고 가정하면, 사례금에 해당하는 일반 기타소득세율인 20%의 원천징수세율을 적용받게 된다. 다만, 직접적인 세무조사가 없는 한 재벌 사모님에게 받은 강마리의 명품백들은 과세 대상으로 분류되긴 어려울 것이다.

강마리가 합법적으로 명품백을 수령하려면, 쇼핑 때마다 2000만원 정도의 명품 선물을 받았다고 추정했을 때 20%의 기타소득세율을 적용해 400만원의 세금을 납부하면 된다.

이와 유사한 과거 판례도 있다. 자신이 다니는 회사의 실질적 최대 주주인 조풍언 씨를 옥바라지한 대가로 75억원에 해당하는 금액을 받은 이씨의 사례다. 강마리가 재벌 사모님의 목숨을 구해 사례금으로 명품백을 받았듯 이씨도 옥바라지의 대가로 사례금을 수령했다.

이씨는 정권 로비 혐의로 구속된 조씨의 구속 수사와 형사재판이 진행되는 동안 조씨와 가족들, 변호인과 연락을 담당하며 형사재판에 필요한 자료를 수집하고 구치소 및 병원 생활을 지원하는 등 일을 수행했다.

이씨는 이 일의 대가로 조씨에게 회사 주식 215만주를 받기로 했으나 주식 양도를 둘러싼 분쟁이 생기며 주식 대신 현금 75억원을 받게 됐다. 반포 세무서는 이씨가 받은 금액이 사례금에 해당한다고 보아 2013년 9월 이씨에게 종합소득세 26억9000만원(구 소득세율 적용)을 부과했다.

이씨는 해당 처분에 불복해 소송을 제기했다. 소송에서 이씨는 "75억원은 합의에 따라 인적 용역을 제공해 받은 것이므로 특칙에 의한 필요경비 80%를 인정받아야 한다"고 주장했다. 하지만 재판부는 "이씨가 받은 돈은 친분관계에 기초해 옥바라지를 한 것에 불과하다"면서 「소득세법」에서 규정한 전문성이나 특수성을 갖춘 인적 용역에 해당한다고 보기 어렵다"며 반포 세무서의 처분이 적법하다고 판단했다.

받았다가 돌려줘도
세금을 낼까?

세금은 재산의 취득·보유 등에도 부과되지만, 납세자가 세금을 내는 많은 이유는 소득 때문이다. 회사를 위해 일하고 급여를 받으면 소득세(근로소득)를 납부하고, 부동산을 매입 가격보다 높은 가격으로 매도하면 양도차익에 대해 양도소득세를 납부한다. 또 부모님으로부터 상속이나 증여를 받으면 상속·증여세를 납부해야 한다.

그런데 사후적으로 이익을 반환하거나 물건을 돌려받아 소득이 사라지면 세금을 납부하지 않아도 될까? 알쏭달쏭한 증여재산 반환 문제를 김해마중 변호사(김앤장 법률사무소)와 함께 살펴봤다.

**증여받은 후
3개월 이내 반환하면
증여세 0원**

부모님으로부터 자녀가 20억원 상당의 주식을 증여받고 증여세를 납부하지 않았는데, 얼마 후 부모님이 사업상 어려움을 겪게 되어 자녀가 그중 15억원 상당을 부모님께 그대로 반환했다고 가정해보자.

이 경우 증여세를 20억원에 대해 내야 할지, 5억원에 대해 내야 할지 헷갈린다. 결과적으로 5억원 상당만 증여받았는데, 20억원에 상응하는 증여세를 내라고 하면 부당하다고 생각할 수 있다.

그렇다면, 20억원 상당의 주식을 증여받은 후 증여 사실을 숨기고 있다가 과세관청에서 증여받은 사실을 인식하자 증여세를 적게 내기 위해 부모님께 15억원 상당의 주식을 반환한 경우는 어떤가?

만약 뒤늦게 증여재산을 반환하는 것을 인정하게 되면 이처럼 상황을 악용하는 사례가 늘어날 것이다. 또한 국가는 과세권을 확보하기 어려워질 것이다. 그래서 「세법」은 일률적 기준을 두고 있다. 즉, 증여세 과세표준 신고 기한 내에 당사자 간의 합의로 수증자가 증여자에게 증여재산을 반환하는 경우 처음부터 증여가 없었던 것으로 보아 증여세를 과세하지 않는다.

증여세 과세표준 신고 기한은 증여일이 속하는 달의 말일로부터 3개월 이내다. 만약 2021년 3월 15일에 증여받았다면, 2021년 6월 30일까지는 증여재산을 반환하고 증여세를 납부하지 않을 수 있다.

이 사례에서 자녀가 2021년 6월 30일이 지난 뒤에 증여재산을 반환한다면 그날부터 다시 3개월이 경과했는지에 따라 세부담이 달라진다.

즉, 증여일이 속하는 달의 말일로부터 6개월 이내인 경우라면 처음 증여한 것에 대해서는 증여세가 부과되지만, 증여재산을 반환한 것에는 다시 증여세가 부과되지 않는다. 반면,

INHERIT

6개월이 경과한 후라면 최초 증여뿐만 아니라 반환된 증여재산에도 다시 증여세가 부과될 수 있다. 증여세가 이중으로 부과되는 것이다.

이 같은 논의는 금전(현금)에는 적용되지 않는다는 점을 유념해야 한다. 예컨대, 오늘 부모님께 20억원의 현금을 증여받고 한 달 후에 20억원을 부모님께 그대로 반환하더라도 증여세는 과세된다는 이야기다. 특히 부모님이 20억원을 다시 돌려받은 것을 별개의 증여로 보아, 각각 증여세가 두 차례 과세될 수 있으므로 각별히 유의해야 한다.

계약을 취소하면 과세 없는 양도차익, 일부 반환해도 세금 감면 없는 근로소득

양도계약을 해제하거나 취소하는 경우, 양도차익이 과세될까? 사기나 착오를 이유로 당사자 일방이 계약을 취소하거나 계약불이행을 이유로 해제권을 행사하면 민사적으로는 계약은 소급적으로 효력이 상실되어 처음부터 없었던 것으로 된다. 「세법」은 이런 민사상의 효력을 존중하여 계약을 취소하거나 해제하면 양도차익에 대한 세금은 부과하지 않는다.

그렇다면 당사자 일방이 계약을 취소하거나 법정해제한 것이 아니라 당사자들이 새로운 합의를 해 계약을 없던 것으로(합의해제) 하면 어떻게 될까?

이미 양도차익이 발생했는데 당사자들의 사후적인 합의로 이를 되돌리는 것은 허용할 수 없다는 견해가 있다. 그러나 법원은 토지 및 건물을 매

매매계약의 효력이 상실되면 양도차익에 대한 세금은 나오지 않습니다.

226

도하는 매매계약을 체결한 후 매매계약과 관련한 분쟁이 발생해 당사자들이 매매계약을 합의해제한 사안에서 매매계약은 효력이 소급해 상실하므로 양도소득세를 부과할 수 없다고 판단했다.

같은 취지에서 법원은 주식을 양도한 후 주식 매매대금을 일부 감액하기로 했다거나 분양권 매도대금에 관해 분쟁이 발생해 사후적으로 대금을 감액한 경우에 양도가액을 당초의 약정대금이 아닌 감액된 대금으로 인정하기도 했다.

반면, 과세관청은 회사가 급여를 결산상 손금으로 처리한 후에 근로자가 근로소득 중 일부를 반환한 경우에는 그 반환을 고려하지 않고 전체 지급액에 대해 원천징수를 해야 한다는 입장이다.

따라서 이미 급여를 지급받았다면, 법인이 인건비 처리를 한 후 근로자가 회사 경영 악화 등의 이유로 급여 중 일부를 반환하더라도 근로자의 소득세가 줄어들지 않는다.

사후적으로 소득의 일부를 반환한다고 항상 감액된 금액이 소득으로 인정되는 것은 아니라는 점도 주의를 요한다. 또한 앞선 반환·취소·해제에 관한 논의는 소득이 아니라 취득이라는 외형 자체에 부과되는 행위세 또는 유통세적 성격을 가진 취득세에서는 그대로 적용되지는 않는다.

판례는 계약이 무효거나 취소된 경우에는 취득세 과세 대상이 아니라고 봤으나, 해제조건의 성취, 해제권의 행사 또는 합의해제의 경우에는 양수인의 취득세 납세 의무는 여전히 존재한다는 입장이다.

「세법」에서는 사후적으로 이익이나 물건을 반환하여 결국 소득이 없는 경우에도 세금이 부과되는 다양한 사례가 있으므로, 재산을 증여할 때나 양도할 시에 유의해야 한다.

증여세 없이 물려줄 수 있는 10년 주기 무상증여 플랜

계획만 체계적으로 짠다면 자녀가 태어나서 30세가 될 때까지 최대 1억4000만원을 세금 없이 증여할 수 있는 방법이 있다. 주식으로 줄 경우, 20세가 될 때까지 최대 4000만원까지 무상증여가 가능하다. 세금 전문가들이 추천한 10년 주기 무상증여 플랜은 어떻게 구성되어 있을까?

세금 없이 자녀에게 1억4000만원을 물려주는 방법

10년 주기 무상증여 플랜을 시작하려면, 반드시 증여재산공제 방식을 이해해야 한다. 증여재산공제는 증여일로부터 과거 10년 치를 합산하여 과세가액에서 공제한다. 그런데 이를 간과하고 증여 시기와 관계없이 단순히 10세까지 2000만원, 20세까지 2000만원을 증여할 수 있다고 생각하는 사람들이 있다. 그러면 증여세를 추징당할 수 있다.

신생아인 자녀에게 증여하는 경우와 10세 생일을 맞은 자녀에게 증여하는 경우를 비교해보면, '증여일로부터 과거 10년 치를 합산한다'는 대목이 중요한 이유를 알 수 있다.

먼저 A씨가 신생아인 자녀에게 증여하는 경우, 자녀가 태어나자마자 2000만원을 증여하면 자녀가 10세가 된 해에 2000만원을 또 세금 없이 증여할 수 있다. 공제 주기가 10년이기 때문이다.

그런데, A씨가 10세 생일을 맞은 자녀에게 2000만원을 증여하고 자녀가 15세가 된 해에 다시 2000만원을 증여한 경우에는 증여세를 추징당할 수 있다. 15세에 2000만원을 받게 되면 증여일로부터 다시 역산했을 때 5년 전에 증여받은 것으로 계산돼 10년 공제 주기를 채우지 못하기 때문이다. 이 경우 A씨 자녀는 15세에 증여받은 2000만원에 10세 때 받은 2000만원까지 합산한 증여액인 4000만원에 대해 2000만원을 공제받은 후, 10% 세율(1억원 이하)에 신고세액공제 3%를 적용해 194만원의 증여세를 내야 한다.

A씨의 자녀가 15세가 아닌 20세가 됐을 때 2000만원을 물려받으면 세금은 없다. 10년을 역산해 합산하더라도 10년 공제 주기를 충족해 증여재산이 2000만원으로 계산되기 때문이다. 게다가 19세

229

에는 성년이 되기 때문에 성년 기준의 증여재산공제액인 5000만원을 적용받을 수 있어 문제가 없다.

결론적으로 자녀가 태어나자마자 2000만원을 증여하고, 10세가 된 해에 2000만원을 추가 증여한 뒤 성년이 된 이후인 20세에 5000만원, 그리고 30세에 5000만원을 증여하는 것이 가장 최선의 절세법이라고 할 수 있다. 0세 2000만원, 10세 2000만원, 20세 5000만원, 30세 5000만원를 증여해 총 1억4000만원을 세금 없이 물려주는 10년 주기 무상증여 플랜이 완성되는 것이다.

목돈이 부담돼 매년 소액을 누적해 증여하는 경우에는 다음과 같은 절세 플랜을 적용할 수 있다. 태어나자마자 아이에게 200만원을 증여하고 10년간 매년 200만원을 증여하면 10세가 되는 해에 증여액이 2000만원으로 합산되어 증여재산공제를 받을 수 있다. 다만, 이 경우 원칙상 증여할 때마다 매번 신고해야 한다는 번거로움이 있다. 증여세는 증여한 시점에 신고해야 하기 때문이다. 하지만 10년간 증여가액이 2000만원을 넘지 않으면 낼 세금이 없기 때문에 신고하지 않았다고 해서 문제가 생길 가능성은 낮다.

미성년 자녀에게 최대 4000만원까지 주식 무상증여 가능

주식 투자 열풍과 함께 최근 미성년 자녀에게 현금 대신 주식으로 용돈이나 세뱃돈을 주는 부모들이 늘고 있다. 현금 대신 주식으로 용돈이나 세뱃돈을 주는 부모들은 재테크뿐만 아니라 절세 효과를 함께 노린다.「상속세 및 증여세법」제53조에 따르면, 미성년 자녀에게 10년 동안 2000만원어치 주식을 증여하는 경우 비과세받을 수 있기 때문이다.

증여재산공제를 활용하면 자녀가 1세 때부터 10세까지 2000만 원어치의 주식을, 10년이 지난 11세부터 20세까지 또 2000만원어 치의 주식을 세금 없이 증여할 수 있다. 결론적으로 자녀가 태어나 성인이 되기 전까지 최대 4000만원을 세금 없이 증여할 수 있다는 이야기다. 게다가 투자로 발생한 각종 수익이나 배당금은 증여세 부 과 대상에서 제외된다.

다만, 증여세 한도 내의 금액이라고 할지라도 자녀 명의의 주식 계좌에 입 금을 하면 신고는 필수다. 자녀의 주식 계좌에 입금하고 그 돈으로 주식을 매 수해 자산을 늘릴 경우, 추후 자금출처를 밝힐 때 증 여가액을 산정하는 과정에서 논란이 생길 수 있기 때문 에 미리 신고해두는 것이 좋다.

성년 기준 5000만원, 미성년자 기준으로 2000만원 이상 증여 를 받게 되면 증여를 받은 자녀(수증자)는 증여받은 달의 말일로부터 3개월 내에 증여신고를 해야 한다.

증여가액 기준도 알아두면 좋다. 2월 24일에 증여받는다고 해서 2월 24일자의 주가로 증여가액을 평가하지 않는다. 상장 주식의 경 우, 증여일 2개월 전과 2개월 후의 주가까지 총 4개월 동안의 주가를 평균으로 한 가액으로 증여세를 과세한다.

5장

파란만장한 절세 드라마,

절세극장

바람피운 그 남자의
양도세

2주택자 장모 집에서 살다가
이혼 직전 부부 공동명의 주택 매매
1세대 3주택자로 판단하여
양도세 중과세율 55% 적용

Tax-saving Cinema

장면1 장모님의 은혜

> "맞벌이 부부가 두 아이를 키우는 게 여간 어려운 일이 아니지.
> 내가 돌봐줄 테니 걱정 말고 들어오게나."

결혼한 지 6년 만에 내 집 마련의 꿈을 이뤘지만, 기분이 썩 좋지 않았어요. 부부가 함께 사업을 하며 아이를 돌보는 건 무척 힘들었거든요. 갈수록 서로에게 상처가 되는 말만 반복했어요. 남보다 못한 사이였죠. 오랜 고심 끝에 장모님을 찾아갔고, 장모님께선 흔쾌히 우리 가족의 손을 잡아주셨어요. 장모님 명의로 된 40평대 아파트에서 함께 살게 됐어요. 넓은 집이라서 장모님과 네 식구가 함께 지내기에 불편함이 없었어요.

아파트 관리비는 장모님과 절반씩 부담했고, 아이들 양육비와 생활비는 따로 챙겨드렸어요. 장모님께서 회사 대표였고 임대사업도 하셨기에 경제적으로 여유로웠지만, 가족끼리도 돈 문제는 확실하게 처리하기로 했죠.

 장면2 악몽의 서막

> "다른 여자와 바람을 피운 당신을 도저히 용서할 수 없어.
> 위자료 내놓고 당장 집에서 나가!"

부부의 위기를 극복하고 완벽한 가족의 모습을 되찾아갈 무렵, 돌이킬 수 없는 시련이 닥쳐왔어요. 바로 여자 문제였죠. 아내에게 무릎을 꿇고 빌어봐도 소용없었어요. 장모님과 아이들에게 너무 미안했지만, 제가 할 수 있는 선택은 이혼밖에 없었어요. 아내와 협의이혼 신고를 하고 나서 오피스텔을 얻어 집을 나왔어요.

공동명의로 취득했던 주택도 급매로 처분했어요. 집을 팔고 나서 받은 돈은 모두 아내에게 위자료로 주었어요. 문제는 양도소득세였어요. 이혼 확정 판결을 받기도 전에 상상을 초월하는 양도세가 저를 기다리고 있었어요. 집을 보유하던 6년간 집값이 많이 오른 데다 장모님이 보유한 주택 2채까지 포함해서 1세대 3주택 양도세 중과세율 55%를 적용했기 때문이었죠. 자금 마련이 쉽지 않아서 두 번에 걸쳐 분할납부를 했어요.

장면3 — **육아와 맞바꾼 양도세**

"양도세를 너무 많이 낸 것 같은데, 혹시 돌려받을 방법이 없을까요? 좀 억울한 부분이 있어서요."

세무사의 도움을 받아 세무서에 이의신청을 했어요. 1세대 1주택자라는 사실만 인정되면 양도세 비과세 혜택을 받을 수 있으니까요. 비록 장모님과 같은 공간에서 살았지만, 각자 소득으로 생계를 유지했기 때문에 별도 세대로 볼 수 있다고 생각했어요. 장모님께서 2주택자라고 해도 저는 별도 세대로서 1세대 1주택자로 인정받고 싶었어요. 하지만 세무서에서는 생계의 한 부분인 '육아'를 장모님과 함께했기 때문에 별도 세대가 아니라고 하더군요. 공동명의 주택을 양도할 당시에도 이혼 확정 판결 전이기 때문에 단순 별거 상태라고 본다고 했어요.

실체 없는 독립 세대

"아내분께서 이미 장모님을 동일 세대원으로 보고
다주택자 중과세율을 적용해 양도세를 신고하셨습니다."

저는 조세심판원을 찾아가서 심판청구를 냈어요. 오피스텔 임대차계약서, 관리비 영수증, 거주 사실 확인서, 금융거래 입출금 내역 등을 증빙으로 제출했는데요. 조세심판원은 아내가 신고한 양도세 내역을 보면 장모님과 동일 세대로 보이기 때문에, 저만 별도 세대로 보기 어렵다고 했어요. 또한 장모님의 소득이 파악되지 않고 장모님께서 임대사업자등록과 사업장현황신고도 하지 않은 상태여서, 제가 독립된 생계를 유지했다고 판단할 수 없었죠. 심판청구는 기각 결정이 내려졌고, 양도세는 끝내 돌려받을 수 없었어요. 행정법원을 통해 다시 한 번 세금을 돌려달라고 소송을 내볼 생각이에요.

부부가 이혼 절차 없이 사실상 별거하는 경우에도 법률상 부부 관계는 유지된다. 사실상 이혼 상태거나 동일한 주소에서 생계를 같이하지 않았다고 해도 배우자는 함께 1세대를 구성한다는 사실을 꼭 기억해야 한다.

237

Tax-saving Cinema

회장님과 비구니의
비밀 결혼식

남편 사망 뒤 절로 돌아갔지만
생전에 받은 부동산 취득자금 6억원 출처조사
위자료 주장 인정 안 돼
증여세 3억원 부과

약 정 서

갑 과 을은 부부의 연을 맺기로 하고 다음과 같이 약정한다.

다 음

1. 갑과 을은 부부로써 서로 존중하고 사랑하며 성의를 다한다.

2. 갑은 을에게 삼억원 상당의 아파트를 을의 명의로 제공한다.

3. 갑과 을은 혼인신고를 하지 않기로 한다.

4. 양인은 문서 또는 명확하게 서로 합의된 것 이외의 재산권 청구를
하거나 어떠한 권리도 주장하지 아니한기로 한다

결혼 서약서와 한 장의 약정서

"항상 서로를 존중하고, 남편과 아내로서 도리를 다하며,
평생 사랑할 것을 맹세합니까?"

주지스님의 주례가 끝날 무렵, 눈물이 터져나왔습니다. 어린 시절 부모님을 잃고 불교인으로 살아오다 58세가 되어서야 처음으로 결혼하게 된 인생 역정이 주마등처럼 스쳐 지나갔거든요.

남편은 80대 중반이라곤 믿기지 않을 정도로 호탕했고 전 그런 그가 좋았어요. 남편이 상당한 재력가여서 제가 돈만 보고 결혼한다고 수군거렸지만 개의치 않았어요. 재산 분쟁에 휘말리지 않으려고 혼인신고도 하지 않았어요.

하지만 그의 가족들은 예고도 없이 찾아와 저를 꽃뱀으로 취급했어요. 그러던 어느 날 남편의 딸과 변호사 사위가 찾아와 제게 한 장의 약정서를 내밀었어요.

남편의 통 큰 위로

"아버지 재산 노리시는 건 아니죠?
그럼 여기에 도장 찍으세요."

그의 딸이 내민 약정서엔 혼인신고를 하지 않고 재산권도 포기하라는 내용이 담겨 있었어요. 대신 3억원 상당의 아파트를 지급하는 것으로 금전 문제를 정리하자고 했어요. 몹시 기분이 언짢았고 자존심도 상했지만, 남편을 위해 약정서에 도장을 찍었어요. 그의 가정에

불화가 생기는 것을 원치 않았거든요. 법무법인을 통해 공증까지 받고 나서야 남편이 살던 집에서 함께 신혼살림을 시작할 수 있었어요. 남편은 제게 미안하다며 4억원짜리 재건축 아파트를 사주고, 단독주택을 취득하는데 보태라며 가족들 몰래 2억원을 주었어요. 우여곡절이 있었지만, 든든한 남편 덕분에 13년 동안 행복하게 지낼 수 있었어요.

장면3　　　　**갑작스러운 자금출처조사**

"내가 죽더라도 매월 생활비를 보내주고
각별히 신경써주어야 한다."

남편은 가족들에게 절 돌보란 유언을 남기고 세상을 떠났어요. 마지막 순간에도 저를 위해 걱정했던 모습이 유언장에 남아 있었죠. 전 마음만으로 충분했기에, 유언에 담긴 제안을 모두 거절하고 다시 절에 들어갔어요.

그런데 그의 장례식을 치른 지 1년이 지난 후, 국세청 공무원들이 찾아왔어요. 재건축된 아파트와 단독주택을 보유한 저에게 부동산 취득자금 출처조사를 실시한다고 했어요. 남편으로부터 증여받은 6억원을 신고하지 않았다는 이유였죠. 증여세 결정 결의서에는 가산세까지 합쳐 총 3억원의 세금이 적혀 있었어요.

원래 부부 사이에 6억원 이내의 재산을 주고받으면 증여세가 과세되지 않는데, 무언가 잘못된 것 같았어요. 그래서 세무대리인에게 자초지종을 설명하고 국세청을 찾아갔어요.

240

사랑이 남긴 증여세

"수백억원의 상속재산을 포기하는 대가가
겨우 4억원 아파트라는 게 말이 되나요?"

재산권 포기 약정서를 딸의 강요로 작성했기에, 그때 남편이 제게 준 돈은 정신적 손해배상의 대가인 위자료였어요. 위자료는 비과세 항목이니, 저는 증여세를 낼 필요가 없었던 것이죠. 하지만 국세청의 의견은 달랐어요. 남편의 가족들도 정신적 고통을 받았을 것이며, 약정서에도 정신적 피해보상이라는 내용이 명시되지 않았기 때문에 위자료가 아니라고 했죠. 또한, 남편과 가족들이 갈등을 예상하고 위자료를 지급한다는 것은 앞뒤가 맞지 않는다고 했어요. 사실혼 관계라 할지라도 위자료 지급이 성립하려면 배우자에게 가정 파탄의 사유가 있어야 하는데, 여기에도 속하지 않는다고 했죠.

결국 국세청 심사청구에서 위자료로 인정받지 못했고, 세금 과세가 적법하다고 판단하여 돈은 돌려받을 수 없었어요. 행정법원에 소송을 내서 다시 한 번 과세의 위법 여부를 따져보려고 해요.

절세 Tip

이혼에 따라 정신적 또는 재산상 손해배상의 대가로 받는 위자료는 증여로 보지 않는다. 다만, 조세포탈의 목적이 있다고 인정되는 경우에는 증여로 보고 과세하기도 한다. 사실혼 관계를 유지한 배우자의 부동산 취득에 대해서는 위자료나 재산분할로 볼 수 없다는 예규판례도 있으니, 재산을 나누기 전에 증여세 문제를 면밀하게 검토해야 한다.

공무원의 잃어버린
26년 농사 인생

고등학교 때부터 시작한 농사
공무원 생활하면서도 주변에 일손 맡기며 병행
국가사업에 농지 수용됐지만 자경 기간 2년만 인정
자경농지 감면 불가로 양도세 과세

장면1 　　　　　　　　**17세 땅부자 등장**

> "땅을 사줄 테니 이제부터 농사를 짓거라."
> "할아버지! 저는 겨우 고등학교 1학년인걸요?"
> "주경야독하면서 차근차근 농사를 배워보려무나."

충청남도의 부농 집안에서 태어난 김모씨는 어린 시절부터 어깨너머로 농사를 지켜보며 자랐습니다. 그가 고등학교에 입학하자, 할아버지는 농지 2293㎡를 취득해 그에게 물려주고 직접 농사를 지으란 파격적인 제안을 했어요.

김씨는 농대에 진학하며 차세대 영농 후계자로 만반의 준비를 끝냈어요. 그가 대학생일 시절 유신헌법이 선포되며 학교에도 휴교령이 내려졌어요. 한 학기에 20일 정도만 대학교에서 수업을 받고, 나머지는 우편을 통한 비대면 수업으로 대학생활을 했죠. 수업이 없는 날이면 그는 고향에서 할아버지와 함께 농사를 지었어요.

장면2 　　　　　　　　**공무원 수시 면접**

> "스펙이 좋군요. 군대는 다녀왔습니까?"
> "네, 학사장교로 군복무를 마쳤습니다."
> "좋습니다. 다음 주부터 당장 출근하세요."

우여곡절 끝에 대학을 졸업하고 군복무까지 마쳤지만, 이번에는 취업이 되지 않았어요. 한동안 일자리를 찾지 못한 채 고향에서 계속 농사를 지어야 했죠. 그런데 전역한 지 10개월이 지난 후 대학에서 공무원 임용 추천을 받게 됐어요. 예상치 못한 기회였어요. 식품학을 전공하고 1급 기사 자격증까지 소지한 그는 공무원 특별채용 요건을 갖춘 맞춤형 인재였어요. 면접을 통과한 그는 공무원으로 특별채용 됐어요. 안정적인 생활이 보장됐지만 박봉의 월급 때문에 농사도 계속했어요. 비교적 일손이 덜 가는 논농사를 시작했어요. 퇴근 후에는 물론 주말과 공휴일에도 농사에 전념했어요. 다만, 공무원 일을 하면서 혼자 농사를 짓기에는 버거웠기 때문에 아버지와 동네 이웃의 도움을 받았어요.

장면3   **토지수용 대박 사건**

"형님! 우리 마을이 개발된다는 소식 들으셨죠?"
"나도 듣긴 했는데 어디인지 혹시 아는가?"
"형님 땅도 포함됐어요. 지금 농사짓는 그 땅요."

김씨가 공무원 생활 내내 농사를 짓던 땅이 국가의 공익사업 개발 계획에 포함됐어요. 보유하던 토지의 소유권을 국가에 넘기는 대신 보상금을 받게 됐죠. 그는 평생 농사를 지어왔기 때문에 양도소득세를 낼 필요가 없다고 생각했어요.

그런데 국세청에서는 46년의 보유 기간 중 자경 기간을 고작 2년만 인정하고, 양도세를 내라고 통보했어요. 김씨는 대학 시절, 군대 제대 후 농작 기간, 초창기 공무원 근무 기간을 합친 자경 기간 26년 가운데 농사에 전념한 기간을 2년으로 본 국세청의 통보를 받아들이지 못했어요.

가방끈 긴 부자 농부

"고등학생 손자가 농지를 증여받을 정도로 잘사는 집이었죠?"
"그게 자경 요건과 무슨 상관입니까? 저는 농사를 직접 지었어요."
"공무원 시절 석사와 박사 학위도 취득했군요. 농사는 언제 지었나요?"

국세청은 김씨의 주장을 인정하지 않았어요. 자경 요건을 충족하려면 본인 노동력의 절반 이상을 투입해야 하는데, 김씨는 학업과 공무원 생활 등을 병행했기에 농사에 전념하지 않았다고 봤어요. 또 증거로 제출한 비료 영수증도 허위 증빙으로 확인됐는데요. 그가 비료를 구입했다고 주장한 시기의 판매처 주소가 달랐어요. 알고 보니 비료 판매처가 이사를 했는데, 구입했을 당시의 주소가 아니라 현재 주소가 적혀 있었던 거예요. 김씨는 뒤늦게 인우보증서와 자기기술서 등을 제출했지만 허위 증빙을 제출한 사실이 밝혀지면서 모두 인정받지 못했어요. 조세심판원은 자신이 보유한 농지에서 일시적으로 농작업을 도와준 것일 뿐이라며, 김씨가 양도세를 내는 게 맞다는 결론을 내렸어요.

 절세 Tip

8년 이상 직접 경작한 토지의 양도로 인해 발생하는 소득에 대해서는 양도세를 100% 감면한다. 직접 경작 요건을 충족하려면 소유 농지에서 상시 종사하거나, 농작업의 2분의 1 이상을 자기 노동력에 의해 경작해야 한다.

양할머니가
선물로 준 아파트

10년간 모신 양할머니 아파트를
양할머니가 빌려준 돈으로 매매
9년 만에 취득자금 출처조사
대출 상환·생활비 지급에 대한 증빙 없어
심판원 "증여세 과세 적법" 판결

아버지가 간직한 비밀

> "죽기 전에 네게 꼭 할 말이 있단다."
> "아빠! 갑자기 그게 무슨 말씀이세요?"
> "사실 네 할머니는 친할머니가 아니란다."
> "저는 상관없어요. 변함없이 할머니를 모시겠어요."

아버지는 집보다 병원에서 더 오래 지냈습니다. 30년 전 지병으로 쓰러진 후 좀처럼 건강을 되찾지 못했어요. 입원 생활이 길어지자 아버지는 한 가지 고백을 했어요.

제가 할머니라고 부르던 분이 사실 친할머니가 아니라는 사실이었죠. 비록 아버지에겐 양어머니였지만 저에겐 친할머니나 다름없었어요.

저는 수학 과외를 해서 번 돈으로 할머니를 부양했는데요. 명절을 앞두고 할머니께서 저에게 뜻밖의 제안을 했어요.

할머니의 깜짝 선물

> "10년 동안 빠짐없이 용돈을 주다니 대견하구나."
> "당연히 해야 할 일인 걸요. 할머니! 오래 사셔야 해요."
> "사실 아파트가 하나 있는데, 그걸 너에게 넘겨주마."

할머니께서 보유하신 부산의 $84m^2$짜리 아파트를 저한테 선물로 주겠다고 말씀하셨어요. 다만, 세금 문제가 있기 때문에 증여가 아니라 정식으로 매매계약을 체결하기로 했는데요.

계약서를 쓰고 할머니의 아파트를 취득했어요. 매매가격은 같은 단지의 아파트 가격보다 다소 저렴하게 정했어요. 10년 동안 제가 수학 과외로 번 돈과 아내가 직장에서 번 돈으로 할머니의 생활비를 부담했기에 그 부분은 상계하기로 했죠. 그리고 당장 아파트를 구입할 정도의 목돈이 없었기 때문에 할머니께서 은행에서 대신 빌려서 주었어요.

아파트를 취득하기 직전에 할머니의 계좌에서 목돈을 이체받았고, 매매계약을 체결한 후 다시 할머니의 통장으로 입금하는 것으로 거래를 끝냈어요.

장면3　　　　　**증여인가, 매매인가**

"아파트 살 돈이 갑자기 어디에서 생겼습니까?"
"과외로 번 소득이 있었고, 나머지는 할머니께서 빌려주셨어요."
"그렇다면 사실상 할머니께서 증여한 것 아닙니까?"
"아닙니다. 증여가 아니라 매매가 확실합니다."

아파트를 취득하고 나서 9년이 지난 후, 갑자기 국세청에서 자금출처조사를 나왔어요. 아파트를 취득하기 전까지 5년 동안 소득이 전혀 잡히지 않는데 어떻게 자금을 마련했는지 묻더군요.

과외비는 모두 현금으로 받았기 때문에 국세청에는 노출되지 않았어요. 매매계약서도 보여줬지만 국세청은 할머니의 아파트 소유권이 저에게 이전됐다며 증여세를 내라고 했어요.

저는 할머니를 부양해왔다는 사실과 아파트 취득 경위를 자세하게 설명했지만 국세청에서는 과세에 문제가 없다는 말만 반복했어요.

> **장면4** **진짜 증거를 보여줘**
>
> "혹시 차용증이나 대출 상환 내역 같은 증빙은 없습니까?"
> "그런 건 없고, 제가 꼬박꼬박 생활비를 드렸어요."
> "잔금 지급 내역이나 생활비 입금 내역이라도 좀 봅시다."
> "그것도 없어요. 현금으로 직접 드렸거든요."

국세청과는 더 이상 말이 통하지 않아서 조세심판원을 찾아갔는데요. 이런 형태의 매매계약은 통상적이지 않다고 하더군요. 아파트 취득자금에 대한 자금출처라도 밝힐 수 있어야 하는데 그에 대한 증빙도 마땅치 않았어요. 할머니가 또 다른 건물과 부동산을 보유하고 있던 점도 뒤늦게 알게 됐는데요. 결국 할머니가 저에게 아파트를 증여할 만한 재력이 충분하다는 판단이 내려졌고, 증여세 처분도 뒤집지 못했어요. 조세심판원은 증여세 심판청구에 대해 '기각' 결정을 내렸고, 국세청에 납부한 증여세는 돌려받을 수 없었습니다.

● **절세 Tip**

일정한 직업이나 소득이 없는 사람이 취득한 재산에 대해 납득할 만한 자금출처를 대지 못하고, 그의 부모나 배우자가 증여할 만한 재력이 있다면 취득자금을 증여받은 것으로 추정한다. 이때 증여재산의 가액은 증여일 당시의 시가에 따르며, 시가를 산정하기 어려운 경우에는 재산의 종류, 규모, 거래 상황 등을 고려해 평가한 가액을 시가로 본다.

다주택자 아들의
수상한 독립 선언

20대에 마련한 집 가격 2배 뛰자
주소지 옮긴 뒤 집 팔아
1세대 1주택 비과세 노렸지만
체크카드 사용 내역으로 덜미 붙잡혀
중과세율로 양도세 추징

장면1   **성인식 기념 주택**

> "아들아! 곧 성년의 날인데 무슨 계획이 있니?"
> "그날 아주 중요한 약속이 있어요."
> "친구들과 파티? 아니면, 여자친구와 데이트?"
> "아뇨. 집 계약하는 날이에요. 제 생애 첫 집이요."

16학번 대학생 김모씨는 서울 신림동 고시촌에 원룸을 얻어 생활했습니다. 출중한 중국어 실력을 바탕으로 통·번역 아르바이트를 했고, 학원에서 1인 대면 강의까지 하면서 돈을 꽤 벌었어요. 그는 2학년이 되자 휴학을 하고 어머니가 운영하는 개인사업장에서 주말 아르바이트까지 했죠.

그렇게 악착같이 모은 돈으로 수도권의 한 주택을 계약했어요. 개발 호재가 있는 주택이었는데, 취득한 지 2년 만에 2배 가까이 가격이 뛰었죠. 집을 팔기로 결심한 김씨는 다주택자인 어머니에게 세금 자문을 받기로 했어요.

 장면2   **엄마는 임대사업자**

> "엄마! 제가 집을 팔려고 해요. 좀 도와주세요."
> "우선, 원룸으로 주소 이전부터 하자. 그다음에 집을 팔려무나."
> "알겠어요. 집을 팔고 받는 돈은 어떻게 하죠? 제가 갖고 있을까요?"
> "엄마한테 빌려준 셈치고 입금하거라.
> 차용증도 쓰고, 이자는 두둑히 챙겨주마."

김씨의 어머니는 주택 17채를 보유하고 있는 임대사업자였는데요.

아들이 집을 팔겠다고 하자, 과세를 피하는 방법을 알려줬어요.

집을 팔기로 한 날보다 3일 앞서 아들의 주소지를 바꾸고 별도 세대를 구성하기로 했어요. 국세청에서 1세대 다주택자로 판단하면 양도소득세 중과세율을 적용받기 때문이죠.

그렇게 주소지를 옮긴 후 집을 팔고 나서 김씨는 양도세를 신고하지 않았어요. 스스로 1세대 1주택자 비과세를 적용한 것이죠. 하지만 국세청은 그렇게 호락호락하지 않았어요.

장면3

1주택자 vs. 18주택자

"당신은 1세대 1주택자가 아니라,
1세대 3주택 이상자로 중과세를 적용합니다."
"저는 부모님과 다른 주소에 살고 있어요.
"당신은 거짓말을 하고 있군요."

국세청은 김씨에게 거액의 양도세를 추징했어요. 어머니가 보유한 주택 17채를 포함해 다주택자로 판단한 것인데요. 김씨의 양도세 과세표준에 기본세율을 적용하면 35% 수준이었는데, 중과세율 20%포인트를 추가해서 55%의 세율로 계산됐죠.

김씨가 어머니와 독립된 생계를 유지했다고 주장했지만, 국세청이 제시한 체크카드 사용 내역에서 덜미를 잡혔어요. 알고 보니 어머니의 사업장에 근무한 적도 없었고, 급여가 아니라 생활비를 받은 것이었어요.

장면4 잘못된 절세 플랜

> "이것 보세요. 차용증과 이자 수취 내역입니다."
> "어머니가 아드님의 돈을 빌리고, 이자를 주셨다는 얘기인가요?"
> "그렇습니다. 제가 집을 팔고 받은 돈을 어머님께 빌려드렸어요."
> "어머니 재산이 수백억원인데 아드님한테 그 돈을 왜 빌립니까?"

김씨는 조세심판원을 찾아가 자신이 별도 세대라는 점을 인정받으려고 했어요. 어머니와 작성했던 차용증과 이자 내역까지 제출하면서 경제적 독립을 강조했는데요. 조세심판원은 김씨의 터무니없는 주장을 믿지 않았어요. 어머니의 재산 상태에 비춰볼 때, 23세 대학생 아들로부터 수억원의 양도대금을 빌렸다는 것은 앞뒤가 맞지 않죠. 결국, 김씨는 어머니와 동일 세대로서 생활비 등 경제적 지원을 받아온 것으로 밝혀졌어요. 조세심판원 심판청구도 기각되면서 김씨는 무거운 양도세와 무신고가산세까지 부담하게 됐습니다.

절세 Tip

> 1세대란 거주자와 그 배우자가 같은 주소에서 생계를 같이하는 사람과 함께 구성하는 가족 단위를 말한다. 다만, 배우자가 30세 이상이거나 사망 또는 이혼한 경우, 중위소득의 40% 수준 이상으로서 소유한 주택이나 토지를 관리하면서 독립된 생계를 유지하는 경우에도 1세대로 본다.

미국 유학 부부에게
날아온 증여세

출산 위해 입국한 딸에게 모친이 미국 주택 증여
딸을 '거주자'로 판단한 국세청은 증여세 과세
매년 체류일이 20~30일에 불과하다며
심판원, 과세 취소 결정

장면1 **허니문 베이비 탄생**

> "자기야! 아무래도 한국에 다시 돌아가야겠어."
> "결혼한 지 두 달도 안 됐는데, 왜 그래?"
> "사실 나 임신했거든. 내년 1월 출산 예정이야."

국내에서 결혼식을 치른 지 3일 만에 김모씨는 미국으로 이민을 갔어요. 남편이 미국 한인교회에서 전도사 보조원으로 일했기 때문이지요. 김씨도 교회에서 육아 교육 보조와 성가대 피아노 반주 등의 아르바이트를 하면서 생계를 이어갔죠.

결혼 직후 첫째 딸을 임신하면서 한국으로 잠시 돌아왔어요. 국내 산부인과에서 아이를 낳고 산후조리를 한 후, 친정어머니의 집에 머물다가 첫째가 걸음마를 시작할 무렵 다시 미국으로 출국했어요. 둘째와 셋째 아이는 미국에서 출산했어요.

장면2 **영상통화로는 부족해**

> "사랑하는 우리 딸! 너무 보고 싶구나."
> "내일 출국하니까 조금만 기다려주세요."
> "중요한 계약이 있으니, 도장도 꼭 챙겨오렴."

김씨는 어린 시절부터 아버지가 운영하는 육가공업체의 일을 도왔고, 미국에서 잠시 귀국했을 때도 변함없이 아버지의 회사로 출근했어요. 속 깊은 딸에게 어머니는 6개월 전에 취득한 미국 주택을 증여했어요. 김씨의 어머니는 부동산 권리 포기증서를 작성해 주택을 딸명의로 이전했고, 공증받은 서류를 법원에 제출했어요.

김씨는 한 달 후 미국 영주권을 받았어요. 남편과 첫째 딸도 미국 영주권을 받았고, 둘째와 셋째 아이는 미국에서 태어나 시민권을 얻게 됐죠. 그로부터 3년 후 김씨에게 국세청의 세무조사 통지서가 나왔어요.

장면3   **국세청의 보수적 판단**

"3년 전에 미국 주택을 취득하고, 증여세 신고 안 했죠?"
"비거주자가 해외 부동산 물려받았는데 증여세를 왜 내요?"
"우리 청은 당신을 거주자로 판단합니다. 증여세를 납부하세요."

국세청은 김씨가 시부모의 거주지인 세종특별자치시에 주민등록을 두고 있기 때문에 거주자라고 판단하고 자금출처조사를 했어요. 주택을 증여받을 당시, 미국 영주권이 나오지 않아 거주자로 판단한 것이었죠.

반면, 김씨는 미국에서 10년 넘게 세 자녀를 키웠기에 국내에 생활 근거를 두지 않은 '비거주자'라고 설명했는데요. 비거주자는 국내 증여재산에만 증여세를 과세할 뿐, 외국에서 증여받은 재산에는 과세 의무가 없었기 때문이죠.

실제로 김씨는 매년 국내에 20~30일 정도만 체류했고, 「소득세법」에서 규정한 국내 거주자 요건(183일 이상 거주)에도 맞지 않았어요. 하지만 국세청은 세무조사를 통해 증여세를 추징했고 김씨는 조세심판원의 문을 두드렸어요.

장면4 **국내 체류 기간 인터뷰**

"남편은 1년 중 얼마나 한국에서 지냅니까?"
"연간으로 계산하면 평균 41일 정도 됩니다."
"사모님은 주택을 증여받은 연도에 국내에 얼마나 계셨습니까?"
"저는 5일 동안 머물렀습니다."

조세심판원은 김씨와 남편의 국내 체류 기간이 너무 짧고 영주권과 시민권까지 받았다는 점을 감안하면 김씨 가족의 주된 거주지를 미국으로 봐야 한다고 했습니다. 국내에 소유한 재산도 없었고, 아버지가 운영하는 육가공업체에서 발생한 일용근로소득을 제외하면 별다른 경제활동도 파악되지 않았습니다.

결국 김씨는 비거주자로서 해외 부동산에 대해 증여세를 낼 필요가 없다는 결론이 내려졌고, 국세청은 과세 처분을 취소하고 추징한 세금을 돌려주기로 했습니다.

절세 Tip

「세법」에서 '거주자'란 국내에 주소를 두거나 183일 이상 거소를 둔 사람을 말하며, 비거주자란 거주자가 아닌 사람을 말한다. 거주자는 증여세 과세 대상이 되는 모든 증여재산에 대해 납부 의무가 있으며, 비거주자는 국내에 있는 모든 증여재산과 거주자로부터 증여받은 국외 예금과 적금 등에 대해 증여세 납부 의무가 성립된다.

배추장사 엄마의
고군분투

지게차에 치인 엄마의 투병생활 돕기 위해
동거한 딸의 보유 주택 때문에
2주택자 양도세 과세했지만
부모 봉양 위한 합가로 인정되어
양도세 과세 취소 결정

장면1 **타인 명의로 시작한 장사**

"언니! 우리가 청과 직판 임차권을 따냈어요."
"노점상부터 함께 시작했는데 내 명의라서 미안하구나."
"당연히 언니 명의로 해야죠. 저는 괜찮아요."

동네 언니와 함께 채소 장사를 하던 김모씨는 서울의 대형 농수산물 시장의 임차권을 취득했어요. 동업 관계였지만 임차권을 공동명의로 할 수 없었기 때문에 연장자인 언니 명의로 장사를 시작했어요.

김씨는 '악바리'로 소문날 정도로 열심히 일했고, 장사한 지 10년 만에 아파트를 마련할 수 있었어요. 그런데 동업자였던 언니가 갑자기 뇌졸중으로 쓰러지면서 장사를 할 수 없게 됐어요. 김씨는 청과 직판 임차권을 자신의 명의로 승계하려고 했죠. 하지만 시장을 운영하던 농산물유통공사는 김씨에게 임차권을 내주지 않았어요.

장면2 **쉽지 않은 임차권 승계**

"저희도 임차인을 줄여야 하는 상황이라 어쩔 수 없습니다."
"그래도 제가 동업자인데, 장사를 못하다니 말이 되나요?"
"방법이 있긴 합니다. 임차권을 자녀에게 승계하면 됩니다."

김씨가 임차권을 가져올 방법은 딱 하나밖에 없었어요. 당시 농산물유통공사는 직계존비속에게 예외적으로 임차권 승계를 인정하고 있었어요. 김씨는 둘째 딸을 동업자 언니의 양녀로 입적시켜 임차권을 이어받았어요. 우여곡절 끝에 시장에서 배추 장사를 계속할 수 있었지만, 김씨의 몸은 날이 갈수록 쇠약해졌어요.

결혼한 첫째 딸이 같은 아파트로 이사 와서 틈틈이 김씨를 돌봤지만, 오랜 기간 고된 일에 지친 몸은 좀처럼 나아지지 않았어요. 딸은 어머니와 함께 살며 어머니를 극진히 간호했고 김씨는 건강을 회복했어요.

하지만 장사를 재개한 지 얼마 지나지 않아 김씨가 지게차에 부딪히는 사고를 당해 척추장애 판정을 받게 됐어요.

 장면3 ### 엄마가 2주택자라고요?

"그냥 집에서 쉬었으면 이렇게 다칠 일도 없었을 텐데."
"엄마, 힘내세요! 치료만 잘 받으면 다시 일어설 수 있을 거예요."
"병원은 너무 갑갑하구나. 공기 좋은 시골에서 살련다."

김씨는 20년 넘게 살던 서울의 아파트를 팔고 시골로 내려갔어요. 아파트 가격이 많이 올랐지만 집 한 채만 갖고 있었기 때문에, 양도소득세 신고를 하지 않았어요. 그런데 아파트를 판 지 1년이 지날 무렵 세무서에서 연락을 받았어요. 세무서는 함께 사는 딸이 아파트를 보유하고 있어서 김씨가 1세대 2주택자로 판단된다며 세금을 과세했어요.

김씨는 세무공무원에게 억울함을 호소했지만 그는 「세법」 규정상 어쩔 수 없다며 김씨를 돌려보냈어요. 몸이 불편했던 김씨를 딸이 부양했고, 생계를 함께하면서 지냈기에 같은 세대가 될 수밖에 없었어요.

별도 세대 인증 완료

> "세무사님! 무슨 방법이 없을까요? 제발 도와주세요."
> "실제 장사를 했다는 사실만 입증하면 충분합니다."
> "그럼 뭘 준비하면 될까요?"
> "통장사본과 입양관계증명서, 상인들의 확인서도 받아주세요."

결국 김씨는 세무사를 찾아갔어요. 세무사는 김씨가 딸과 같은 집에서 생활했지만 생계를 따로 했다는 사실만 제대로 입증하면 별도 세대로 인정받을 수 있다고 했어요. 김씨는 채소 판매 거래내역이 적힌 통장, 시장 임차권 승계를 위해 딸을 입양 보낸 기록, 시장의 청과도매상인조합에서 써준 확인서를 준비했어요. 주민등록상으로도 김씨는 딸과 같은 주소지였지만 별도 세대로 등록했고, 척추장애 판정을 받은 이후 세대합가한 사실이 밝혀졌어요. 김씨는 딸과 세대합가 후 3년 만에 집을 팔았기 때문에 양도세를 내지 않아도 되는 상황이었죠. 조세심판원도 김씨의 주장을 받아들여 국세청에 양도세 전액을 돌려주라고 결정했어요.

● 절세 Tip

> 자녀가 노부모를 봉양하기 위해 세대합가한 경우 양도소득세 과세 특례 혜택을 받을 수 있다. 1주택을 가진 자녀와 1주택자 노부모가 세대합가로 1세대 2주택이 되면, 일정 기간 이내에 먼저 양도하는 주택을 1세대 1주택으로 보고 비과세한다. 과세 특례 기간은 당초 2년이었지만 2009년부터 5년으로 늘어난 데 이어 2018년부터 10년으로 연장됐다. 노부모를 동거 봉양하는 직계 자녀에게 불이익을 주지 않기 위한 「세법」 규정이다.

부산 30대 건물주의 '플렉스'

준재벌집 아들 결혼한 후
아파트·상가 건물 연이어 취득
자녀 셋 낳은 뒤 미국행
아파트 취득 자금·이주 생활비 증여로 판단
가산세까지 추징

장면1　　　'스티붕유'가 되긴 싫어

"미국에서 잘 지내더니 갑자기 왜 돌아왔니?"
"대한민국 사나이답게 군대를 가야겠어요."
"병역 기피도 가능했을 텐데, 정말 기특하구나."

어린 시절 미국으로 유학을 떠난 후 미국에서 대학교를 졸업한 김모 씨는 27세가 되던 해 귀국했습니다. 바로 병역 의무를 성실하게 마치기 위해서였죠.

그는 학사장교로 임관해서 3년 3개월 동안 복무했고, 전역하기 직전 여자친구와 결혼했어요. 비록 군인 신분이었지만 준재벌인 양가 부모의 전폭적인 지원 덕분에 성대한 결혼식을 올렸어요. 축의금만 수억원이었죠.

결혼 후에는 어머니가 운영하는 주식회사에 입사했어요. 대표이사의 아들에게 함부로 대하는 직원은 없었고, 그는 느긋하게 회사생활을 하면서 재산을 늘려갔어요.

장면2　　　집주인 겸 건물주

"어머니! 아파트를 좀 사야겠어요."
"잘 생각했다. 부동산이 최고지."
"상가 건물도 봐둔 게 있어요. 도와주실 거죠?"

그는 결혼한 지 1년 만에 경남 양산 신도시에 아파트를 샀고, 2년 후에는 부산 광안동의 2층 상가 건물을 취득했어요. 양산 아파트는 사자마자 계속 올랐고, 부산 상가에선 매월 꼬박꼬박 임대료를 받았죠. 아이도 세 명이나 낳았어요. 그러다 첫째 아이가 유치원에 갈 나이가 되자 김씨는 다시 미국행을 결심했어요. 미국에서 세 아이의 교육을 시키고, 김씨 자신도 더 공부할 생각이었죠.

김씨는 미국 시애틀에 2층짜리 단독주택을 마련했어요. 방 6개, 욕실 3개에 차고까지 갖춘 집이었죠. 이 해외주택도 부동산 담보대출과 모아놓은 자금을 합쳐서 취득했어요.

장면3 ████

주식까지 몽땅 네 거야

"아버지! 회사 주식 좀 저한테 주세요."
"그러려무나. 3000주 정도면 괜찮겠니?"
"제가 주주가 되면, 배당도 꼭 챙겨주셔야 해요."

김씨의 부모는 각각 주식회사를 운영하고 있었어요. 김씨는 아버지 회사의 주식 3000주와 어머니 회사의 주식 7000주를 합쳐 총 1만주의 비상장주식을 받았고 배당금도 두둑하게 챙겼어요.

미국 내 생활비와 교육비도 아버지에게 받았죠. 김씨가 받는 국내 임대수입과 배당금으론 5인 가족의 생활비와 4인 가족의 교육비를 감당할 수 없었거든요.

그런데 미국으로 건너간 지 5년이 지났을 때 김씨는 국세청의 세무조사 통지서를 받았어요. 국세청은 2개월 동안 강도 높은 조사를 통해 김씨에게 증여세뿐만 아니라 일반무신고·납부불성실 가산세까지 추징했어요.

결혼 축의금 재테크

장면4

"그때 아파트를 무슨 돈으로 산 겁니까?"
"결혼할 때 받은 축의금이 꽤 많았거든요."
"그건 부모가 하객으로부터 받은 돈이죠."

국세청이 아파트 취득자금의 출처를 묻자, 김씨는 결혼 축의금이라고 소명했어요. 하지만 국세청은 축의금 액수를 확인할 자료가 없고, 결혼한 지 1년이 지난 후에 축의금으로 아파트를 샀다는 주장도 신뢰하지 못했어요.

조사 과정에서 아파트를 취득하기 15일 전에 김씨의 통장에 거액의 현금이 입금된 사실이 드러나면서 김씨는 증여세 과세를 피할 수 없었죠. 미국에서 아버지로부터 5년 동안 받은 생활비와 교육비 10억원에도 증여세가 매겨졌어요. 당시 자녀 셋을 둔 독립세대의 가장인 김씨의 나이가 만 36세 이상이었다는 사실을 감안할 때, 아버지로부터 부양을 받을 상황은 아니었기 때문입니다.

절세 Tip

직업 · 연령 · 소득 · 재산 상태를 볼 때 재산을 자력으로 취득했다고 인정하기 어려운 경우에는 그 취득자가 증여받은 것으로 추정해 증여재산가액을 정한다. 다만, 사회통념상 인정되는 이재구호금품, 치료비, 피부양자의 생활비, 교육비 등에는 증여세를 부과하지 않는다.

수험생 아들 위해 마련한
역세권 오피스텔

함께 살던 아버지에게 물려받은 주택
10년간 모신 덕에 상속공제받았지만
아들의 공부용으로 샀다가 판
오피스텔이 주택수에 포함되어 상속세 추징

아들을 위한 투자

"오피스텔은 어때? 춥지는 않니?"
"사무실 느낌도 나고 마음에 쏙 들어요."
"밥은 엄마가 해줄 테니, 집에 와서 먹고 가거라."

서울에 사는 직장인 홍모씨는 치매를 앓고 있는 아버지를 모시고 아들과 한집에서 같이 살았어요. 그런데 아들이 공인회계사 시험을 보겠다고 하자 홍씨는 아들이 공부에 집중할 수 있게 오피스텔을 얻어주었어요. 마침 집에서 5분 거리에 대형 건설사가 새로 지은 오피스텔이 급매로 저렴하게 나와서 계약했어요. 지하철 두 개 호선이 지나가는 역세권에 있어서 장기적으로는 재테크의 목적도 있었죠.

홍씨가 취득한 오피스텔에서 아들은 회계사 시험에 매진했죠. 하지만 아들은 시험의 최종 관문을 넘지 못했고 군대로 향했어요. 홍씨는 세입자를 받지 않았어요. 부동산 침체기가 겹쳐 수익은 없었지만, 홍씨는 오피스텔을 미련 없이 팔았어요.

절세로 보상받은 병수발

"아버지를 모시고 얼마나 함께 살았습니까?"
"10년은 훨씬 넘었죠. 저는 그 집밖에 없어요."
"그럼 동거주택 상속공제를 적용하면 되겠군요."

아버지가 세상을 떠난 후 홍씨는 상속세를 신고하기 위해 세무사를 찾아갔는데요. 세무사는 동거주택 상속공제를 통해 절세가 가능하다고 했어요. 이는 부모를 모시고 10년 넘게 한 주택에서 같이 산 자녀에게 상속세를 감면해주는 규정인데요. 아버지와 함께 살던 주택을 상속받은 홍씨는 동거주택 상속공제 요건을 갖췄다고 믿었어요.

홍씨는 세무사의 도움을 얻어 관할 세무서에 상속세를 신고했어요. 당초 상속세 과세가액에서 1억4200만원을 공제하면서 2000만원이 넘는 세금을 줄일 수 있었어요.

장면3 **오피스텔이 왜 여기서 나와?**

"오피스텔 때문에 상속세 좀 더 내셔야겠습니다."
"그건 주택이 아니에요. 독서실이었어요."
"주방과 침실이 있잖아요. 주거용이 맞습니다."

1년 후 홍씨는 상속세 조사를 받게 됐고, 3개월에 걸친 조사 끝에 2300만원의 상속세를 추징당했는데요. 홍씨가 보유했던 오피스텔이 주택수에 포함되면서 동거주택 상속공제 요건인 '10년 이상 1세대 1주택자' 자격을 못 채웠거든요.

문제의 오피스텔에 대해 홍씨는 업무용 시설이라고 주장했지만, 세무서에선 꿈쩍도 하지 않았어요. 만약 업무용이었다면 오피스텔을 취득할 당시 부가가치세도 돌려받을 수 있는데, 홍씨는 환급받지 않았어요.

게다가 홍씨는 주택임대사업자였는데요. 기존 오피스텔 주인으로부터 임대사업자 지위를 승계받아 유지하고 있었어요. 계약 당시부터 오피스텔이 주거용이라는 사실을 알고 있었다는 얘기였죠.

장면4 세입자 없는 임대사업자

> "원래 오피스텔을 임대할 생각이 전혀 없었어요."
> "그럼 주택 임대사업자 등록은 왜 했습니까?"
> "주변에서 취득세를 감면받을 수 있다기에…."

홍씨는 주택임대사업자로 등록하면 취득세를 감면받을 수 있다는 얘기를 듣고 무작정 따라 했다고 털어놨어요. 실제로는 주택으로 임대한 사실도 없고 전입신고된 입주자도 없었기 때문에 임대사업자가 아니라고 했어요. 오피스텔을 팔 때도 3년 전 감면받은 취득세 880만원을 구청에 다 납부했다며 확인서도 제출했어요.

홍씨는 국세청장을 상대로 심사청구를 제기했어요. 하지만 국세청은 홍씨가 오피스텔을 임대할 목적이었던 것으로 보인다며 동거주택 상속공제를 받을 수 없다고 밝혔습니다.

절세 Tip

부모와 자녀가 하나의 주택에서 10년 이상 동거한 경우 상속주택가액의 80%를 상속세 과세가액에서 공제한다. 공제한도는 6억원이다. 다만, 10년 이상 1세대를 구성하면서 보유한 1주택에 대해서만 동거주택 상속공제를 받을 수 있다.

Tax-saving Cinema

결혼한 남자,
사랑하면 안 되나요?

내연관계 유부남에게 4억5000만원 받고
세금 1억1000만원 통보받아
사실혼 관계 주장했지만
내연녀 두 명 더 나와 증여세 과세 취소 불가

장면1　　　　잘못된 만남

"결혼했다는 사실을 알았지만, 도저히 멈출 수가 없었어요.
손가락질을 받더라도 끝까지 가보고 싶었어요."

그 남자를 사교 모임에서 처음 만났을 때, 제 나이는 27세였어요. 결혼을 약속했던 남자친구와 헤어진 후 마음이 싱숭생숭했는데, 그가 다가와 따뜻하게 손을 내밀었죠. 다른 연인들처럼 데이트도 했어요. 제 말을 잘 들어주어서 밤새도록 통화해도 지루하지 않았어요.

교제를 시작한 지 200일이 지났을 무렵, 그는 저에게 감춰왔던 비밀을 털어놨어요. 그는 이미 아내와 딸도 있는 유부남이며, 2년 후 미국으로 이민을 갈 예정이라고 했죠. 그는 이민가기 전까지 저와 함께하고 싶다며 같이 지내자고 했어요.

우리는 마치 신혼부부처럼 오붓한 시간을 보냈어요. 2년은 훌쩍 지나갔고 그는 미국으로 홀연히 떠났어요. 저는 이별 후 차분히 그와의 추억을 상자에 담아 정리했어요. 미국에서 잘살고 있을 그 남자를 굳이 떠올리지 않았어요.

장면2　　　　두 집 살림의 시작

"8년 만에 당신의 목소리를 들으니 이제야 살 것 같소.
우리 내일 만납시다."

그는 가족들을 미국에 남겨두고 혼자 한국으로 돌아왔다며 다시 연락해왔어요. 집을 구할 때까지 당분간 우리 집에서 지내고 싶다며 거침없이 다가왔죠.

그때부터 9년간 함께 살았고, 가족들이 귀국한 후에도 그는 두 집 살림을 유지했어요. 그러면서 금전 문제도 조금씩 얽혔는데요. 갑자기 돈이 필요하다고 해서 임대사업을 하는 언니의 도움을 받아 1억 8000만원을 빌려주기도 했어요. 그는 한 달 후 건물과 땅을 팔아서 저에게 4억5000만원을 입금해줬고, 언니에게 빌린 돈은 그때 모두 갚았어요.

장면3 **지독한 사랑의 대가**

"고생만 시켜서 너무 미안하오.
다시 태어난다면 꼭 당신과 결혼하겠소."

갑자기 쓰러진 이후 시름시름 앓던 그는 곧 세상을 떠났어요. 저는 유족들이 행패를 부릴까 봐 겁이 나서 장례식장에도 들어가지 못했어요. 하지만 그의 본처와 딸은 저를 가만두지 않았어요. 제가 받았던 4억5000만원은 대여금이기 때문에 당장 갚으라고 했어요. 결국, 소송까지 갔는데 법원은 당시 연인 관계에서 증여했거나 차용한 돈을 변제한 것으로 봐야 한다며 돈을 돌려주지 않아도 된다고 판결했어요.

하지만 세금 문제가 남아 있었어요. 국세청은 상속세 조사를 하다가 저에게 입금된 4억5000만원에 대한 증여세와 가산세 등 1억 1000만원의 세금을 추징했어요. 너무 억울해서 세무서를 찾아갔다가 더욱 놀라운 사실을 알게 됐어요.

> **장면4** **대답 없는 너**
>
> "이미 내연녀 두 명이 세무서에 출석해서 진술하고 갔습니다.
> 모두 동거를 했었고 사실혼 관계를 주장하고 있습니다."

어디까지가 진심이었고 저를 얼마나 사랑했었는지 묻고 싶지만, 다시는 그의 대답을 들을 수 없겠죠. 겨우 마음을 추스르고 추억의 상자를 열어봤어요. 그와 함께 찍었던 사진을 챙기고, 문자메시지를 모아 사실혼 관계를 입증하기 위해서였죠. 그런데 그 정도의 사진이나 문자메시지는 혼인 관계가 아니라 단순한 내연관계에서도 충분히 발생할 수 있다고 하더군요. 결국 추억은 모두 산산조각 났고 깔끔하게 세금 1억1000만원을 내는 것으로 정리했어요. 대리인을 선임한 소송비용도 너무 아깝지만 한 푼도 돌려받을 수 없다고 하네요.

◉ 절세 Tip

본인 계좌로 입금된 예금이 증여가 아니라 다른 목적에 의한 것이라는 사실을 입증할 책임은 납세자에게 있다. 증여한 사람이 대여금을 변제했다는 사실을 입증할 자료가 없고, 사실혼 부부로서 공동생활비를 받았다는 사실을 입증하지 못했기 때문에 과세 처분을 뒤집을 수 없었다.

뉴욕 변호사 된 건 축하하지만
양도세는 받아야겠어요

대기업 그만두고 아버지가 보내준 학비로 로스쿨 다닌 아들

해외 체류하며 국내 다세대주택 팔아 양도세 비과세로 신고

국세청, 「세법」상 비거주자로 판단해 양도세 과세

증여세까지 조사 범위 확대했지만

문서 통보 절차 빠뜨려 결국 과세 취소

장면1

아메리칸 드림

"여보! 대기업 생활도 지긋지긋한데 미국 가서 살아볼까?"
"나도 당장 회사 그만두고 싶어. 그런데 뭐 하고 살지?"
"변호사 정도면 우리 가족 충분히 먹고 살 수 있잖아."

서울의 명문대학을 졸업한 박모씨는 국내 굴지의 대기업에 취업했지만 회사생활에 회의감을 느꼈어요. 그는 고심 끝에 미국 유학을 결심했고, 아내도 일을 그만두고 함께 가기로 했어요. 박씨의 아버지는 학비와 생활비를 전부 지원해주기로 약속했어요.

박씨는 아파트 전세보증금을 아버지에게 맡기고 가족과 함께 미국행 비행기를 탔어요. 박씨는 5년 만에 뉴욕주 변호사 시험에 합격했고 바로 일을 시작했어요. 나중에 국내 법무법인에 취업할 계획이었죠.

그런데 변호사 자격증을 받은 지 5개월이 지났을 때 아버지가 다급하게 전화를 걸어왔어요.

장면2

미국에서 받은 비과세

"얘야. 결혼할 때 구입했던 집 있잖니. 그거 팔자꾸나."
"멀쩡한 집을 갑자기 왜 팔아요? 무슨 일 있어요?"
"가격도 많이 뛰었고 마침 사겠다는 사람도 나타났단다."

결혼 당시 박씨는 건축업자였던 아버지가 신축 분양한 서울의 다세대주택(83㎡)을 취득해 보유하고 있었는데요. 다세대주택 가격이 급등하자 아버지는 집을 팔자고 제안했던 것이죠. 박씨 부부는 1세대 1주택자였고 주택가격도 9억원을 넘지 않아서 양도세가 나오지 않을 것이라 생각했고 비과세 신고를 했어요.

그런데 휴가차 한국을 찾은 박씨 부부는 양도세를 과세 통보를 받았어요. 「세법」에서 정한 1세대 1주택 비과세 규정은 '거주자'에 한해 적용되고, 국내에 생활 근거를 두고 있지 않은 '비거주자'는 비과세를 받을 수 없다고 했죠. 박씨 부부는 미국에서 영주권을 취득한 적도 없고, 주민등록도 아버지 집 주소로 옮겨놨기 때문에 '거주자'가 맞다고 주장했죠.

장면3   **꼬리에 꼬리를 문 의심**

"다세대주택은 무슨 돈으로 취득했습니까?"
"저와 아내가 결혼 전 모아둔 돈이 있었습니다."
"아무래도 수상합니다. 그 부분도 증여세 조사를 해봐야겠습니다."

세무공무원은 박씨의 아버지가 직접 신축 분양한 주택을 결혼을 앞둔 20대 아들에게 무상으로 넘겨줬다는 의심을 했어요. 또한 미국 유학생활 중 아버지에게 학비와 생활비를 받은 것도 수상하게 여겼어요. 국세청은 박씨 부부를 상대로 증여세 조사까지 범위를 확대했어요.

결국 박씨 부부는 양도세뿐만 아니라 증여세까지 추징당하게 됐어요. 박씨 부부는 국세청의 과세 방침을 이해할 수 없었고 지인의 소개를 받아 세무사를 찾아갔어요.

세무공무원의 실수

"양도세는 비거주자 신분이라 어쩔 수 없이 내셔야 합니다만…"
"세무사님! 증여세라도 돌려받을 방법이 없을까요?"
"조사 범위 확대 통지를 문서로 받은 적 없죠?
그럼 방법이 있습니다."

세무사는 국세청이 양도세 세무조사를 통보해놓고 증여세 조사까지 범위를 확대했는데, 그 사실을 박씨 부부에게 미리 알리지 않았다는 사실을 간파했어요. 알고 보니 박씨 부부에 대한 세무조사 범위 확대는 국세청 조사사무처리규정에 따른 내부 승인 절차도 거치지 않은 것으로 드러났어요.

조세심판원도 박씨 부부의 주장을 받아들였어요. 심판원은 세무조사 범위를 확대하는 문서 통지가 없었고 내부 승인 절차도 빠뜨린 행위는 중대한 절차상 하자로 판단된다며 국세청이 조사 범위를 임의로 확대해 증여세를 과세한 처분은 잘못이라고 밝혔습니다. 다만 양도세 부분은 과세 처분이 맞다는 결론을 내렸어요.

세무공무원이 세무조사의 범위를 확대하는 경우 그 사유와 범위를 납세자에게 문서로 통지해야 한다. 예상치 못한 세무조사 처분으로부터 납세자를 보호하기 위한 것이다. 만일 조사 범위 확대를 문서로 통지하지 않고 세금을 추징하면 과세 취소 사유에 해당하므로 세무조사 사유 및 범위 등의 문서 내용을 반드시 확인할 필요가 있다.

어머니를 세입자로 들인
엄친아의 재테크

아파트 구매 후 모친과 전세계약한 아들에게
국세청은 편법 증여라며 과세했지만
임대차 관계가 명확해
전세금에 물린 증여세 과세 취소

납세도 잘하는 엄친아

"증여세를 내러 왔습니다. 신고서를 써왔는데 내용이 맞나요?"
"젊은 분이 참 똑똑하고 멋지네요. 신고서는 그대로 접수하겠습니다."
"국민으로서 납세 의무는 반드시 지켜야죠."

'엄친아(엄마 친구 아들)'인 김모씨는 명문대에 무난하게 합격했어요. 그의 외할아버지는 입학 선물로 거액의 돈을 건넸고, 어머니도 통 크게 소형 아파트를 아들 명의로 바꿔주었어요. 김씨는 관할 세무서를 찾아가 외할아버지와 어머니로부터 받은 재산에 대한 증여세를 신고했어요. 세금 문제를 해결한 김씨는 주민센터를 찾아가 전입신고까지 했어요. 세대를 분리한 덕에 서울 잠실에 아파트를 보유하고 있던 김씨의 어머니는 1세대 1주택자가 되었어요. 김씨도 마찬가지였죠. 두 사람 모두 양도소득세 비과세 요건을 충족했어요.

명의만 내 것

"너무 아까운 집이라서 딱 1년만 살아보고 나갈게요."
"어제 집을 팔았는데 전 어디서 지내란 말예요?"
"정 그러시다면 매매계약은 없던 일로 하죠."

8년 후 김씨의 어머니는 잠실 아파트를 팔고 새 아파트로 입주하려고 했어요. 매매계약을 체결하는 날, 기존 집주인은 새 아파트에서 1년 동안 지내고 싶다며 다시 전세계약을 하자는 뜻밖의 조건을 내걸었어요. 그 아파트를 사겠다는 사람들이 많으니 조건을 들어주지 않으면 계약을 취소하겠다는 이야기까지 나왔어요. 결국 김씨의 어머니는 집주인의 조건을 수용해야만 했어요. 졸지에 거처를 잃어버린 어머니는 1년간 지낼 다른 집을 알아보기 시작했어요. 1년 단기 전세를 구하려고 했지만, 마땅한 집을 찾을 수 없었죠.

장면3　　　　**똑똑한 모자의 문제 해결**

"아파트에 웬 아저씨가 주민등록이 되어 있네요. 누구예요?"
"사실은… 이혼한 전 남편이에요."
"그럼 당장 연락해서 주소지 옮겨주세요."
"저도 연락이 안 돼요. 정말 미안해요."

대학 졸업 후 대기업에 취업한 김씨는 어머니께 물려받은 아파트를 팔았어요. 그리고 새로 아파트 한 채를 계약했지요. 잔금은 전세보증금으로 메울 계획이었는데, 세입자들이 꺼리는 조건이 숨어 있어서 세입자를 찾기 어려웠어요. 부동산 시장이 과열되면서 '매도 우위'에 있어서, 계약 파기도 여의치 않았어요. 어머니와 함께 머리를 맞댄 김씨는 묘안을 찾아냈어요.

바로 김씨의 아파트에 어머니가 1년 전세계약을 하는 방법이었죠. 김씨는 어머니로부터 전세보증금을 받아 잔금을 해결했고, 어머니도 1년간 지낼 거처를 마련할 수 있게 됐어요. 두 사람은 전세계약서를 꼼꼼하게 작성했고, 보증금도 확실하게 주고받았어요.

하지만 김씨는 6개월 만에 국세청으로부터 자금출처조사를 받았어요. 국세청은 김씨가 어머니에게 아파트를 증여받았다고 의심했어요.

집주인과 세입자로의 증거 소명

장면4

> "진짜로 증여받았다면 제대로 신고했을 겁니다."
> "세금 피하려고 했잖아요. 계약서도 허위 아닙니까?"
> "신고세액공제도 못 받고, 가산세도 물 텐데 그럴 이유가 없어요."

김씨는 억울함을 호소했지만 국세청은 기어코 증여세를 추징했어요. 그런데 조세심판원은 국세청의 과세가 잘못됐다며 판단했어요. 김씨와 어머니가 전세계약을 해야 했던 사정이 입증됐고, 계약이 끝난 뒤 전세보증금을 돌려준 사실이 근거가 됐어요. 심판원은 10년 이내에 외조부와 모친으로부터 받은 재산에 증여세를 제대로 신고한 점을 볼 때, 어머니와 허위로 전세계약을 체결해 증여세를 피하려 했다는 사실은 납득이 되지 않는다고 밝혔다. 또한 전세계약을 체결하고 주민등록 이전과 확정일자를 부여받은 점을 볼 때 임대차 관계가 명확하게 성립된다고 설명했습니다.

절세 Tip

가족끼리 전세계약을 체결하더라도 자유로운 의사와 합의에 의해 계약했다면 효력을 인정받을 수 있다. 다만 선량한 풍속에 어긋나거나 진정한 의사가 아닌 허위 통정에 의해 계약을 체결하면 「민법」 제108조에 따라 무효 계약이 될 수 있다. 어머니와 아들 사이라도 합리적 전세계약에 따라 보증금을 지급하고 상환했다면 증여세 과세 대상에 포함되지 않는다.

숨겨둔 8세 아들에게
아파트 준 유부남

내연녀, 유주택 아들 때문에 양도세 1억원 납부하자
아들은 아빠와 같은 세대로 본인과는 무관하다 주장
국세청, 아들과 함께 거주하며 소득도 충분하다며
내연녀의 심사청구 기각

아기로 이어진 남녀

"사장님! 저 아무래도 아기를 가진 것 같아요."
"아내가 불임이라 걱정했는데 정말 다행이야."
"그럼 사장님 가족으로 등록해주실 거죠?"
"걱정 마. 아내한테도 이야기해놓을게."

유부녀 이모씨는 유부남 김모씨와 은밀한 연애를 즐기고 있었습니다. 띠동갑 나이인 김씨는 30년 전 결혼했지만, 본처가 아이를 낳지못해 부부 관계가 소원해진 상태였죠.

내연남 김씨의 아기를 임신한 이씨는 남편과 이혼하고 김씨와 새살림을 차리기로 결심했어요. 이씨는 아들을 낳고 나서 서울 강남의아파트를 취득했어요. 본처와 별거 중이었던 김씨도 아들을 보기 위해 이씨의 아파트를 자주 방문했어요. 김씨의 본처는 의외로 쿨하게김씨의 외도 사실을 받아들였고, 아들을 김씨의 가족관계에 올리는것을 동의해줬어요.

새로운 가족관계

"여기 가족관계증명서야. 한 번 보겠어?"
"어머! 우리 아들 이름이 정말 올라갔네요."
"이제 홀가분해졌으니 우리 잘 키워봐."

김씨는 이씨와의 사이에서 아들과 딸을 더 낳고 삼남매의 아빠로서새로운 인생을 설계했어요. 때마침 사업까지 승승장구하면서 풍족한 생활을 누릴 수 있었어요. 개인사업을 하던 이씨도 수입이 좋았어요. 재산을 불린 이씨는 더 넓은 아파트를 취득하고 기존 아파트는 처분했어요.

새로 취득한 8억1000만원짜리 아파트는 3년 만에 11억9000만원으로 급등했고, 이씨는 이 아파트를 다시 팔아서 3억8000만원을 벌었어요. 이때 1세대 1주택자로서 9억원까지 비과세 혜택을 받고, 실거래가 9억원이 넘은 부분에 대해서는 1100만원의 양도세를 납부했어요.

장면3   **여덟 살 아들은 유주택자**

"1주택자로 신고하셨는데, 세무조사 좀 진행하겠습니다."
"제가 신고를 잘못했나봐요. 수정신고해서 다시 세금 낼게요."
"2주택자로 신고하시면 양도세가 꽤 많이 나올 텐데요."
"알겠어요. 세금은 다 낼 테니 세무조사만 좀 봐주세요."

이씨가 아파트를 팔기 직전에 김씨가 둘째 아들(8세)에게 경기도 일산의 아파트를 증여했어요. 국세청은 아들과 함께 살고 있던 이씨를 1세대 2주택자로 판단하고 세무조사를 통보했죠. 이씨는 김씨와의 부적절한 관계가 세무조사로 드러나는 것을 원하지 않아 서둘러 수정신고한 후 양도세 1억원을 모두 납부했어요. 세무조사도 겨우 피할 수 있었죠. 하지만 세금을 내고 난 이씨는 두 달 후 국세청을 상대로 경정청구를 제기했어요. 아들이 자신과 별도 세대라고 말을 바꿨어요. 국세청이 경정청구를 거부하자 이씨는 심사청구를 통해 세금을 돌려달라고 요구했어요.

함께 살지만 남남

"아이 아빠가 본처와 같은 세대잖아요. 아이도 그쪽 세대죠."
"아이는 아직 친엄마의 보살핌이 필요한 미성년자 아닙니까?"
"저는 내연관계라서 아이 아빠와 같은 세대가 될 수 없었어요."

이씨는 국세청에 김씨와의 내연관계를 털어놓으면서 별도 세대라는
사실을 강조했어요. 아들은 김씨의 자녀로 등록돼 있고, 이씨는 남남
일 뿐이라고 주장했죠. 같은 아파트에 사는 이웃과 단골 미용실 주인
의 확인서까지 제출하면서 김씨가 아이들과 함께 거주했다는 사실을
입증하려고 노력했어요. 하지만 국세청은 꿈쩍도 하지 않았어요. 사
업자인 이씨가 스스로 생계를 책임질 능력이 있었다는 점에서 아들
과 별도 세대라는 주장은 신빙성을 잃었어요.

양도세 판정의 기준이 되는 '1세대'란 거주자와 배우자가 같은 주소에서
생계를 같이 하는 구성원과 함께하는 가족 단위를 말한다. 내연관계에서
낳은 친자라도 같은 주소에서 생계를 같이한다면 동일 세대원으로 봐야
한다. 특히 미성년자로서 부모의 보살핌이 필요한 친자인 경우 양도세 비
과세 요건을 적용하는 1세대 구성원에서 함부로 제외할 수 없다.

엄마가 빌려준
전세보증금

모친이 마련해준 전세보증금 9억원
자금출처조사 후 증여세 추징당하자 빌린 돈이라고 주장
조사 없었다면 돌려주지 않았을 돈이므로
사실상 현금 증여라며 심판청구 기각

장면1 　　　　엄마 집에서 시작한 신혼생활

"우리 아들! 신혼집은 어디로 할 거니?"
"강남으로 알아보고 있는데 너무 비싸요."
"엄마 아파트에서 지내렴. 리모델링도 해놨단다."

고등학교 때부터 미국에서 유학했던 김모씨는 극심한 향수병을 앓아 귀국했어요. 김씨는 국내 굴지의 대기업으로 취업했고, 이듬해 결혼하여 어머니 소유의 강남 아파트에서 5년 동안 무상으로 거주했어요.

김씨의 아들은 장애를 갖고 태어났지만 다행히 특수교육을 전공한 처형의 간호 덕분에 안정을 찾았고, 김씨는 처형이 거주하는 아파트 단지로 이사를 결정했어요. 전세보증금이 9억원에 달했지만, 마침 김씨의 어머니가 보유했던 또 다른 아파트의 전세계약이 만료되면서 8억원의 보증금을 김씨에게 건네주어 보증금 문제는 해결됐어요. 나머지 1억원은 김씨가 전세대출을 받아 마련했어요.

장면2 　　　　엄마의 하늘같은 은혜

"엄마! 혹시 국세청에서 조사 나오면 어쩌죠?"
"빌렸다고 하면 되니까 걱정 말거라."
"전세대출금 이자는 제가 갚을게요."
"갚을 필요 없다. 이미 다 상환했단다."

어머니의 전폭적인 지원으로 김씨는 무사히 이사할 수 있었어요. 당시 전세보증금이 10억원을 넘는 경우에만 자금출처조사를 실시했기 때문에, 김씨는 과세 대상에서 벗어났어요. 하지만 국세청이 뒤늦게 조사 대상을 확대하면서 김씨도 3년 만에 자금출처조사를 받게 됐어요. 국세청은 김씨가 어머니에게 9억원을 증여받았다며 증여세 2억원을 추징했어요.

김씨는 어머니와 미리 짜놓은 각본대로 전세보증금을 빌렸다고 주장했어요. 해외주재원으로 파견을 가게 되면 다시 어머니께 돌려줄 테니 증여가 아니라고 우겼죠.

장면3 강남 스타일 증여법

"돈을 빌렸다는 사실을 입증할 계약서가 있습니까?"
"당연히 상환할 금액이었기 때문에 계약서를 쓰지 않았습니다."
"그게 바로 전형적인 고액 전세금 편법 증여입니다."

국세청은 부유층 부모가 고액의 전세보증금을 대신 지급하고 전세계약과 확정일자는 자녀 명의로 하는 전형적인 편법 증여라고 봤어요. 서울 강남 지역을 중심으로 유행했던 수법이죠. 대부분 김씨처럼 보증금을 빌렸다고 주장하지만, 국세청은 현금 증여로 보고 세금을 추징하고 있어요.

만약 국세청이 과세하지 않으면 금수저 자녀는 세금 한 푼 내지 않고 고액 전세 아파트에서 살 수 있게 되는 셈이죠. 김씨는 어머니로부터 빌린 보증금의 이자에 대해서만 증여세를 내야 한다고 주장했는데요. 만약 보증금 원금까지 증여세를 내야 한다면, 나중에 어머니에게 상환할 때 증여세를 두 번이나 내는 문제가 생긴다고 따졌어요.

288

치명적 모순

장면4

"만약 국세청 조사가 없었다면 보증금을 반환했을까요?"
"물론이죠. 해외로 가게 되면 다 돌려드리려고 했어요."
"증여세가 확정되면 다시 반환할 필요가 없을 텐데요."

조세심판원은 김씨의 주장에서 치명적인 모순을 발견했어요. 김씨 입장에서는 증여세 문제가 발생하지 않았다면 굳이 어머니에게 보증금을 돌려줄 필요가 없었어요. 국세청이 몰랐다면 보증금은 세금도 내지 않고 고스란히 김씨의 재산이 될 수 있었기 때문이죠. 특히 김씨의 부모는 상당한 재산을 보유했기 때문에 아들에게 건네준 전세보증금을 돌려받지 않더라도 전혀 생계에 지장이 없었어요.

결국 김씨가 제기한 심판청구는 '기각' 결정이 내려졌고, 김씨는 증여세를 내게 됐어요. 심판원은 김씨의 어머니가 전세대출 원금까지 갚아줬고 김씨는 이자를 지급한 적도 없다며 대여가 아니라 증여로 보고 과세한 처분이 맞다고 밝혔습니다.

절세 Tip

타인으로부터 무상으로 재산을 이전받으면 증여세를 부과한다. 다만 현금을 무상으로 대출받은 경우에는 대출금액에 적정 이자율을 곱해 계산한 금액을 증여재산가액으로 한다. 증여받은 사람이 무상 대출 사실을 입증하려면 금전소비대차계약서나 이자 지급 여부와 상환 기간을 입증할 수 있는 객관적 자료를 제시해야 한다.

권말특집

고군분투하는 사장님들을 위한
자영업자 절세 플랜

사업자 세계에서 백종원보다 더 유명한 부·종·원

— 신규 사업자가 알아야 할 세금들

사업자와 직원의 가장 큰 차이는 세금을 대하는 태도다. 직원일 때는 회사의 세금 문제를 알 필요가 없지만, 사업자는 스스로 어떤 세금을 언제 내야 하는지 항상 신경 써야 한다. 이 중에서도 이제 막 창업을 시작한 사업자라면, 부가가치세·종합소득세·원천세 줄여서 '부·종·원'을 반드시 기억해야 한다.

**매출액의 10%는
'부가가치세'**

대부분 창업자가 처음 맞닥뜨리는 세금은 부가가치세(부가세)가 될 것이다. 부가세는 소비자가 부담하지만 사업자가 모았다가 국세청에 대신 낸다. 따라서 창업 초기 이익 없이 매출만 있더라도 부가세는 신고하고 납부해야 한다.

부가세 납부 대상자는 면세사업자를 제외한 모든 사업자다. 이 중 간이과세자는 소득이 일정 수준 아래면 세금이 면제되는 특혜가 있다. 아직 매출이 그렇게 많지는 않으니 당분간은 면제해주겠다는 것이다. 2021년에 부가세 납부 의무 면제기준이 상향돼 연매출 4800만원 미만이면 부가세를 내지 않아도 된다.

개인사업자는 1년에 두 번 나눠서 부가세를 신고, 납부해야 한다. 상반기와 하반기를 1·2기로 나눈다. 1기는 1월 1일부터 6월 30일로 정해 7월 25일까지 부가세를 신고, 납부해야 하고, 2기는 7월 1일부터 12월 31일까지로 정해 다음 해 1월 25일까지 신고, 납부해야 한다. 상반기 중 창업한 사업자는 사업 기간 내에 발생한 매출에 대한 부가세를 7월 25일까지, 하반기 중 창업한 사업자는 다음 해 1월 25일까지 부가세를 신고, 납부해야 한다.

그런데 1년에 두 번이라고 해도 6개월 치 부가세를 한꺼번에 납부하라고 하면 사업자 입장에서는 부담스러울 수 있다. 그래서 1월과 7월에 부과된 부가세의 절반을 4월과 10월 중간에 예정 고지해서 세금을 미리 납부할 수 있게 해준다. 실제 부가세를 신고할 때는 예정 고지 때 납부한 금액을 빼고 나머지만 납부하면 된다.

정리하자면, 개인사업자 중 일반과세자들은 부가세 신고를 1월과 7월에만 하지만 납부는 1·4·7·10월 총 네 번에 걸쳐서 하게 된다는 이야기다. 1~3월 매출에 대한 부가세는 4월 25일까지, 4~6월 부가세는 7월 25일, 7~9월 부가세는 10월 15일, 10~12월 부가세는 1월 25일까지 각각 납부하는 일정이다. 25일이 주말이라면 납부 기한은 하루 이틀 미뤄질 수 있다.

간이과세자의 경우에는 1월 1일부터 12월 31일까지의 부가세분에 대해 다음 해 1월 25일까지 신고, 납부하면 되며, 7월에 예정 고지서를 받은 뒤 부가세를 미리 납부할 수 있다.

면세사업자의 경우에는 부가세 신고와 납부가 면제되니 부가세 신고를 할 필요는 없다. 다만, 개인 면세사업자라면 1월 1일부터 12월 31일까지의 부가세분에 대한 면세사업장현황신고서를 다음 해 2월 10일까지 제출해야 한다.

> 손님이 낸 파마값의 10%는 세금이구나.

부가세는 정확히 말하면 사업자가 부담하는 세금이 아니라 소비자가 부담하는 세금이다. 미리 상품이나 서비스를 구매한 고객으로부터 대신 받아뒀다가 나라에 납부하는 개념인 것이다.

예를 들어 사업자가 아이스크림을 2000원 주고 구매했을 때 여기에 10%의 부가세를 붙여 2200원에 소비자에게 팔면, 2000원이 실제 매출이고 200원은 추후에 신고하고 납부해야 하는 세금인 것이다. 그러니 사업자들은 매출액의 10%는 내 돈이 아니라고 생각해야 한다.

1년간 벌어들인 총 소득에 부과되는 '종합소득세'

전해에 사업·근로·임대·이자·배당·연금 등을 통한 소득이 있다면 다음 해 5월에 종합소득세(종소세)를 신고, 납부해야 한다. 사업자는 연간(1월 1일~12월 31일) 벌어들인 소득에 대해 종합소득세 내게 된다. 창업 시기가 언제가 됐든 사업자는 다음 해 5월에 종합소득세를 신고, 납부해야 한다는 것을 기억해두면 된다.

종합소득세도 중간예납이라는 중간정산 절차가 있다. 상반기에 발생한 소득에 대해 11월에 소득세를 계산하는 절차다. 사업자가 신고하지 않고 국세청이 계산해서 고지서로 보낸다. 하지만 과세연도 중에 신규로 사업을 시작한 사업자는 중간예납 납부 대상에서 제외된다. 다시 말해 창업 첫해에는 당장 소득세를 낼 필요가 없다는 것이다.

언제 창업했든지 종합소득세는 5월에 납부!

사업자가 직원의 급여에서 대신 징수하는 '원천세'

직원이 있는 사업자의 경우, 직원의 급여에서 소득세를 대신 걷어서 내야 한다. 급여를 지급할 때, 소득세를 미리 떼서 국세청에 신고하고 납부하는 것이다. 근로소득에서 세금을 이렇게 미리 떼는 것을 원천징수라고 하고, 원천징수해야 하는 사업자를 원천징수 의무자라고 부른다. 사업자 입장에서 직접 부담하는 세금은 아니지만 걷어내야 하는 세금이어서 '원천세'라고도 부른다.

사업자는 국세청 간이세액표에 따라 소득세를 떼어 원천징수하고, 그다음 달 10일까지 세무서에 내야 한다. 이때 원천징수 이행 상황신고서도 함께 제출한다. 간이세액표는 국세청 홈택스 원천세 메뉴에서 다운받아 찾아볼 수도 있고, 월급여액을 입력하면 간이세액이 계산되는 자동 조회 프로그램을 활용해도 된다.

사업자 입장에서는 매월 원천징수해서 세금을 신고, 납부하는 것이 부담스러울 수 있다. 그래서 상시 고용 인원이 20인 이하인 소규모 사업장에 대해서 6개월(반기)에 한 번씩 원천세를 신고, 납부할 수 있도록 반기납부를 허용하고

우리 빵집은 알바생이 2명이니 원천세를 1년에 두 번만 내도 되네?!

있다. 사업자가 서면이나 홈택스로 반기납부 승인신청서를 내고 승인이 되면 가능하다. 상반기분은 7월 10일에, 하반기분은 다음 해 1월 10일에 원천징수세액을 납부하면 된다. 다시 월별납부로 돌아가려는 경우에는 반기납부 포기신청서를 제출해야 한다.

이밖에도 사업자는 직원에게 소득을 지급한 연도의 다음 해 3월 10일까지 소득을 지급했다는 내용이 담긴 지급명세서를 관할 세무서에 제출할 의무가 있다. 지급명세서에는 직원의 인적사항, 소득금액, 원천징수세액 등을 써넣어야 한다. 만약 직원이 일용근로자인 경우에는 매분기 다음 달 말일마다 지급명세서를 제출해야 한다.

신규 사업자의 첫 세금 일정

종류	창업 시기	납부 시기	
부가가치세	상반기	7월 25일	예정 고지(신고) 없음
	하반기	1월 25일(다음 해)	
종합소득세	상반기	5월 31일(다음 해)	중간예납 없음
	하반기	5월 31일(다음 해)	
원천징수	무관	매월 원천징수 후 다음 달 10일 납부	
		3월 10일(다음 해) 지급명세서 제출	

지금,
사업자등록 하러 갑니다

사업을 시작할 때 가장 먼저 막히는 일 중 하나가 사업자등록이다.
꼭 해야 하는지부터 어떻게 해야 하는지까지 처음은 누구나 막막할
뿐이다. 사업자등록을 고민하는 초보 사업자들에게 꼭 필요한 내용
들을 고봉성 세무사(현대 세무법인)와 함께 살펴봤다.

등록 시기부터 필요 서류까지
사업자등록 필수 체크포인트

1회성으로 돈을 받고 일하는 프리랜서가 아니라면 사업자등록은 꼭 해야 한다. 사업자등록을 해야만 사업자의 권리와 의무가 생기고 법적 지위를 인정받기 때문이다.

물론 사업자등록을 하지 않고도 영업할 수 있지만, 이 경우 정상적으로 세금 신고를 할 수 없어서 미등록가산세나 불성실가산세라는 페널티에 항상 노출된다. 또한 등록된 다른 사업자들과 거래 증빙을 주고받을 수 없어서 관련 세제 혜택을 챙기지 못하는 불이익도 있다.

사업자등록은 사업을 시작한 날, 즉 '사업 개시일'로부터 20일 이내에 해야 한다. 제조업체라면 제조를 시작한 날, 서비스업종이면 서비스용역을 공급하기 시작한 날이 사업 개시일이다.

예컨대 빵집이면 매장에서 빵을 굽기 시작한 날부터 20일 안에 사업자등록을 해야 한다. 이제 막 창업하는 경우, 사업 개시 이전이라도 사업자등록 신청을 할 수 있다.

사업자등록신청서를 작성하기 전, 사업자는 무엇을 알고 있어야 할까? 신청서에 업종 구분을 적는 란이 있는데, 사업자 대부분이 자신의 사업이 어떤 업종으로 구분되는지 모른다. 국세청 홈택스에 가면 표준산업분류표로 정리된 업종코드를 검색할 수 있으니, 사업자등록을 하기 전 미리 업종을 파악해두자. 주업종코드는 사업자의 소득세 계산에 쓰이는 경비율을 결정하는 것이어서 정확히 확인해야 한다.

또 자신의 업종이 관련법에 따라 허가나 신고·등록이 필요한 인허가 업종인지도 체크해야 한다. 인허가가 필요한 업종은 인허가증이나 인허가신청서를 첨부해야만 사업자등록이 가능하다.

대부분 사업자들이 상호명이나 사업장 주소는 미리 정해둔다. 하지만 그 외에도 사업자등록을 위해서 미리 결정해야 할 항목들은 많다.

사업자등록신청서에는 일반·간이·면세라는 사업자 유형 중 하나를 선택하라는 항목이 있다. 이 부분을 결정하기 위해서 간단하게라도 용어를 이해해야 한다. 사업자 유형은 부가가치세 납부를 위한 구분인데, 선택에 따라 신고·납부 방식과 납부세액이 크게 달라진다.

대부분 개인사업자는 간이과세로 출발하지만, 초기 투자 비용이 많은 사업은 부가세 환급을 위해 일반과세로 시작하는 경우도 있다. 또 사업장의 위치가 간이과세를 할 수 없는 간이과세배제지역인지도 따져봐야 한다. 개인사업자로 시작할지, 법인사업자로 시작할지도 미리 결정한 다음 사업자등록을 신청해야 한다. 이 구분에 따라 작성해야 할 신청서 자체가 다르기 때문이다.

사업자등록 신청은 국세청 홈택스에 접속해 온라인으로 하는 방

개인사업자 사업자등록 신청에 필요한 서류들

① 사업자등록신청서
② 임대차계약서 사본(사업장을 임차한 경우)
③ 허가 · 등록 · 신고증 사본(인허가 업종인 경우)
　 허가 · 등록 · 신고 전이면 신청서 등 사본
　 또는 사업계획서
④ 동업계약서(공동사업자인 경우)
⑤ 자금출처명세서(금지금 도 · 소매,
　 재사용재 수집 · 판매, 과세유흥장소인 경우)

법과 관할 세무서에 직접 가서 하는 방법이 있다. 세무서에 직접 방문하는 경우 사업자등록에 필요한 서류를 미리 다 챙겨가야 한다. 사업자 본인 신분증과 신청서, 신고 및 인허가 증명서 등이 있어야 하고, 임대한 사업장인 경우 사업장 임대차계약서도 필요하다.

홈택스로 신청하는 경우에는 신청서 외에 추가 서류를 첨부파일 형태로 따로 갖고 있어야 한다. 미리 PDF나 이미지 파일로 만들어두면 온라인 신청서와 함께 첨부해서 제출하기가 편하다. PC 사용이 어려운 경우 홈택스 모바일앱인 '손택스'에서도 사업자등록 신청이 가능하다.

사업자등록증은 보통 즉시 발급되며, 늦어도 신청 후 2일 이내에 받아볼 수 있다. 세무서 방문 수령이 어려운 경우 홈택스에서 조회한 후 사업자등록증을 인쇄하면 된다.

| 알면 알수록 유용한 사업자등록 Q&A |

Q 공동창업 시 누구 이름으로 등록할까?

두 사람 이상이 공동으로 사업을 할 경우 사업자등록 신청은 공동사업자 중 1인을 대표자로 결정한 후에 대표자 명의로 신청해야 한다. 또한 공동사업, 동업 사실을 증명할 동업계약서 등도 필요하다.

Q 다른 사람 이름으로 등록해도 될까?

사업자등록은 반드시 실제 사업을 하는 사람의 이름으로 해야 한다.

설령 타인의 이름으로 등록됐다 하더라도 추후 실질사업자가 밝혀지면, 실질사업자는 이름을 빌려준 사람과 함께 「조세범 처벌법」에 따라 처벌받게 된다. 또한 실질사업자가 체납하는 등의 문제로 이름을 빌려준 사람이 대신 채무관계에 얽히거나 소송을 당하는 등 피해를 입을 수 있다.

Q 사업자등록 내용은 바꿀 수 있을까?

상호, 업종, 대표자를 변경하는 등의 이유로 사업자등록 내용을 바꾸고 싶을 때가 있다. 이 경우 사업자등록 이후라도 사업자등록 정정신고를 하면 된다.

Q 휴·폐업도 신고해야 할까?

휴업 또는 폐업을 하게 되는 경우, 휴업신고나 폐업신고를 해야 한다. 인허가 업종이 폐업하는 경우 시·군·구 등 인허가 관할 관청에 폐업신고 사실을 확인할 수 있는 폐업신고서 사본을 제출해야 한다. 폐업하더라도 폐업일 다음 달 25일까지 거래된 내용과 재고 등에 대한 부가세를 신고해야 한다.

Q 타인의 사업을 인수하면 새로 등록해야 할까?

기존에 다른 사람이 하던 사업을 인수하는 경우 기존 사업자는 폐업 신고를 하고, 인수자는 새로운 사업을 개시하는 날부터 20일 이내에 신규로 사업자등록을 해야 한다. 이때, 기존 사업자는 폐업일까지의 거래에 대해 폐업한 다음 달 25일까지 부가세를 신고, 납부해야 한다.

Q 과세사업과 면세사업을 동시에 하는 경우

과세사업과 면세사업을 겸영하는 사업자는 두 가지 사업자등록을 따로 하는 것이 아니라, 하나의 과세사업자등록만 하면 된다. 다만, 이 경우 부가세를 신고할 때에는 면세사업에 관련한 매입세액은 공제할 수 없다.

Q 사업자등록번호를 '7777'로 받을 수 있을까?

사업자등록번호는 임의로 결정할 수 없다. 사업자등록번호는 일련번호(3자리)+개인·법인 구분코드(2자리)+일련번호(4자리)+검증코드(1자리)의 10자리로 구성되는데, 각 코드별로 순차적으로 부여된다. 3자리 일련번호는 101~999, 4자리 일련번호는 0001~9999 중 가능한 숫자로 순차적으로 부여된다. 개인·법인 구분코드 역시 별도로 01~99 사이에서 결정된다.

사업자등록번호는 마음대로 받는 게 아니구나.

사업자등록번호 10자리(×××-××-×××××)의 의미

등록번호 구분	부여 번호	부여 대상 · 방법
일련번호코드 3자리	101~999	신규사업자 순차 부여
개인 · 법인 구분코드 2자리	01~79	개인과세사업자 순차 부여
	90~99	개인면세업자 순차 부여
	89	개인종교단체
	80	아파트 관리사무소, 다단계 판매원 등
	81, 86, 87, 88	영리법인 본점
	85	영리법인 지점
	82	비영리법인 본점 · 지점
	83	국가, 지자체, 지자체 조합
	84	외국법인 본점 · 지점 · 연락 사무소
일련번호코드 4자리	0001~9999	지정일자순으로 부여
검증코드 1자리	전산시스템으로 조합해 부여	

Q 사업장이 여러 개면 전부 개별 등록해야 할까?

기본적으로 사업자등록은 사업장마다 별도로 해야 한다. 하지만 여러 사업장을 한 본점 등이 관할하는 경우 세무서장에게 사업자단위과세자로 등록한다면, 본점이나 주사업장 하나만 사업자등록하는 것이 가능하다. 사업자단위과세를 적용받고 싶은 경우에는 사업 개시일 20일 이내에 본점이나 주사무소 관할 세무서장에게 신청하면 된다.

지인 가게에 숍인숍 차려도 사업자등록은 필수

'숍인숍'은 말 그대로 한 가게 안에 또 다른 가게를 오픈한다는 뜻이다. 찜질방 속 식당, 미용실 안 네일숍 등이 숍인숍 형태로 운영되는 곳이다. 요즘 숍인숍이 늘어난 이유는 여러 장점이 있기 때문이다. 숍인숍으로 가게를 운영하게 되면 비싼 월세 부담을 줄일 수 있고, 운영이 잘되는 가게의 자투리 공간을 빌려 고객을 쉽게 확보할 수 있다. 숍인숍의 경우 사업자등록과 세금 신고를 어떻게 해야 할까?

숍인숍 형태의 사업을 운영하려면 해당 사업을 실제로 운영하는 곳에 사업자등록을 해야 한다. 예를 들어 지인의 카페에 작은 소품숍을 운영한다고 가정해보자. 이때 숍인숍 사업자는 상가 건물주에게 소품숍 전대에 대한 동의를 구하고 전대차계약서를 받아야 해당 소재지에서 사업자등록을 할 수 있다. 이렇게 사업자등록 절차만 마치면 지인의 카페 안에서 소품숍을 운영하는 것에 별도의 제약은 없다.

그런데 부득이한(겸직 금지, 신용불량 등) 사정으로 사업자등록을 하지 않으면 어떻게 될까? 사업자등록을 하지 않으면 정산된 이익에 대해 3.3%를 원천징수한 사업소득을 지급받게 된다. 다만, 사업자등록을 하지 않았기에 적격증빙(세금계산서, 지출증빙용 현금영수증)을 받는 게 어려워진다. 따라서 되도록 사업자등록을 할 것을 권장한다.

정산된 이익에 3.3%를 원천징수하게 되면, 숍인숍 사업자는 일종의 프리랜서가 된다. 프리랜서는 「부가세법」상 면세사업자에 해당하므로 부가세 신고 업무가 없다. 5월에 종합소득세 신고만 하면 된다.

사업자등록을 하지 않은 사업자 중에서 변칙적으로 비사업용 단말기를 사용하는 경우가 있다. 매출 신고를 제대로 하면 합법이다. 하지만 보통은 세금을 피하기 위해 비사업용 단말기를 사용한다. 나중에 신고당할 확률이 높기 때문에 비사업용 단말기를 사용하더라도 꼭 세금 신고를 해야 한다.

이번에는 족발집을 운영하는 사업자가 배달 플랫폼(배달의 민족, 요기요 등)에 떡볶이집을 등록해 동시에 운영한다고 가정해보자. 족발집 운영자는 떡볶이집에 대한 사업자등록을 또 해야 할까? 그렇지 않다. 동일인이 운영한다면 하나의 사업자등록증으로 운영 가능하다.

다만, 동일인이 아닌 다른 사람이 숍인숍의 형태로 식당을 운영하면 사업자를 따로 내고 주방을 구분해 영업허가증을 받고 운영을 해야 한다. 이 문제는 2021년 12월 30일부터 개선될 전망이다. 현행 「식품위생법」 시행규칙에 따르면 교차오염 우려로 한 주방을 다수 사업자가 공유할 수 없었다. 그러나 2020년 12월 29일 규제 샌드박스 승인으로 「식품법」이 개정돼, 가이드라인을 준수하면 구획 구분 없이도 주방을 공유해 사용하는 게 가능해졌다. 개정된 법 시행은 2021년 12월 30일부터 시작된다.

숍인숍으로 벌어들이는 수익이 적은데 꼭 사업자등록을 하고 세금 신고를 해야 할까? 아무리 수입이 적더라도 사업자등록과 세금 신고는 필수다. 얼마 되지 않는 세금을 아끼려다가 나중에 국세청 세무조사로 더 큰 돈을 내야 할 수도 있다.

소득이 발생했음에도 세금 신고를 하지 않았다가 걸리면, 그동안 내지 않은 소득세에 세액의 20%에 해당하는 무신고가산세와 납부불성실가산세까지 부담하게 된다. 아주 피곤하고 괴로운 일이다. 그러니 세금 신고는 반드시 적법하게 해야 한다.

초보 창업자의
첫 세금 다이어트

편의점 창업을 앞둔 A씨는 고민이 많다. 가게 오픈 준비만으로도 힘
든데, 처음 듣는 세금 용어들 때문에 머릿속이 더 복잡해졌기 때문
이다. 간이과세자와 일반과세자는 무슨 차이인지, 세금계산서 발행
은 무엇인지 도저히 모르겠다. 이처럼 신규 사업자들이 실전에서 맞
닥뜨리는 세금 문제와 그에 따른 절세법을 고봉성 세무사(현대 세무법
인)와 함께 알아봤다.

**세금계산서 챙기기와
인건비 신고만 잘 해도
절세 성공**

첫 번째 세무 포인트는 인테리어 비용 같은 초기 투자 비용에 대한 세금계산서(적격증빙)를 꼭 받아두는 것이다. 사업자가 인테리어를 마치고 나서 인테리어업자들에게 세금계산서를 요청하면, 원래 금액에서 부가가치세 10%를 더한 금액을 요구하는 업자들이 있다. 이때 예상했던 금액보다 더 많이 나왔다고 해서 세금계산서를 받지 않고 원 금액만 주는 창업자들이 종종 있다. 하지만 이럴 땐 부가세가 포함된 금액을 더 주더라도 세금계산서를 받아두는 것이 좋다. 사업을 시작한 지 얼마 되지 않은 초기 사업자이기 때문에 매출보다는 매입이 더 많기 때문이다.

이렇게 세금계산서를 받아두면 지출한 비용에 대해 환급받을 가능성이 높다. 또한 빠른 환급 처리를 위해 조기환급을 신청하면 인테리어 비용 등으로 지출한 부가세 10%를 상대적으로 빨리 환급받을 수도 있다. 부가세로 원래 금액의 10%를 더 냈더라도 결국 이 비용을 다시 환급받을 수 있으므로 더 내는 개념이 아닌 것이다.

소규모 사업자(직전 과세 기간 수입 4800만원 미만의 신규 사업자)는 세금계산서나 현금영수증을 받지 않더라도 가산세를 물진 않지만, 미리미리 세금계산서나 현금영수증을 받아두면 향후 세무 처리에 유용하게 사용할 수 있다. 또한 세무서에 불필요한 소명을 하는 번거로움을 줄일 수 있고 세금 신고의 성실도도 올릴 수 있다. 그러므로 꼭 세금계산서나 현금영수증 같은 적격증빙을 받아두는 습관을 들여야 한다.

두 번째 포인트는 인건비를 제대로 신고해야 한다는 점이다. 4대 보험 부담 때문에 사업주와 근로자가 합의해서 인건비를 신고하지 않는 경우가 있다. 하지만 4대보험 가입은 의무고, 이행하지 않으면 각 공단으로부터 과태료 고지서를 받을 수 있다.

절세 측면에서도 인건비 신고는 중요하다. 인건비를 필요경비로 처리할 수 있기 때문이다. 이렇게 인건비를 필요경비로 처리하면 사업소득이 줄어들어 사업자는 소득세 부담이 줄어들게 된다. 또한 일자리 안정자금, 두루누리 사회보험지원금(고용된 근로자의 월 평균보수가 220만원 미만인 경우 근로자의 국민연금과 고용보험료를 90%까지 지원), 청년 고용 창출 지원금 등의 지원금을 받으려면 고용보험을 포함한 4대보험 가입이 필수이므로, 4대보험료를 잘 내고 인건비 신고를 제대로 하는 것이 좋다.

신규 사업자의 4대보험 가입 구분

직원 유무	국민건강보험	국민연금	고용보험	산재보험
있음	직장가입 (의무)	직장가입 (의무)	의무	의무
없음	지역가입 (의무)	지역가입 (의무)	임의	임의

세 번째 포인트는 가짜 세금계산서의 유혹을 떨쳐내는 것이다. 이른바 '자료상'이라고 불리는 사람들로부터 가짜 세금계산서를 사게 되면 당장의 부가가치세를 피해 종합소득세를 줄일 수 있다. 하지만 이렇게 꼼수를 썼다 걸리면 세금 폭탄을 맞을 수 있다.

이 자료상은 가짜 세금계산서를 한 명에게만 파는 게 아니다. 자료상과 연결된 사업자들이 너무 많고, 이 중 하나만 걸려도 연쇄적으로 관련된 모두가 위법으로 적발될 수 있다. 그러므로 탈세를 부추기는 이들의 유혹에 넘어가서는 안 된다.

가짜 세금계산서 구입은 너무나 전형적인 탈세 수법으로 국세청에서 이를 적발해내는 방법은 매우 발전해 있다. '큰 금액이 아니니 괜찮겠지?'라는 생각 대신 내가 지급한 금액만큼 정확하게 세금계산서를 받겠다는 생각으로 사업에 임하는 것을 권한다.

필요경비가 많을수록 종합소득세는 ↓

종합소득세를 낼 때 과세 대상이 되는 사업소득금액은 총 수입금액에서 필요경비를 빼고 계산한다. 필요경비가 많을수록 사업소득금액이 적어지기 때문에 세금이 줄어드는 효과가 있다. 그렇다면 회사에서 쓰는 돈은 모두 필요경비로 인정될까?

예를 들어, 치킨집을 운영하는 개인사업자가 점심에 혼자 먹은 밥값을 필요경비로 청구했다고 가정하자. 이 비용은 필요경비로 인정될까? 그렇지 않다. 개인사업자가 본인을 위해 사용한 중식대는 사업소득을 계산할 때 필요경비로 산정되지 않는다.

대표적인 필요경비에는 판매한 상품이나 제품에 대한 운반비를 비롯해 판매장려금·종업원 급여·직원 회식비·제세공과금 등이 있다. 치킨집 주인이 치킨을 팔기 위해 지출한 닭 매입 가격,

점심값도 필요경비일까?

필요경비 주요 항목

구분	상세 설명
판매한 상품 원료의 매입가격	매입에누리 및 매입할인금액 제외
판매한 상품 관련 부대비용	보관료, 포장비, 운반비, 판매장려금, 판매수당
임업의 경비	종묘 및 비료 매입비, 식림비, 관리비, 벌채비, 설비비, 개량비, 임목의 매도경비
양잠업의 경비	매입비, 사양비, 관리비, 설비비, 개량비, 매도경비
가축 및 가금비	종란비, 출산비, 사양비, 설비비, 개량비, 매도경비
종업원의 급여	
사업용 자산에 대한 비용	현상유지 수선비, 관리비, 유지비, 임차료, 손해보험료
사업 관련 제세공과금	
감가상각비	사업용 자산 및 무형자산의 감가상각비
장려금	거래 수량 또는 거래 금액에 따라 상대편에게 지급
종업원을 위해 지출한 금액	직장체육비, 직장문화비, 가족계획사업지원비, 직원회식비
무료 진료권	무료 진료의 가액
업무 관련 해외시찰 · 훈련비	
직장 어린이집 운영비	
광고 · 선전 목적 물품 비용	견본품 · 달력 · 수첩 · 컵 · 부채 등 불특정다수인에 기증하기 위해 지출한 비용
조합 · 협회 회비	영업자가 조직한 단체로서 법인이나 주무관청에 등록된 조합 · 협회
일시 지급 학자금	종업원 사망 이후 유족에게 지급한 학자금

※ 출처 : 「소득세법」 시행령 제55조

박스 포장비, 오토바이 운반비, 아르바이트생 인건비, 상가 임차료, 홍보용 자석병따개 등의 비용을 모두 필요경비로 인정받게 되는 것이다. 치킨 100마리를 팔아서 총 100만원을 벌었는데, 각종 필요경비로 20만원을 사용했다면 사업소득금액을 100만원이 아니라 80만원으로 낮출 수 있다.

일부 사업자 중에는 필요경비에 해당하지 않는 비용까지 무리하게 경비처리하는 경우가 있다. 전문용어로 '비용 과다계상'이라고도 하는데, 이는 엄연한 탈세다. 예를 들어 식당 주인이 동네 해장국 집에서 점심을 사먹고 지불한 비용은 필요경비가 될 수 없다. 가족을 위해 마트에서 식재료나 생활용품을 구입한 비용도 필요경비로 인정받지 못한다.

국세청도 사업자들의 필요경비에 대한 빅데이터를 업종별로 갖고 있고, 해당 사업자의 연도별 필요경비 내역도 파악하고 있다. 갑자기 필요경비가 늘어나거나 수상한 비용이 추가된다면 국세청의 검증을 받을 수 있으니 주의해야 한다.

혼자서도 잘하는
종합소득세 신고

매년 5월 사업자는 종합소득세를 직접 신고, 납부해야 한다. 세금을
직접 계산해야 하며, 납부 유형에 따라 신고 방식이 달라서 종종 실
수하는 경우가 있다. 또 어떤 사업자는 국세청에서 날아온 모두채움
신고서를 그대로 신고하여 낭패를 봤을 것이다. 혼자서 종합소득세
를 신고하려는 사업자들을 위해 신유한 세무사(세무회계 유한)와 함께
종합소득세 셀프 신고 체크포인트를 하나하나 정리해봤다.

**S유형으로 분류된
사업자의
의무와 혜택**

모든 사업자는 국세청이 구분한 납부 유형을 부여받는다. 납부 유형에 따라 종합소득세 신고 방법이 다르다. 그래서 사업자들은 자신의 납부 유형은 무엇인지 잘 알아봐야 한다.

종합소득세 신고 유형(318쪽 참고)은 무려 13가지의 알파벳 명칭으로 구분된다. 사업자는 S·A·B·C·D·E·F·G·I·V의 10개 유형으로 구분되고, 종교인은 납부세액 유무에 따라 2개(Q·R) 유형으로 구분된다. 끝으로 비사업자 중에서도 금융·근로·연금·기타소득 등이 있는 경우 T유형으로 구분된다. 이 중 사업자들은 업종과 매출, 그리고 장부 작성의 의무가 있는지, 장부를 쓰지 않고 신고했을 때 어떤 기준을 적용받는지 등에 따라 유형이 달라진다.

S·A·B·C유형은 장부를 정식으로 제대로 써야 하는 복식부기 장부 작성 의무가 있는 사업자들이며, D·E·F·G유형은 간편한 형식으로 장부를 써도 되는 간편장부대상 사업자다. 각각 좀 더 자세히 살펴보자.

> 업종·매출·장부 작성 의무 등을 기준으로
> 종합소득세 납부 유형을 총 13개로 구분

S유형은 성실신고확인대상 사업자다. 업종별로 매출액이 일정 규모 이상이 되는 덩치 큰 사업자는 세금 신고를 하기 전에 세무대리인에게 신고의 성실성을 한 번 더 검증받아야 한다.

농·임·어·광업, 도·소매업 등은 연매출(수입금액) 15억원 이상, 제조업·숙박음식점업·운수창고업·정보통신업·금융보험업 등은 연매출 7억5000만원 이상, 부동산임대업·서비스업 등은 연매출 5억원 이상이면 성실신고확인대상이 된다. 변호사·공인회계사·세무사·변리사·건축사·법무사 등 전문 직종 사업서비스업은 연매출 5억원 이상이면 성실신고확인대상이다. 성실신고확인대상은 신고의 복잡성 때문에 종소세를 5월 말까지 신고하지 않고 6월 말까지 신고한다.

S유형 사업자들은 사업 규모가 크거나 특정 업종의 사업을 한다는 이유로 복잡한 신고 과정을 거쳐야 하기 때문에, 일종의 혜택을 받는다. 근로소득자들과 같이 의료비와 교육비 세액공제를 해주는데, 지출액의 15%에 해당하는 금액을 소득세에서 공제해준다. 성실신고확인 비용 수수료도 60%까지 세액공제해주며, 공제 최대 한도인 120만원까지 공제받을 수 있다.

성실신고확인 의무를 제대로 이행하지 않았을 시에는 불이익을 받는다. 기한 내에 확인서를 제출하지 않으면, 산출세액의 5%를 가산세로 물어야 하고 납세 협력 의무 불이행자로 찍혀 국세청의 수시 세무조사 대상에 선정될 가능성도 높아진다.

성실신고확인대상이지만, 성실신고확인을 받지 않고 남들처럼 5월에 종합소득세 신고만 해도 신고는 가능하다. 다만 이 경우에도 성실신고확인서 미제출 가산세는 부담해야 하며, 세무조사 위험 역시 올라간다. 성실신고확인서가 없다고 해서 종합소득세 신고도 하지 않는다면 세금은 더 불어난다. 성실신고확인서 미제출 가산세뿐

만 아니라 무신고가산세(20%)·무기장가산세(20%)까지 내야 하기 때문이다.

납부 유형 따라 종소세 신고 방식은 천차만별

A유형은 반드시 세무사가 장부를 쓰고 세무조정까지 해야만 하는 사업자 유형이다. 스스로 장부를 쓰지 않고 외부 세무대리인에게 장부를 맡겨야 한다고 해서 외부조정대상자라고 한다. 업종별로 일정 규모 이상 사업자들이 외부조정대상에 속한다. 가공인건비·매출 과대계상·소득금액 누락·허위계산서 발행 등 불성실신고 경험이 확인된 사업자들도 A유형에 속하게 된다. A유형이 만약 세무대리인을 통하지 않고 신고하면, 신고를 하지 않은 것과 같이 무신고가산세가 붙는다.

　B·C유형 사업자도 복식부기로 제대로 장부를 써야 하는 사업자다. B유형은 스스로도 장부를 쓸 수 있는 사업자이고, C유형은 전년도에 장부를 안 쓰고 추계신고(장부가 없어서 비용과 이익을 추정해서 계산)했던 사업자들에게 부여되는 구분이다. B와 C유형 역시 복식부기가 아닌 간편장부를 쓰거나 추계신고하면 무신고로 처리되고, 무신고가산세를 물어야 한다.

　D·E·F·G유형은 간편한 형식으로 장부를 쓸 수 있는 간편장부대상이다. 이들 사업자가 간편장부조차 쓰지 않은 경우에는 국세청이 정해놓은 경비처리비율(경비율)에 따라 비용을 처리하게 된다. 국세청 경비 인정 비율은 다시 상대적으로 비율이 높은 단순경비율과 그 반대인 기준경비율로 구분된다. 간편장부대상 중에서도 일정 규모 이상 사업자는 기준경비율, 그 이하 사업자는 단순경비율이 적용

된다. 기준경비율은 매출에서 매입비용과 사업장 임차료·직원 인건비 등 '주요한 경비'는 제외하고 남은 금액 중에서 일부분만 비용으로 인정하는 방법이다. 단순경비율은 단순하게 전체 매출 중에서 일정 비율만큼을 비용으로 인정하는 방법이다.

D유형에는 직전 연도 매출액이 2400만원 이상인 서비스업이나 3600만원 이상인 제조업·음식숙박업, 6000만원 이상인 도·소매업 등이 속한다. 이들은 장부를 쓰지 않으면 기준경비율로 신고해야 한다. D유형보다 규모가 작은 사업자들은 E유형으로 구분되고, E유형인데 장부가 없는 경우 단순경비율로 신고하게 된다. 장부 없이 국세청이 정한 기준경비율이나 단순경비율로 신고하면 실제 사용한 비용을 모두 경비로 인정받지 못할 수도 있으니 주의해야 한다.

간편장부대상 중에서도 사업소득만 있어서 세금 신고 내용이 아주 단순한 사업자는 F와 G유형으로 구분한다. 이 경우 국세청이 세금신고서를 모두 미리 채워서 안내한다. 미리 채워준 세금신고서에 낼 세금이 있으면 F, 낼 세금이 없으면 G유형이 된다.

주택임대사업자 중에서 임대소득 분리과세를 선택한 경우에도 국세청이 모두채움신고서를 보내준다. 이 사업자는 V유형으로 구분된다.

I유형은 국세청이 사전에 성실하게 신고하라고 안내한 내용을 무시하고 제대로 반영하지 않은 사업자들이 포함된다. 유튜버 등 신종 업종이나 외화로 수익을 올리는 사업자들, 동종 업종에 비해 소득을 너무 적게 신고한 사업자들도 I유형의 안내를 받을 수 있다. I유형은 국세청이 남들보다 더 주목하고 있는 사업자라고 콕 찍어서 알려준 것이기 때문에 과거보다 더 성실하고 정확하게 신고해야 한다.

종합소득세 신고 안내 유형

납세자	유형	대상	장부 작성 의무	추계신고 시 경비율
사업자	S	성실신고확인대상자	복식/간편	기준/단순
	A	세무대리인이 장부를 써야 하는 복식부기 의무자	복식부기	기준경비율
	B	직접 장부를 써도 되는 복식부기 의무자		
	C	복식부기 의무자인데 추계신고했던 사업자		
	D	규모가 큰 간편장부대상자	간편장부	단순경비율
	E	규모가 작은 간편장부대상자		
	F	사업소득뿐이며 낼 세금이 있는 간편장부대상자		
	G	사업소득뿐이며 낼 세금이 없는 간편장부대상자		
	I	국세청이 각별히 성실신고 주의를 준 사업자	복식/간편	기준/단순
	V	주택임대소득 분리과세를 선택한 임대사업자		
종교인	Q	낼 세금이 있는 종교인	해당 없음	해당 없음
	R	낼 세금이 없는 종교인		
비사업자	T	금융 · 연금 · 근로 · 기타소득이 있는 비사업자		

사업자가 직접 채워넣어야 하는 모두채움신고서 항목

원칙적으로 종합소득세는 납세자가 스스로 신고해야 하지만, 최근에는 행정서비스 차원에서 국세청이 모두채움신고서를 발송해주기도 한다. 모두채움신고서를 받는 유형은 간편장부대상자 중에서도 장부 없이 신고하면서 국세청이 정한 단순경비율을 적용받는 사업자들(F·G유형)과 주택임대사업자 중 분리과세를 선택한 사업자(V유형)가 있다.

모두채움신고서는 신고 서류가 거의 다 채워져 있기 때문에, 납세자가 그대로 제출만 해도 신고가 끝난다. 하지만 납세자 입장에선 국세청이 자칫 실수를 하지는 않았을지 걱정될 수밖에 없다. 그렇다면 모두채움신고서에서 어떤 항목을 유심히 봐야 할까?

주택임대사업자(V유형)의 경우, 수입금액(매출)에 대한 확인이 꼭 필요하다. 주택임대사업자는 부가가치세 면세사업이라서 사업장현황신고를 하게 돼있다. 임대수익이 있는 경우 함께 신고하게 된다. 그런데 전세보증금을 간주임대료로 환산하지 않거나 임대수익 일부를 빠뜨린 경우가 있을 수 있다. 국세청은 사업자가 신고한 그대로 신고서를 채워주기 때문에 본인이 잘못 신고한 것이 있다면 모두채움신고서 그대로 신고하지 말고, 따로 신고서를 작성해 신고해야 한다.

프리랜서처럼 다른 사업자에게서 수입금액을 지급받은 경우, 처음 일했던 곳에서 지급명세서를 수정하지 않았는지 꼭 체크해봐야 한다. 사업자가 프리랜서 등에게 사업소득 등을 지급하는 경우에는 지급명세서를 국세청에 신고하게 되어 있다. 그런데 그 금액을 수정하는 경우가 종종 있다. 예를 들면 1000만원을 지급했는데 2000만원을 지급한 것으로 잘못 신고해서 나중에 지급명세서를 수정하는 것이다. 문제는 뒤늦게 수정신고를 하게 되면, 국세청 전산에 반영이 되지 않을 수도 있다는 점이다. 실제 수입금액과 지급명세서상의 금액이 달라지면 안 되니 이 부분을 꼭 확인해봐야 한다.

부양가족공제도 모두채움신고서에서 반드시 확인해야 할 부분이다. 장부를 쓰지 않은 단순경비율 적용 사업자의 경우, 국세청은 부양가족이 누구인지, 부양가족의 소득금액이 있는지 등에 대한 정보가 없기 때문에 1인 기준으로 공제를 적용한다. 그래서 부양가족 항목은 스스로 확인하고 추가해야 한다.

간편장부대상인데 장부를 쓰지 않아 단순경비율로 모두채움신고서를 받은 경우, 신고서상 세금이 많다고 느껴질 수 있다. 실제로 국세청이 정해놓은 단순경비율을 적용하는 것보다 경비를 훨씬 많이 쓴 경우가 있기 때문이다. 예컨대 주택임대사업자인데 이자 비용만 수익의 80~90%가 지출되는 경우 단순경비율로 신고하면 공제를 적게 받아 불리하다. 간편장부 작성은 생각보다 어렵지 않다. 대출이자 납입증명이나 계산서·건강보험료 등 비용을 떼어 정리하면 되기 때문이다. 만약 이 과정이 복잡하게 느껴진다면 세무대리인에게 위탁하는 것도 한 가지 방법이다.

부양가족 여부는 국세청이 확인 못하니
사업자가 모두채움신고서에 직접 추가

**세금, 더 냈을 땐 경정청구
덜 냈을 땐 수정신고** | 종합소득세처럼 스스로 세금을 계산하고 신고해야 할 경우, 납세자도, 세무대리인도 실수를 할 수 있다. 이때의 실수는 크게 내야 할 세금보다 더 낸 경우와 덜 낸 경우로 나뉜다.

내야 할 세금보다 더 낸 경우에는 경정청구를 통해 세금을 돌려받을 수 있는 기회를 준다. 경정청구는 신고를 잘못해서 세금을 더 냈거나, 결손이나 환급이 생겨서 돌려받아야 할 세금이 있는데 제대로 돌려받지 못한 경우에 신청할 수 있다.

세금을 신고, 납부한 지 5년이 넘지 않았다면 경정청구가 가능하다. 정확하게는 법정 신고·납부 기한부터 5년 이내라면 신청할 수 있다. 예를 들어 2019년 소득에 대한 종합소득세는 2020년 5월 말까지 신고, 납부해야 하니 2025년 5월 말 이전까지는 경정청구로 돌려받을 기회가 있는 것이다.

경정청구 결과는 청구서가 관할 세무서에 접수된 날부터 2개월 이내에 받아볼 수 있다. 경정청구가 받아들여진 경우에는 경정청구를 신청할 때 적은 계좌로 환급세액이 바로 입금된다.

신고, 납부한 세금이 정당하게 내야 할 것보다 적은 경우에는 수정신고를 통해 바로잡을 수 있다. 납세자 입장에서는 세금을 덜 내면 이득이니 그냥 숨기고 있어도 되지 않을까 하는 생각이 들 수 있다. 하지만 모른 척하고 있으면 나중에 탈세범으로 몰려 더 큰 세금을 추징당할 수 있다. 그래서 스스로 바로잡을 기회를 주는 것이다.

수정신고는 비록 실수였다 하더라도 신고 기한이 지난 후 바로잡는 것이어서 가산세 부담을 피할 수는 없다. 적게 신고했다면 과소신고가산세, 더 돌려받았다면 초과환급가산세 등을 부담해야 한다.

　다행히 수정신고를 빨리 하면 할수록 가산세 부담을 줄일 수 있다. 법정 신고 기한이 지난 후 1개월 이내에 수정신고하면 가산세의 90%를 깎아준다. 3개월 이내에는 75%, 6개월 이내에 수정신고하는 경우에는 가산세의 50%를 깎아준다. 또 1년 이내에 수정신고하면 가산세의 20%를 줄일 수 있다. 신고, 납부한 지 1년이 지났더라도 2년 내에만 수정신고하면 가산세의 10%는 줄일 수 있다. 하지만 2년이 지난 후부터는 수정신고는 가능하지만 가산세는 감면해주지 않는다.

　국세청은 납세자들이 신고, 납부한 세금을 사후에 검증하는 절차를 거친다. 스스로 수정신고를 하지 않고 버티다보면 국세청이 확인해서 고지서를 보내는 상황도 발생한다. 수정신고는 어디까지나 신고·납부에 대해서만 할 수 있는 것이어서 고지서가 날아오면 수정신고를 하고 싶어도 할 수 없다는 사실도 기억해둬야 한다.

업무용 차량
어디까지 경비처리될까?

사업을 시작하면서 평소 접하지 않던 고급 승용차를 구입하는 사업자들이 종종 있다. 때로는 고가의 스포츠카 운전자로 변신하기도 한다. 그 이유는 무엇일까?

업무용 자동차 사용을 인정받기 위한 세 가지 의무

사업자는 업무용 차 값이나 유지비용을 사업경비로 처리할 수 있어서 고가의 차량 구매에 대한 부담이 덜하다. 이른바 '회사차 찬스'라고 불리는 방법이다. 하지만 모든 차량 비용이 경비 처리되는 것은 아니다. 업무에 직접적으로 사용된 비용만 경비로 인정된다. 특히 2016년부터는 업무 관련성을 입증하지 못하면 경비로 처리할 수 없도록 규제가 강화됐다. 회사차 찬스를 이용해 업무용 승용차를 개인적인 용도로 쓰는 것이 사회문제로 부각됐기 때문이다.

물론 지금도 승용차를 업무용으로 썼는지 확인하기란 쉽지 않다. 그래서 업무용 차량으로 인정받기 위한 몇 가지 의무가 생겼고, 사업자들은 이를 꼭 지켜야 비용처리를 받을 수 있다.

우선, 업무 전용 자동차보험에 가입해야 한다. 업무 전용 자동차보험은 회사의 임직원이 운전하는 경우에만 보험 혜택을 받을 수 있다. 사고 시 보상받는 게 어렵기 때문에 사적 사용을 강제할 수 있게 되었다. 또한 업무 전용 자동차보험에 가입하지 않은 차량의 경우, 업무에만 사용했다 하더라도 관련된 비용의 50%만 경비처리가 가능하도록 규제를 받는다.

또한, 업무용으로 사용했다는 것을 입증하기 위해 차량 운행기록부를 꼼꼼하게 작성해야 한다. 총 운행거리에서 업무를 위해 운행한 거리만큼만 비율로 따져서 비용으로 인정해주기 때문이다. 다시 말해, $100km$ 주행거리 중 업무용 거리가 $60km$라면 차량 경비 중 60%만 업무용으로 비용처리가 가능하다는 것이다. 업무를 위한 주행으로 인정되는 사례는 출퇴근, 거래처 방문, 회의 참석, 판촉 활동 등이 있다.

만약 회사차가 여러 대라면 차량별로 운행기록부를 써야 한다. 세무서에서 운행기록부를 요구하면 언제든지 제출할 수 있어야 한다.

운행기록부 없어도 연간 1500만원 비용처리 가능

실제 업무상 빈번한 차량 운행을 일일이 기록하기는 쉽지 않다. 다행히 연간 1500만원까지는 운행기록부에 없는 비용도 업무용으로 인정해준다.

정리하면, 업무 전용 자동차보험에 가입하고 운행기록부를 작성해야만 업무용 승용차 비용을 경비로 온전히 인정받을 수 있다는 것이다. 그런데 이 규제는 법인사업자와 개인사업자 중 복식부기 의무자로 대상이 제한돼 있다. 사업자는 자산과 부채, 자본, 그리고 비용과 수익 등의 총 합계가 같도록 일치시켜서 복식부기로 장부를 기록해야 할 의무가 있다. 이를 복식부기 의무라고 부른다.

하지만 개인사업자 중에서도 영세한 사업자에게는 복식부기 대신 간편하게 장부를 써도 되도록 예외를 두고 있다. 이들은 간편장부대상자이다. 간편장부대상자인 영세사업자는 전용보험에 가입하지 않거나 운행기록부를 작성하지 않더라도 업무 관련성만 확인하면 업무용으로 경비처리가 가능하다.

업무용 승용차 비용처리의 한도와 규정을 정하는 비용특례 제도

롤스로이스·포르쉐·람보르기니 등 국내 슈퍼카 중 90%가 법인 소유일 정도로, 고가의 차량을 업무용으로 사들여 비용처리하는 편법을 사용하는 사업자들이 많다고 한다. 업무용 승용차 비용처리 특례는 이런 혜택이 남용되지 않도록 비용처리에 한도를 주고 의무사항을 부여하는 규제다. 업무용 승용차 비용특례 제도에 대해 좀 더 깊게 파고들어봤다.

Q 직원의 자동차를 업무에 썼는데, 이 비용도 경비처리되나?

업무용 승용차 비용특례는 해당 법인이나 개인사업자의 사업용 자산에 속한 차량을 운행한 경우에만
적용된다. 종업원(직원) 소유의 차량으로 사업자가 업무 수행을 했다 할지라도 필요경비로 처리할 수 없다.

Q 차량 수선비도 업무 비용에 포함되나?

업무용 승용차의 감가상각비·임차료·유류비·보험료·수선비·자동차세·통행료 등이 모두 차량 수선비에 포함된다. 또 금융리스부채에 대한 이자 비용 등 업무용 승용차를 취득하고 유지하기 위해 지출되는 비용도 이에 해당된다.

Q 출퇴근에 사용한 차량도 업무용으로 인정되나?

사업자가 제조·판매 시설, 거래처, 대리점을 방문한 경우, 회의를 참석한 경우, 판촉 활동을 한 경우 사용했다면 업무용 사용으로 판단할 수 있다. 출퇴근과 교육 및 훈련 등 직무 관련 업무를 위해 사용하는 것 모두 포함된다. 다만, 운전기사 급여는 업무용 승용차 비용으로 처리할 수 없고, 인건비로 처리해야 한다.

Q 업무 사용 비율은 어떻게 따지나?

업무용 승용차를 100% 업무용으로만 사용할 수도 있지만 불가피하게 사적인 용도로 사용할 수도 있다. 이 경우 차량 운행일지를 기반으로 해서 총 운행거리 중 업무 사용 비율만큼을 따져 비용으로 처리한다.

※ 업무 사용 비율=과세 기간 업무 사용 거리(km) ÷ 과세 기간 총 주행거리(km)

Q 운행기록부는 어떻게 써야 하나?

국세청 고시로 업무용 승용차 운행기록부 서식이 있다. 기본적으로 여기에 맞춰서 작성하면 되고, 차종·자동차등록번호·사용일자·사용자·운행 내역이 포함돼 있다면 별도 서식으로도 작성할 수 있다. 운행 내역은 주행 전후 계기판거리·주행거리·업무용 사용 거리(출퇴근용과 일반 업무용 구분) 등을 km 단위로 작성하면 된다. 업무용 승용차가 여러 대인 경우에는 차량별로 운행기록부를 작성해야 한다.

Q 하루에 여러 번 차를 사용하면 어떡하나?

운행기록부는 당일 운행 건별로 계속해서 작성하는 것이 원칙이다.

같은 사람이 당일 2회 이상 사용한 경우, 주행 전후 계기판의 거리를 적지 않고 주행거리의 합만 적는 사용자별 기록도 가능하다.

Q 리스 차량은 감가상각비를 어떻게 따지나?

감가상각이란 시간에 따라 노후된 고정자산을 취득하는 데에 투입된 자본을 매년 나눠 비용으로 회수하는 것을 말한다. 감가상각비는 감가상각된 금액이나 비율로 나온 금액을 말한다.

리스와 렌털 등 임차한 승용차는 임차료 중 보험료·자동차세 및 수선 유지비를 차감한 금액을 감가상각비 상당액으로 한다. 사업연도(과세 기간) 업무 사용액 중 800만원을 한도로 필요경비로 인정한다. 수선유지비를 별도로 구분하기 어려운 경우에는 임차료의 7%를 수선유지비로 할 수 있다.

Q 람보르기니도 업무용 차량이 될 수 있나?

스포츠카나 고가의 슈퍼카라고 해서 업무용 승용차로 사용하지 말라는 법은 없다. 비용처리의 기준은 실제 업무용으로 사용됐는가이다. 업무용 승용차 전용보험에 가입하고 운행기록부를 성실하게 작성했다면 법에서 정한 만큼의 비용처리가 가능하다. 물론 감가상각비 연 800만원 한도 등 비용처리에 한도가 있기 때문에, 고가의 차량일수록 비용처리에 한계는 분명하다. 참고로 경차와 승합차·영업용(택시·화물차 등) 차량의 경우 특례 제도의 규제(보험 의무 가입·운행기록부 작성 등)를 받지 않는다.

Q 간편장부대상자인데 복식부기로 신고한다면 규제를 받나?

업무용 승용차 관련 비용특례 기준은 법인·개인 사업자 중 복식부기 의무자에 대해서만 적용되고 있다. 간편장부대상자가 그 신고를 복식부기로 한다고 해서 복식부기 의무자로 바뀌는 것은 아니다. 간편장부대상자는 적용 대상이 아니다.

업무용 승용차 비용특례 제도

사적 사용	전액 비용 불인정
사적+업무 혼용	업무 사용 비율 등에 따라 인정
업무 전용	전액 비용 인정

특례 요건	내용
전용보험 가입 의무	• 법인 : 의무 가입(미가입 시 전액 비용 불인정) • 개인 : 1대 초과부터 의무 가입(미가입 시 50%만 비용 인정)
운행기록부 작성·비치	• 승용차별로 작성해 업무상 비율만큼 비용 인정 • 미작성 시에도 연 1500만원까지는 비용 인정
감가상각·임차료 한도 제한	• 연 800만원 한도 비용 인정 • 800만원 초과액은 이월공제
처분손실 공제 한도 제한	• 연 800만원 한도 비용 인정 • 800만원 초과액은 이월공제

종합소득세를 확 줄이는
연말 절세 계획

보유나 소득에 대한 세금은 대부분 1년 단위로 계산해서 낸다. 사업자 역시 1년 동안 벌어들인 소득을 계산해 다음 해 5월 종합소득세를 신고, 납부한다. 따라서 연말은 절세에 있어 중요한 시기다. 이때 어떤 준비를 하느냐에 따라 1년 치 세금액이 변할 수 있기 때문이다. 사업자들이 새해가 오기 전 절세를 위해 꼭 해야 하는 것들을 박나리 세무사(다온 세무회계)와 함께 살펴보자.

노란우산공제와 연금상품에 가입하면 소득공제 혜택 有

가장 먼저 고려해볼 수 있는 절세법은 노란우산공제를 이용하는 것이다. 노란우산공제(소기업·소상공인 공제)는 폐업이나 노령으로 인한 생계 위협에서 사업 기회를 다시 제공받을 수 있도록 하는, 이른바 사업자의 퇴직금 제도다. 사업이 어려워질 때를 대비해서

매월 일정 금액을 납부하면, 추후 폐업 등의 상황에서 납부액은 물론 이자 상당액에 해당하는 공제금을 받을 수 있다.

노란우산공제는 일종의 사회안전장치다 보니 나라에서 가입을 유도하기 위해 납부금에 소득공제 혜택도 준다. 절세를 위해 연말에 몰아서 납부하는 것도 가능하다. 월 납입액 기준으로 100만원까지 납부가 가능하며, 분기납으로 석 달 치를 한꺼번에 납부할 수도 있다. 12월에 가입하더라도 10·11·12월분으로 최대 300만원을 납입하고 소득공제를 받을 수 있다는 이야기다.

다만, 사업소득 규모별로 받을 수 있는 소득공제한도가 정해져 있다. 개인사업자 기준으로는 사업소득이 연간 4000만원 이하면 최대 500만원, 사업소득이 4000만원 초과 1억원 이하면 300만원, 사업소득이 1억원 초과면 최대 200만원을 소득공제받을 수 있다. 소득 구간별 세율을 따져보면 최소 33만원에서 최대 115만5000원의 소득세액을 줄일 수 있는 셈이다.

참고로 노란우산공제는 보험의 성격이기 때문에 중도해약하는 경우엔 주의해야 한다. 가입 후 특별한 이유 없이 1년 이내에 계약을 해지하면 납입액의 80(3회 이하 납입)~90%(4~12회 납입)만 환급이 가능하기 때문이다. 그러니 추후 지속적인 납입이 가능한지 고려해서 신중하게 가입해야 한다.

코로나19 등 일시적으로 사업이 악화되어 해지가 필요한 경우에는 임의해약환급금 기준 90% 수준까지 공제계약대출을 받을 수 있다. 일시적으로 대출을 받아 해약하지 않고, 공제계약을 유지하는 것도 방법이다.

다음으로 생각해볼 수 있는 방법은 연금상품 가입이다. 개인사업자도 국민연금과 별도로 사적 연금에 가입할 수 있고, 근로자와 마찬가지로 연금상품 납입액에 대한 세액공제를 받을 수 있다. 연금저축계좌나 퇴직연금계좌로 납입액의 12%(종합소득 4000만원 이하는 15%)를 세액공제받을 수 있다.

> 연금저축이 있으면 종소세가 공제되는군.

연금저축계좌는 400만원(종합소득 1억원 초과는 300만원), 퇴직연금계좌와 합산하면 700만원까지 납입한 금액이 세액공제 대상이 된다. 노란우산공제의 주목적이 폐업 대비라면 연금상품의 주목적은 사업자 개인의 노후 대비여서, 노란우산공제와 중복해서 가입할 수도 있다. 노란우산공제와 별도로 세액공제를 받을 수 있다.

다만, 연금 상품 가입 기간 중 투자 상품에 대한 수수료 등이 발생하고, 중도해약 시 16.5%의 기타소득세를 부담해야 한다는 점은 염두에 두어야 한다.

12월에 채용해도 고용 증대 세액공제 적용 가능

다음 해 채용 계획이 있다면 그 시기를 좀 당겨 연말에 신규 채용을 하는 것도 절세에 도움이 된다. 전년도보다 상시근로자 수가 많으면, 고용 증대 세액공제를 해주기 때문이다. 특히 15~29세 청년을 채용하는 경우에는 상시근로자 수에 따라 연 400~1200만원의 세액공제 혜택이 주어진다. 청년 채용에 따른 고용 증대 세액공제는 해당 연도를 포함해 3년 동안 받을 수 있다. 예를 들어 수도권 중소기업이 청년을 채용한 경우, 1100만원씩 3년간 3300만원을 내야 할 소득세(법인세)에서 공제한다.

상시근로자 수를 계산할 때에는 매월 말일을 기준으로 하고, 상시근로자 수를 사업 기간 개월수로 나눈다. 신규 창업을 해서 12월에 채용하는 경우에도 전년도 상시근로자가 0명이어서 0.08명에 대한 세금공제 혜택을 받을 수 있다.

채용 이후 고용의 안정을 위해 정부가 지원하는 사업도 적극 활용해야 한다. 청년 채용 시 6개월간 인건비를 월 80만원까지 지원하는 청년 일경험 지원사업이 있다. IT 활용 가능 직무에 청년을 채용하는

중소 · 중견 기업에서 직원을 고용할 때 현금을 지원하는 제도

제도	내용	요건
청년 추가 고용 장려금	만 15~35세 청년을 정규직으로 추가 채용 시 1인당 인건비 연 900만원까지 3년간 현금 지원	• 30인 미만 기업 : 1명 이상 채용 • 30~99인 기업 : 2명 이상 채용 • 100인 이상 기업 : 3명 이상 채용
청년 디지털 일자리 지원	IT 활용 가능 직무에 만 15~34세 청년 추가 채용 시 인건비 90%를 월 180만원까지 지원	3개월 이상 근로계약 체결, 최저임금 이상의 급여 지급, 4대보험 가입 필수
신중년 적합 직무 고용 지원	만 50세 이상의 실업자를 신중년 적합 직무에 채용 시 1인당 인건비 80%를 월 80만원(중견기업은 40만원)까지 현금 지원	3개월 이상 근로계약 체결, 최저임금 이상의 급여 지급, 4대보험 가입 필수

경우 월 최대 180만원을 지원하는 청년 디지털 일자리사업, 청년을 정규직으로 6개월 이상 고용해 근로자 수가 증가한 경우 연 900만원을 지원하는 청년 추가 고용 장려금 제도도 있다. 직원 채용 시 고용보험과 국민연금 보험료를 90%까지 지원하는 두루누리 제도, 건강보험료를 60%까지 경감하는 일자리 안정자금도 사업자의 자금 부담을 크게 덜어줄 것이다.

과세소득 규모를 효과적으로 줄여주는 증빙 자료와 장부

사업자가 세금을 줄이는 가장 확실한 방법은 사업과 관련된 비용처리를 통해 과세소득의 규모를 줄이는 것이다. 평소 관련 증빙을 꼼꼼하게 챙겨두지 않으면 세금을 신고, 납부할 때 기억을 더듬어 한꺼번에 증빙을 찾아 헤매는 상황에 놓일 수 있다.

우선, 지금부터라도 깜박하고 놓친 증빙이 없는지를 되짚어봐야 한다. 사업용 통장 거래내역을 엑셀로 다운받고, 국세청 홈택스에서 세금계산서 및 현금영수증 내역을 받아 혹시나 지출증빙을 받아두지 않은 것은 없는지 살펴볼 필요가 있다. 아날로그하지만 가장 확실한 방법이다. 담당 세무대리인이 있다면 세무대리인에게 확인해달라고 요청하면 된다.

또 사업용 신용카드가 홈택스에 등록돼 있는지, 사업 관련 비용을 사업자 지출증빙으로 받아뒀는지도 확인해볼 필요가 있다. 사업 관련 청첩장과 부고장은 모바일메시지로 받았더라도 캡처해서 보관해 두면 경조사비로 인정받을 수 있다. 또 통신비 및 전기요금 등을 자동이체로 납부하는 경우에는 사업자등록증을 제출하면 세금계산서를 받아둘 수 있다. 사업 관련 대출과 이자 비용도 누락하기 쉬운 부분이니 반드시 증빙을 챙겨야 한다.

또 다른 세금 절세법은 장부를 꼼꼼히 기록하는 것이다. 장부 작성(기장)은 세금을 줄일 수 있는 가장 확실한 방법이다. 특히 사업을 처음 시작해서 이익이 나지 않거나 손해가 발생한 경우 장부 작성을 하지 않아도 된다고 여기곤 한다. 그런데 이때 비용으로 지출된 금액을 장부로 정리해둬야만 추후 이익이 발생했을 때 상계해서 세금을 줄일 수 있다.

또한 실제 지출한 인건비를 누락해서 급여신고를 하지 않은 경우 원천징수가산세와 지급명세서 지연지출가산세가 발생할 수 있다. 꼼꼼한 장부 작성은 인건비 신고 누락을 예방할 수 있다. 세무대리인에게 기장을 맡겨도 1년 치를 모두 다시 작성하는 것이 가능하니, 사업자는 연말에 기장을 의뢰하는 것도 고려해봐야 한다.

언택트 시대에
사업자가 알아야 할
절세법

코로나19가 확산되면서 음식을 배달시키거나 인터넷으로 쇼핑을 하는 사람들이 전보다 훨씬 더 많아졌다. 따라서 사업자들은 비대면 중심 영업 환경에 적응하여야 한다. 이수진 세무사(비앤엘 세무회계)와 함께 환경 변화에 맞춰 사업자들이 주의해야 할 것들을 살펴보자.

배달 서비스를 시작했다면
배달매출 누락·중복에 유의

매장 방문 고객이 줄면서 배달 서비스를 시작하려는 사업자들이

많아졌다. 최근에는 코로나로 어려워진 PC방에서 본업 대신 음식 배달 서비스를 시작한 경우도 있었다.

　보통 기존 매장에서 판매하던 음식 등을 배달한다면, 세무서에 추가로 신고해야 할 사항은 없다. 하지만 기존에 구청 허가가 필요하지

않는 사업을 운영하다가 허가가 필요한 음식 배달 등을 하고자 하는 경우에는 이야기가 다르다. 이때는 관할 구청에 영업신고를 하고, 세무서에서 사업자등록에 업종을 추가해야 할 수도 있다.

특히 이제 배달 서비스를 시작하게 된 사업자라면 배달매출을 누락하지 않도록 주의해야 한다. 배달매출은 사업자의 단말기 등으로 매출이 직접 집계되지 않기 때문이다. 실제로 많은 사업자들이 부가가치세를 신고할 때, 배달매출 일부를 실수로 누락해 가산세 등 세금 추징을 당하는 경우가 종종 발생한다.

전보다 다양하고 복잡해진 결제 방식도 유의해야 한다. 매장 영업만 하는 경우엔 매출 신고 시, 크게 카드매출과 현금영수증이 발급된 매출, 그리고 현금영수증이 발급되지 않은 단순 현금매출로 나눠 매출을 집계하게 된다. 하지만 최근 온라인에서 각종 간편결제 시스템으로 다양한 형태의 매출이 발생하고 있다. 이런 경우 부가가치세 신고 전 반드시 매출 누락이 없는지 확인해봐야 한다.

> 배달매출 정산은 너무 어려워!

특히 온라인 결제·배달앱을 통한 매출에 집중해야 한다. 이 경우 소비자가 '카드'로 결제했다고 해도 결제대행업체를 통해 최종적으로 결제되기 때문에 사업자에겐 카드매출이 직접 발생하지 않는다. 따라서 국세청 홈택스에서 조회되는 카드매출에는 매출이 포함되지 않는다. 이러한 매출은 부가세 신고 시 별도로 합산해서 매출 신고를 해야 한다.

이와 달리 소비자가 온라인 결제·배달앱 등을 통해 '현금'으로 결제하는 경우에는 대부분 현금영수증이 자동 발행된다. 국세청에서 조회되는 현금영수증매출에 이미 현금결제매출이 포함돼 있는 것이다. 이 경우에는 반대로 현금매출을 중복으로 인식하지 않도록 주의해야 한다.

대다수 사업자가 이용하는 오픈마켓(네이버 스마트스토어 등)이나 배달 서비스(배달의 민족·요기요 등)의 대부분은 각 사이트에서 부가세 신고 자료를 제공하고 있다. 여기에서 이미 국세청 현금영수증매출에 포함돼 있는 현금매출을 제외한 나머지 매출을 모두 추가로 인식하면 된다.

단, 현장에서 배달원이 직접 결제를 받은 경우엔 이 매출이 업체에서 제공하는 부가가치세 신고 자료에 포함돼 있는지 다시 한 번 확인해야 한다. 대표적으로 배달의 민족의 경우, 배민라이더스 서비스를 이용하면 배달의 민족에서 제공하는 부가가치세 신고 자료에 라이더스가 만나서 결제받은 매출도 포함돼 있다. 하지만 그 외 별도의 배달대행업체(바로고·부릉 등)를 쓰는 경우엔 어플로 결제하지 않고 만나서 결제한 매출은 부가가치세 신고 자료에 포함돼 있지 않아 추가로 매출에 더해줘야 한다.

배달대행업체 vs. 배달원 채용

배달이 많은 사업자라면 배달원을 직접 채용해야 하나 고민일 것이다. 배달대행업체를 쓰는 경우와 배달원을 고용해 직접 배달하는 경우의 가장 큰 차이는 비용처리 부분이다.

배달대행업체를 이용하면 대부분 배달건수에 비례한 대행 수수료 등에 대해 세금계산서를 받게 된다. 지급수수료는 비용으로 처리한

다. 배달원을 직접 고용한 경우에는 사업장에서 직원을 채용하는 것이므로, 배달원에게 지급하는 급여에 대한 인건비와 4대보험료 및 복리후생비 등 여러 가지 비용이 발생한다. 오토바이 구입비와 유류대 등도 물론 비용에 포함된다. 따라서 사업자는 배달대행업체에 지불하는 수수료와 직원 채용 시 발생하는 인건비 등의 유지비용을 비교한 후 무엇이 더 이득인지 판단해야 한다.

만약 배달대행업체를 이용한다면, 세금계산서는 꼭 받아두는 것이 좋다. 간혹 부가세를 추가로 줘야 하여 세금계산서를 못 받겠다는 사업자들도 있다. 이 부분의 부가세는 신고 때 매입세액으로 공제를 받을 수 있어서 추가적인 비용 부담이 아니다. 세무상 원활한 비용처리를 위해서는 세금계산서 등 적격증빙을 수취해야만 가산세 부담이 없다는 점을 기억해야 한다.

쿠폰 10장에 치킨 한 마리 등 고객에게 사업자가 자체적으로 할인권 등을 제공한 경우, 상품 가격을 깎아주는 에누리의 성격이기 때문에 할인액이나 쿠폰 사용액을 제외한 실제 판매금액만 매출 신고를 하면 된다. 이런 서비스 매출에 대해서는 별도로 매출 신고가 필요 없다. 하지만 할인권이 본인 사업장이 아니라 오픈마켓·배달대행업체 등에서 제공된 경우에는 할인금액을 포함해 매출 신고를 해야 한다. 할인금액은 오픈마켓이나 배달대행업체에서 부담하고, 사업자는 전체 금액을 배달대행업체에서 정산받게 되므로 사실상 사업자는 할인하지 않은 금액으로 판매한 것과 같기 때문이다.

배달매출 위주로 운영하다 보니 오프라인 매장 규모를 줄이거나 인건비를 감축하는 등 사업장 환경 변화를 고민하는 사업자들도 있을 것이다. 만약 사업장을 이전하는 경우, 지체 없이 새로 계약한 임대차계약서를 첨부해 사업자등록 정정신고를 해야 한다. 임대료 할인 등 변경 사항은 임차인 입장에서 세금계산서를 할인된 금액으로 받아서 반영하면 된다. 인건비 등의 변동 사항도 4대보험 공단에 반영해서 신고 누락이 없도록 주의해야 한다.

전자상거래 사업자에게 꼭 필요한 절세 노하우

언택트 시대가 장기화되며 온라인에서 물건을 판매하는 사업자들이 늘어났다. 그래서 전자상거래를 시작하기 전, 반드시 알아두어야 할 필수 정보를 정리했다.

먼저, 온라인에서 물건을 팔아도 사업자등록은 필수라는 점을 기억해야 한다. 사업의 형태를 갖고 계속적이고 반복적으로 재화를 공급한다면 사업자등록은 필수다. 전자상거래업은 상품 판매를 시작한 날로부터 20일 이내에는 사업자등록 신청을 해야 한다. 물론 사업 개시 이전이라도 사업자등록을 신청할 수 있다. 사업자등록 후엔 지자체에 통신판매업을 신고하면 된다.

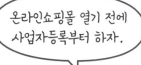

온라인쇼핑몰 열기 전에 사업자등록부터 하자.

두 번째로 기억해야 할 사항은 소비자에게 상품을 발송한 날이 공급 시기란 사실이다. 물품의 공급 시기에 따라 부가가치세 신고·납부 시기가 달라지기 때문에, 정확한 공급 시기를 알고 있어야 한다. 판매자 입장에서는 고객이 결제한 날, 상품을 발송

한 날, 고객이 물품을 받은 날 등 언제가 공급 시기인지 헷갈릴 수 있다. 온라인 쇼핑몰 등에서 물건을 판매한 경우엔 소비자에게 상품을 발송한 날을 공급 시기로 본다. 다만, 그 이전에 신용카드매출전표를 발급하면 그때가 공급 시기가 된다.

세 번째로, 신용카드로 계산해주기만 해도 세액공제를 받는다는 점을 잊지 말아야 한다. 신용카드매출전표 등을 발행하는 경우 공급대가의 1.3%를 신용카드매출전표 등 발행세액공제로 공제받을 수 있다. 공제한도는 최대 1000만원이다. 만약 음식업이나 숙박업을 하는 간이과세자라면 2.6%를 1000만원까지 공제받을 수 있다.

네 번째로, 상품을 반품하고 환불해주면 매출에서 제해야 한다. 소비자가 반품을 요청해 환불해주었을 땐 환불한 날이 속한 과세 기간의 매출에서 환불한 공급가액을 차감하고 신고하면 된다. 그러므로 환불 사실에 대한 증명 서류는 꼭 보관해둬야 한다.

유튜버가
실버버튼 신청 전에
챙겨야 할 세금 신고

뷰티·게임·음식 등 장르를 불문한 콘텐츠들이 플랫폼에 등장하고 있다. 자신이 제작한 콘텐츠를 플랫폼에 제공하는 사람들을 '1인 창작자'라고 부른다. 여기에는 유튜버·게임 스트리머·BJ 등이 속한다. 이들은 인기를 얻으면 수입이 늘어나고, 그에 따라 세금도 내야 한다. 박승민 세무사(박승민 세무회계사무소)와 함께 최근 가장 떠오르는 직업으로 꼽히는 1인 창작자들의 세금 신고에 대해 알아봤다.

**사업자등록 여부로
1인 창작자의
세금 납부 방식 결정**

1인 미디어 창작자는 온라인 기반의 플랫폼에서 다양한 주제로 영상 콘텐츠를 제작해 수익을 창출한다. 이들의 수익 구조는 크게 세 가지로 나뉜다.

첫 번째는 유튜브·아프리카 TV·트위치 등 온라인 방송 플랫폼에서 지급받는 광고 수익이고, 두 번째는 구독자들로부터 받는 후원금이다. 마지막으로 세 번째는 특정 제품을 광고(PPL)하고 받는 수익이다. 광고 수익이나 후원금의 경우 플랫폼으로부터 정산해 수령하게 되며, 특정 제품 광고일 경우 광고주로부터 직접 광고료를 받게 된다.

　콘텐츠 제작으로 수익이 발생한다고 해서 무조건 사업자등록을 해야 하는 것은 아니다. 수익 구조의 안정화, 영리목적성, 독립성, 반복성 등의 요소를 고려해야 한다. 모든 것을 따져봤을 때 수입이 지속적으로 들어올 것으로 판단된다면 사업자등록을 하는 게 좋다.

　영리가 발생한 창작자들 대부분이 소득의 3.3%를 공제하고 프리랜서로 수입을 신고한다. 단순경비율(소득 2400만원 이하)이 적용되는 소액의 수입이 발생하면 사업자등록을 하지 않아도 크게 문제가 없을 것이다.

　그러나 꾸준히 수입이 들어올 경우, 사업자등록을 하지 않으면 차후 매출 누락으로 인한 세금 추징 가능성이 있다. 그러므로 이런 경

우 사업자등록을 미리 할 것을 권한다.

1인 미디어 창작자의 사업자등록은 인적·물적 시설 여부에 따라 다르다. 인적·물적 시설이 있다면 과세사업자(업종코드 : 921505)로 등록하면 되고, 없는 경우라면 면세사업자(업종코드 : 940306)로 등록하면 된다. 인적 시설은 인적 고용을 전제로 하므로 편집자·시나리오 작가 등을 고용한 경우를 의미하며, 물적 시설은 사업에 이용되는 건축물(임차한 경우도 포함)이나 기계 등 별도의 공간에서 사업용으로 사용되는 시설을 뜻한다.

소속사(MCN 회사)가 있는 1인 창작자의 경우도 사업자등록 여부에 따라 세금 납부 방식이 나뉜다. 사업자등록을 했다면 회사가 수익을 정산해 그에 따른 세금계산서를 발급하여 정산한다. 반면, 사업자등록을 하지 않았다면 정산금액에서 3.3%를 공제하고 신고하면 된다. 이는 프리랜서의 세금 납부 방식과 같다. 기획사에 소속되지 않은 1인 창작자라고 할지라도 세금 납부 방식에 차이가 있는 것은 아니다. 사업자등록 여부에 따라 플랫폼으로부터 3.3%의 세금을 공제하고 정산받거나 플랫폼으로부터 세금계산서를 발급해 정산하면 된다.

정리하자면, 기획사 소속 여부가 아닌 사업자등록 여부에 따라 세금 납부 방법에 차이가 있다는 것이다.

직업 특수성을 고려한 세무 처리 필요 | 제품을 홍보하고 받은 광고료는 세무 처리를 어떻게 해야 할까? 간접광고 수익 (현물·현금) 역시 1인 창작자의 수익에 해당되므로 매출로 신고해야 한다. 사업자로 등록했다면 세금계산서 발행, 사업자등록을 하지 않았다면 3.3% 원천징수 사업소득으로 구분해 신고해야 한다. 현물·

협찬 모두 금액과 관련한 명확한 기준이 있지 않다. 그러므로 사회통념상 인정되는 '시가' 개념에 비추어 신고금액을 산정하면 된다.

세금을 줄이려면 다른 사업자와 마찬가지로 적격증빙을 잘 챙겨야 한다. 적격증빙이란 세금계산서·계산서·신용카드전표·현금영수증(지출증빙)을 말한다. 사업 관련 지출이 있다면 꼭 적격증빙 자료를 잘 남겨야 한다. 지출한 인건비가 있다면 세무 신고를 진행해야 경비 처리를 할 수 있다.

또한, 1인 창작자의 경우 청년(만 15~34세)이 대표인 경우가 많기 때문에 청년창업 중소기업 세액감면과 중소기업 특별세액감면 적용을 검토할 수 있다. 고용 인원을 늘린 경우라면, 고용 인원이 증가한 부분에 대한 세액공제 및 사업주가 부담한 사회보험료 세액공제 등을 챙겨야 한다.

1인으로 시작해 규모가 커져 직원을 고용하는 경우라면, 4대보험에 가입하거나 사업소득자로 신고해 3.3%를 공제하고 세금을 납부하는 방법이 있다. 4대보험 가입은 4대보험 공단에 취득신고를 하고 급여를 지급한 달의 다음 달 10일까지 인건비 신고 및 납부를 하면 된다. 사업소득자 신고를 하는 경우라면, 별도의 취득신고 없이 지급일의 다음 달 10일까지 인건비 신고 및 납부를 진행하면 된다.

유튜브 등에서 외화로 수령하는 수입의 경우, 세무 신고 시 국세청에서 즉각적으로 매출을 파악하지 못할 수 있다. 1인 창작자는 항상 이 사실을 유념해야 한다.

주린이를 위한 1일 1페이지
투자공부 365

한국비즈니스정보 지음 | 18,000원

1일 1페이지 꾸준한 공부로
주식투자에 필요한 기본지식과 핵심 투자처를 움켜쥔다!

주식투자에 첫발을 내딛는 당신이 주식계좌 개설보다 먼저 해야 할
게 있다. 바로 '투자공부'다. 이 책은 주식투자자들이 반드시 알아야
할 365개의 열쇳말(키워드)을 [월]주식 용어, [화]국내외 경제이슈,
[수]업종전망, [목]회계와 공시, [금]유망종목 발굴, [토]언택트와
바이오, [일]K-뉴딜로 구성한 뒤, 다양한 투자 이슈와 핵심 투자처를
쉽고 명쾌하게 이해할 수 있도록 풀어냈다.

학벌이 밥 먹여주는 시대는 끝났다
부자가 되고 싶은 아이들

하수정 지음 | 16,800원

지폐지기(知幣知己)
돈을 알고 나를 알아야, 돈의 주인으로 살 수 있다!

오랫동안 우리 사회를 지탱했던, '학벌'이라는 계층이동 사다리는
부러진 지 오래다. 학벌인 경제적 안정과 사회적 지위, 무엇 하나 보장해
주지 못한다. 아이들에게 수학 공식 하나, 영어 단어 하나 외우게 하는
것보다 급한 것이 바로 돈공부다. 일찍이 자본주의 문법을 배워야 돈에
휘둘리지 않고 살아갈 수 있다.

전지적 투자자 시점에서 건진
공시줍줍

김보라 · 박수익 지음 | 18,000원

주린이들의 투자 레벨 떡상 프로젝트!

이 책은 하루에도 수십 개 넘게 올라오는 기업공시 가운데, 주식투자자
에게 꼭 필요한 공시만 뽑아 설명한다. 주제 선정뿐만 아니라 공시를
분석하는데 있어서도 철저하게 '전지적 투자자 시점'을 따른다. 또한
투자자 입장에서 한 걸음 더 들어가 공시를 실전 투자에 활용하는 방법
을 MTS 화면을 캡처해서 상세히 안내한다.